2022 Fuzhou Statistical Yearbook

福州统计年鉴

福州市统计局
国家统计局福州调查队 编

中国统计出版社
China Statistics Press

图书在版编目（CIP）数据

福州统计年鉴. 2022 = Fuzhou Statistical Yearbook 2022 / 福州市统计局，国家统计局福州调查队编. -- 北京 : 中国统计出版社，2022.9
ISBN 978-7-5037-9879-5

Ⅰ. ①福… Ⅱ. ①福… ②国… Ⅲ. ①统计资料—福州—2022—年鉴 Ⅳ. ①C832.571-54

中国版本图书馆 CIP 数据核字(2022)第 130318 号

福州统计年鉴 2022

作　　者/ 福州市统计局　国家统计局福州调查队
责任编辑/ 钟钰
装帧设计/ 潘弘昊
封面摄影/ 林双伟
出版发行/ 中国统计出版社有限公司
地　　址/ 北京市丰台区西三环南路甲 6 号
邮政编码/ 100073
电　　话/ 邮购（010）63376909　书店（010）68783171
网　　址/ http://www.zgtjcbs.com
印　　刷/ 福建东南彩色印刷有限公司
经　　销/ 新华书店
开　　本/ 890mm×1240mm　1/16
字　　数/ 750.12 千字
印　　张/ 23　彩页 1
版　　别/ 2022 年 9 月第 1 版
版　　次/ 2022 年 9 月第 1 次印刷
定　　价/ 300.00 元

本书附同版本 CD-ROM 一张，光盘内容以书面文字为准。
如有印装差错，由本社发行部调换。

《福州统计年鉴2022》
编委会和编辑人员

编 委 会

主　　　任：杨　航　黄秀坤

副 主 任：林赛娟　曹寿全　陈　杰　黄壮志　彭应根
朱　政　黄大豪　翁玉彬　金昌勇　崔建明
吴岩生　王周健　柯宇丰　李亚东

编　　　委：（以姓氏笔画为序）
王　勇　王丹青　王珠琴　叶　平　刘　丹
刘秀国　刘奕伶　吴　敏　吴　鹏　沈晓晴
张水英　陈　晖　陈　群　陈云青　林巧丽
林荣煌　卓则兴　郑秀梅　郑湘霞　柯文婷
洪　玮　龚元婷　梁德新　鄢志辉

编　　　审：黄壮志

编 辑 部

总 编 辑：王　勇

编辑人员：王　勇　张丽均　陈　孜　詹璐瑶　董　莉

编 者 说 明

一、《福州统计年鉴 2022》是一部全面反映福州市国民经济和社会发展情况的资料性年刊。全书收录了 2021 年福州市及所辖各县（市）区、各部门经济和社会发展等方面的统计数据，以及历史重要年份福州市国民经济主要指标的统计数据。

二、全书内容分为 17 个篇目：（一）综合；（二）国民经济核算；（三）人口；（四）就业与职工工资；（五）农林牧渔业；（六）工业与交通；（七）房地产开发投资；（八）建筑业；（九）批发零售、住宿餐饮与旅游业；（十）对外经济；（十一）价格指数；（十二）财政金融；（十三）人民生活；（十四）科技、教育与文化；（十五）卫生、体育与其他；（十六）城市比较；（十七）附录。在城市比较部分，收集了福建省各设区市、全国省会城市及副省级城市主要经济指标对比资料，各篇末均附有《主要统计指标解释》。

三、本年鉴重要统计数据的资料来源、计算口径等均在各篇另有注明。

四、本年鉴使用的度量衡单位均采用国家统一标准计量单位。

五、本年鉴表中的符号使用如下：

“空格”表示该项指标无数据、未掌握该指标数据或不足小数位的数据；“#”表示其中项。

六、本年鉴“规模以上”工业企业系指年主营业务收入 2000 万及以上的工业企业；“限额以上”批发零售和住宿餐饮业分别指年主营业务收入 2000 万元及以上的批发企业、年主营业务收入 500 万元及以上的零售企业和主营业务收入 200 万元及以上的住宿餐饮企业。

七、本年鉴中地区生产总值、农林牧渔业总产值、工业总产值等总量指标按当年价格计算，增长速度和产值指数按可比价格计算。

八、本年鉴根据年报制度的变化对某些篇章的统计指标进行了规范和调整。

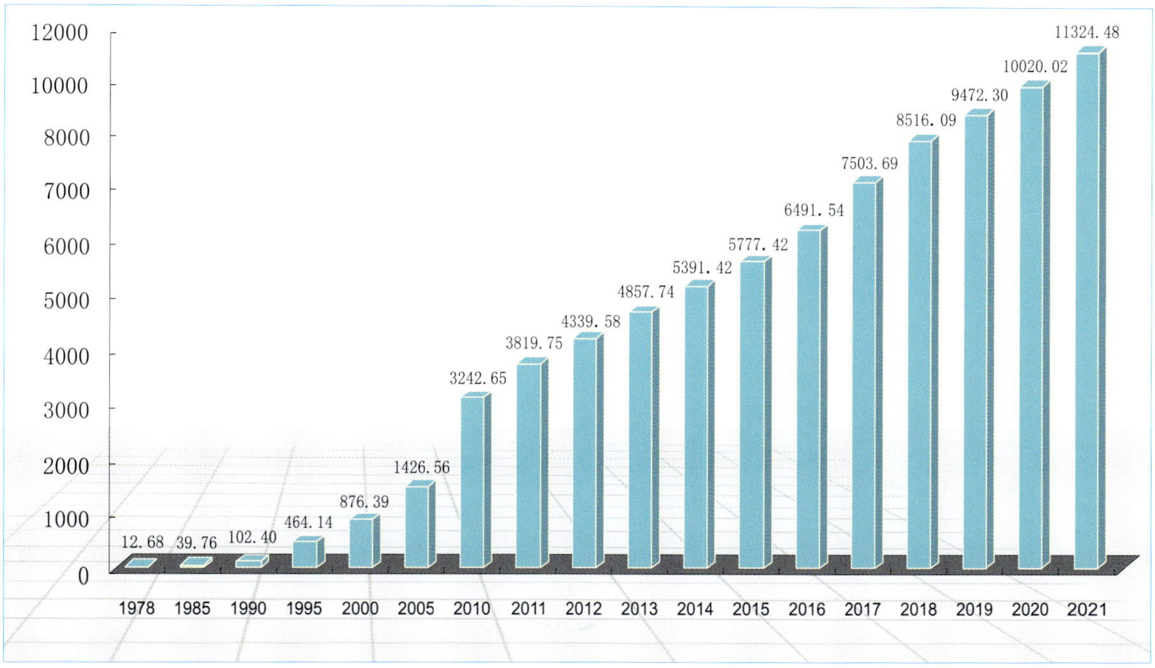

生产总值（亿元）

人均生产总值（元）

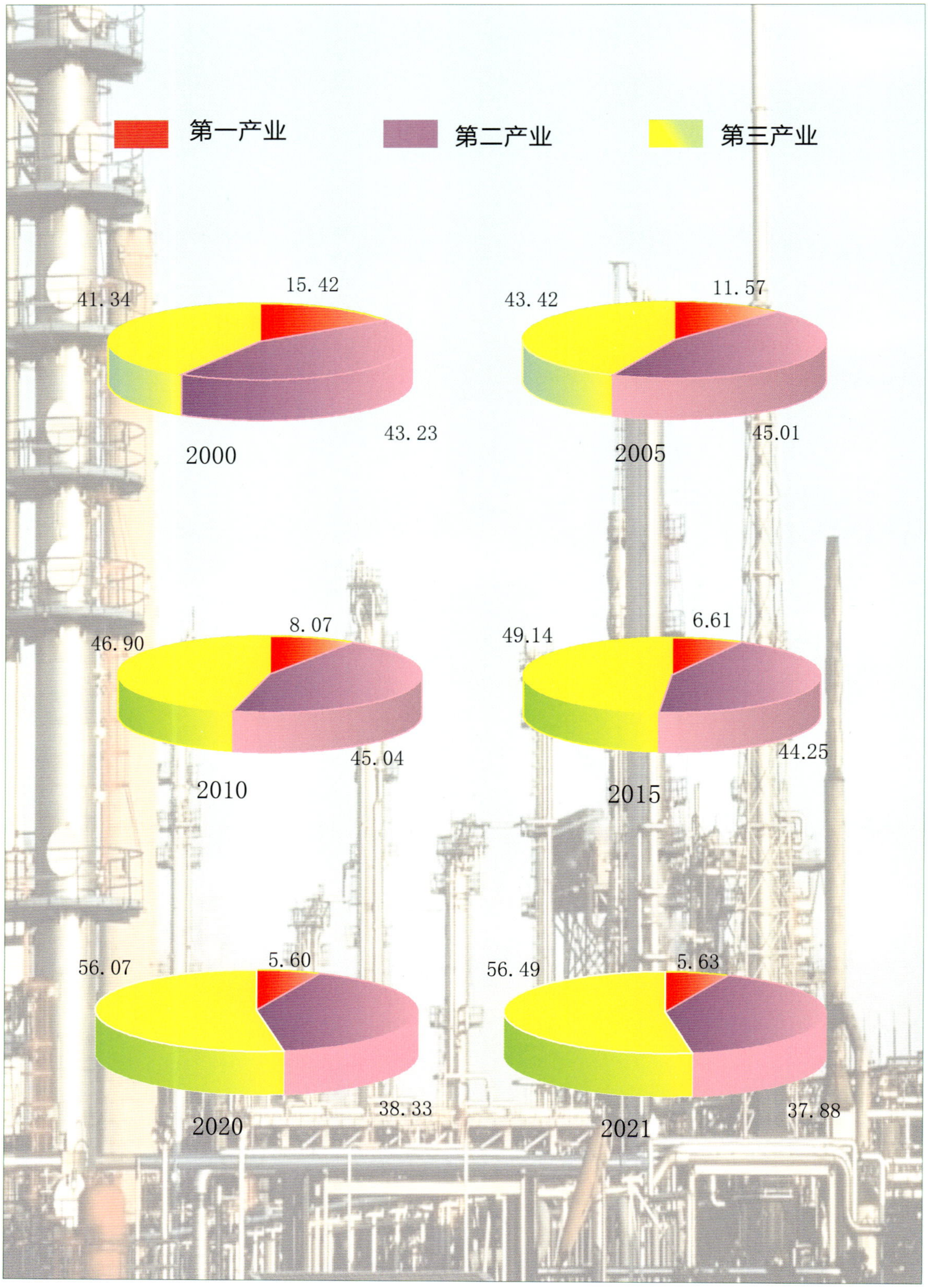
第一产业
第二产业
第三产业
41.34
15.42
43.23
2000
43.42
11.57
45.01
2005
46.90
8.07
45.04
2010
49.14
6.61
44.25
2015
56.07
5.60
38.33
2020
56.49
5.63
37.88
2021

三次产业比例（%）

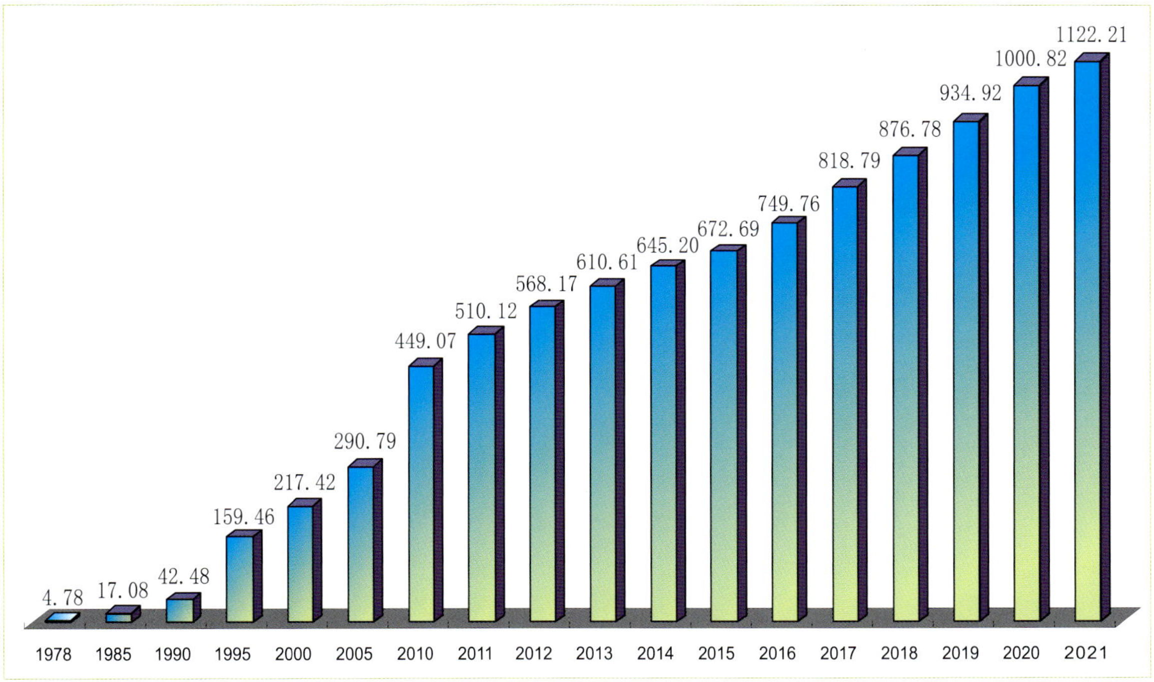

农林牧渔业总产值（亿元）

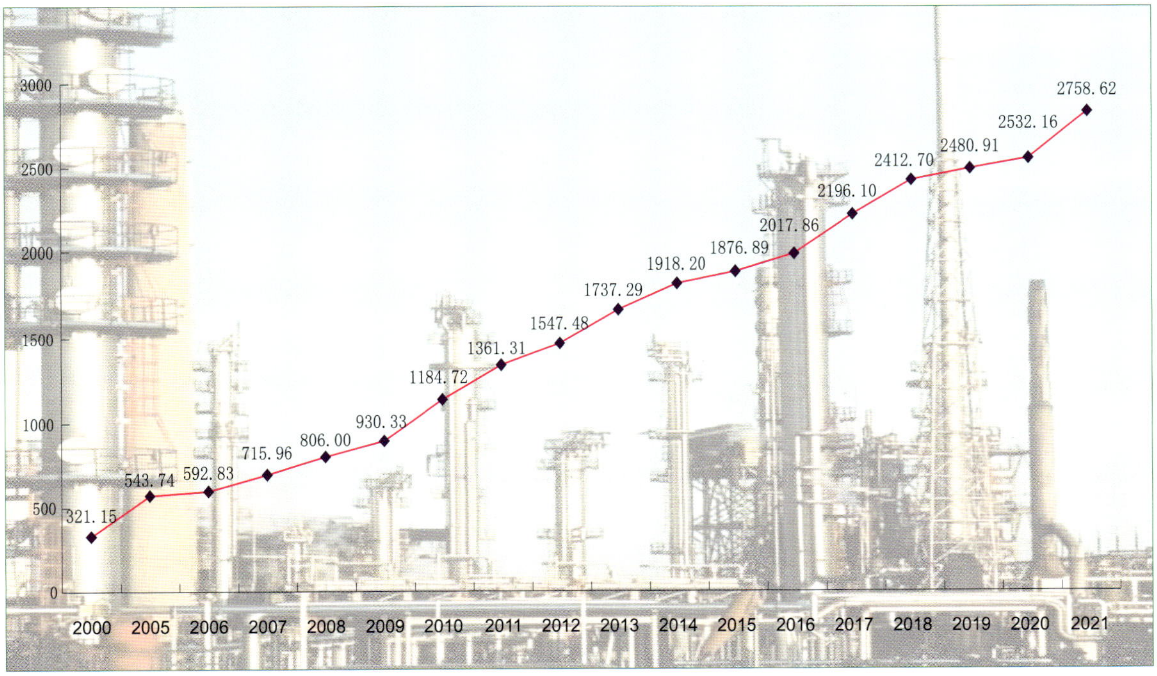

工业增加值（亿元）

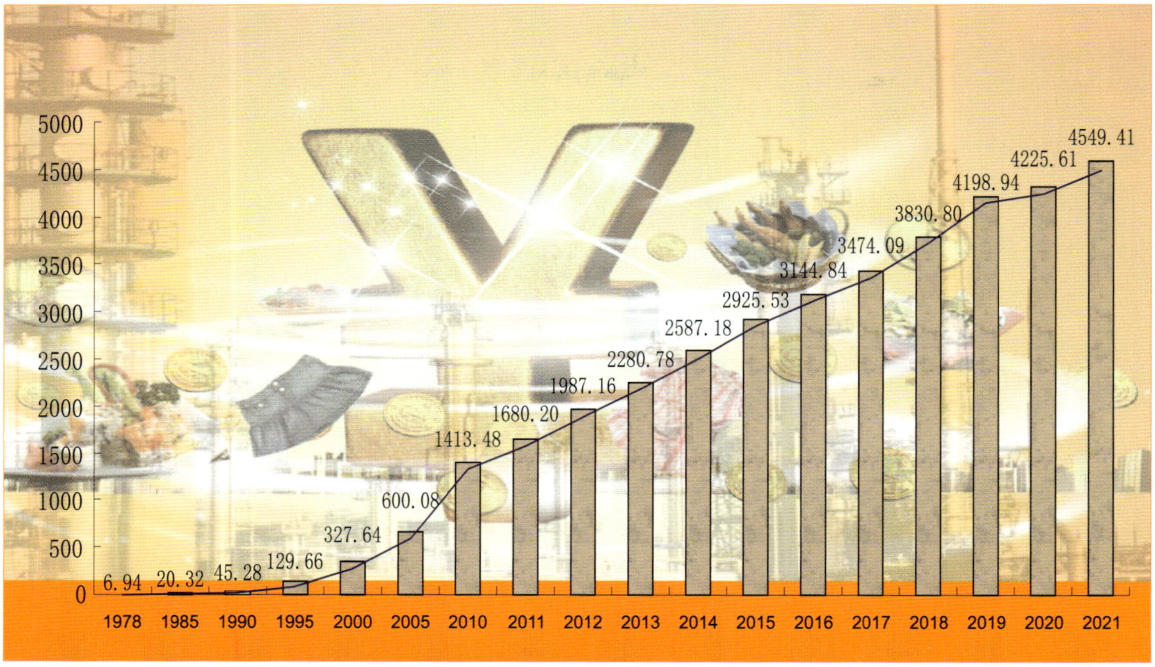

社会消费品零售总额（亿元）

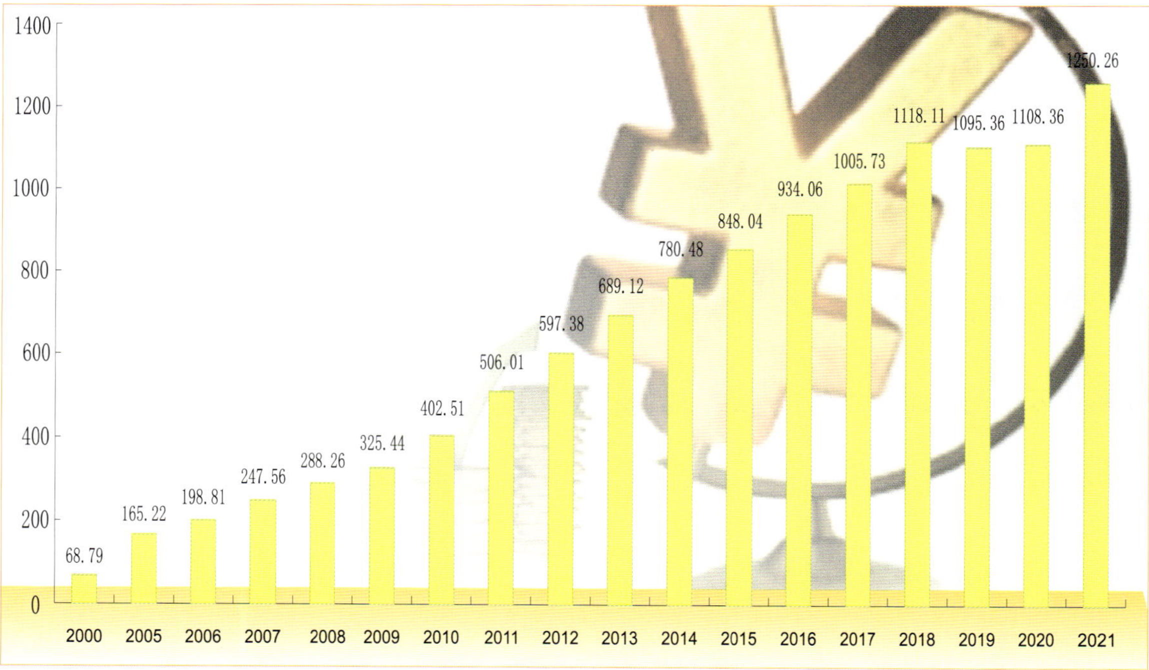

一般公共预算总收入（亿元）

一般公共预算收入（亿元）

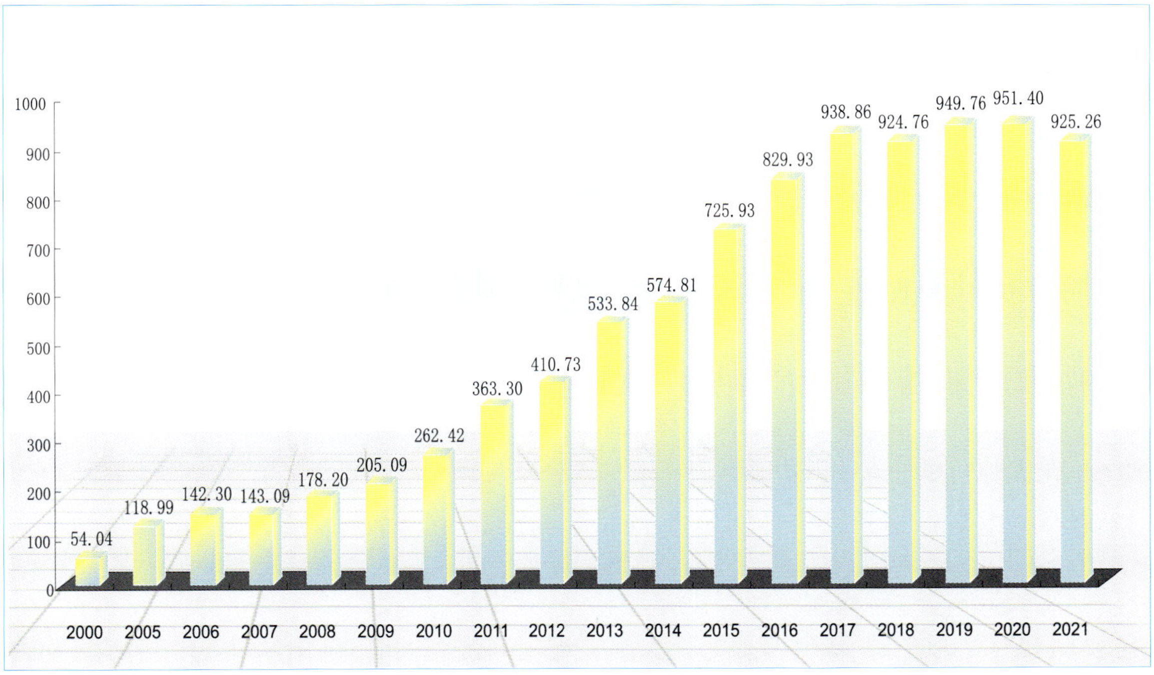

一般公共预算支出（亿元）

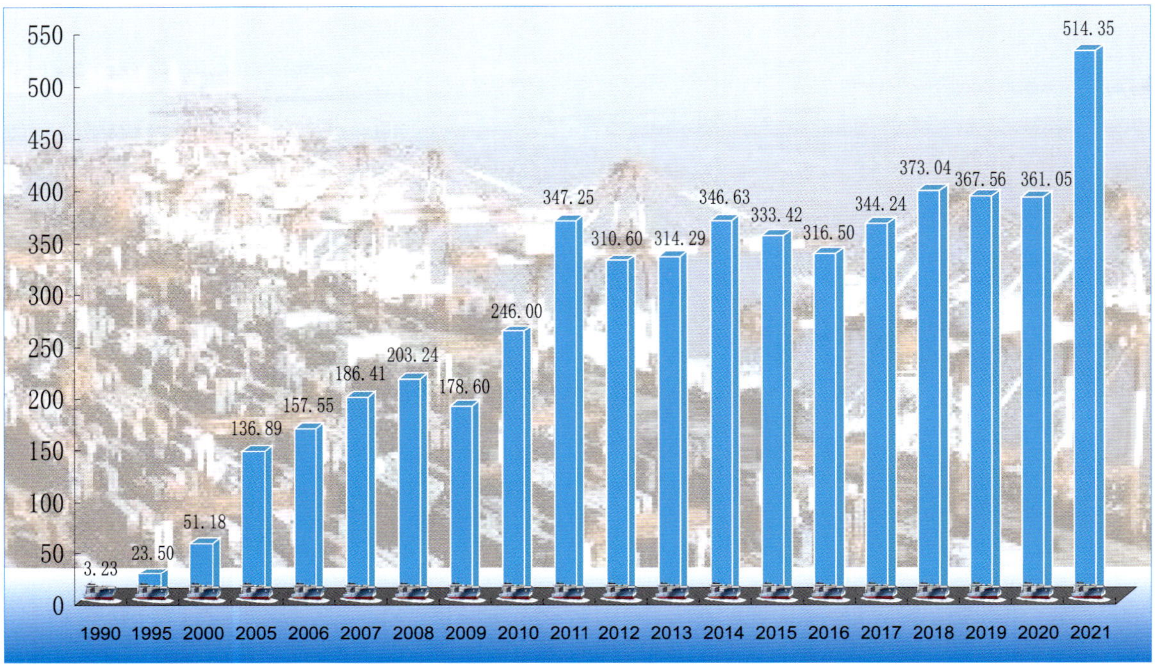

进出口总值（亿美元）

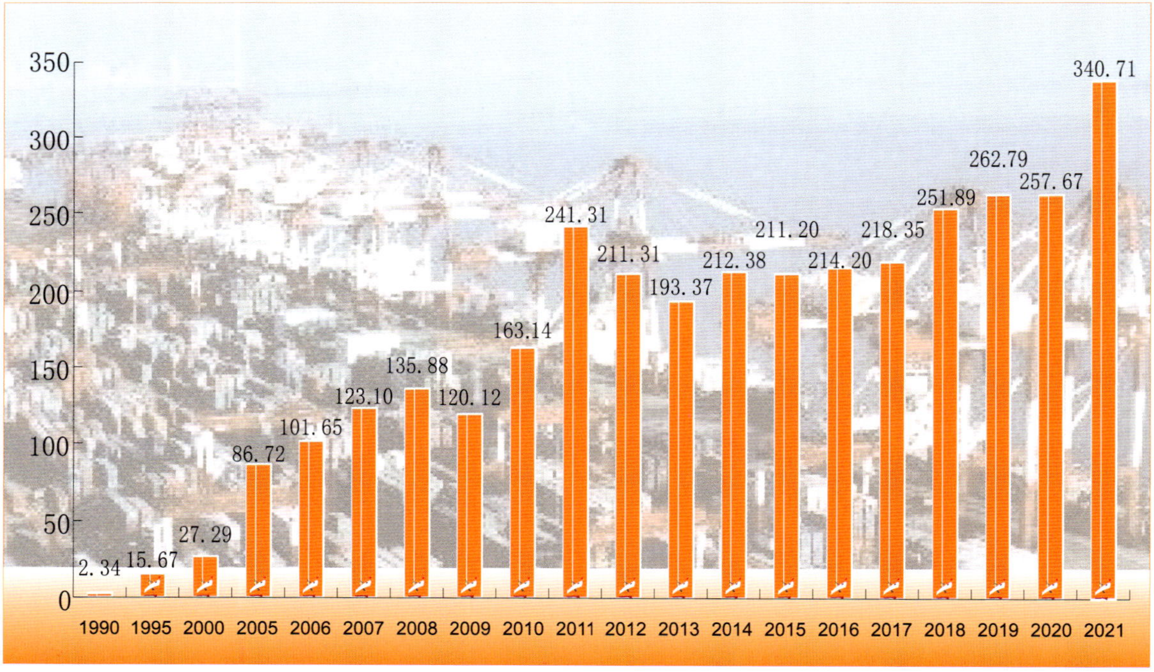

出口总值（亿美元）

实际利用外资（验资口径，万美元、万元）

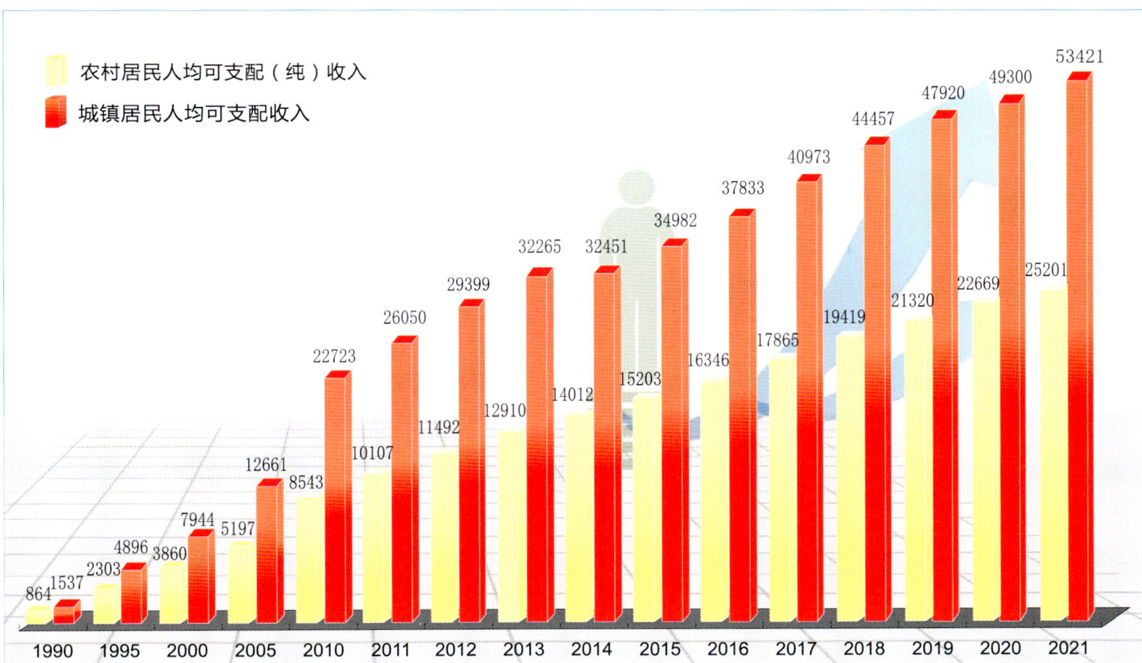

城乡居民收入（元）

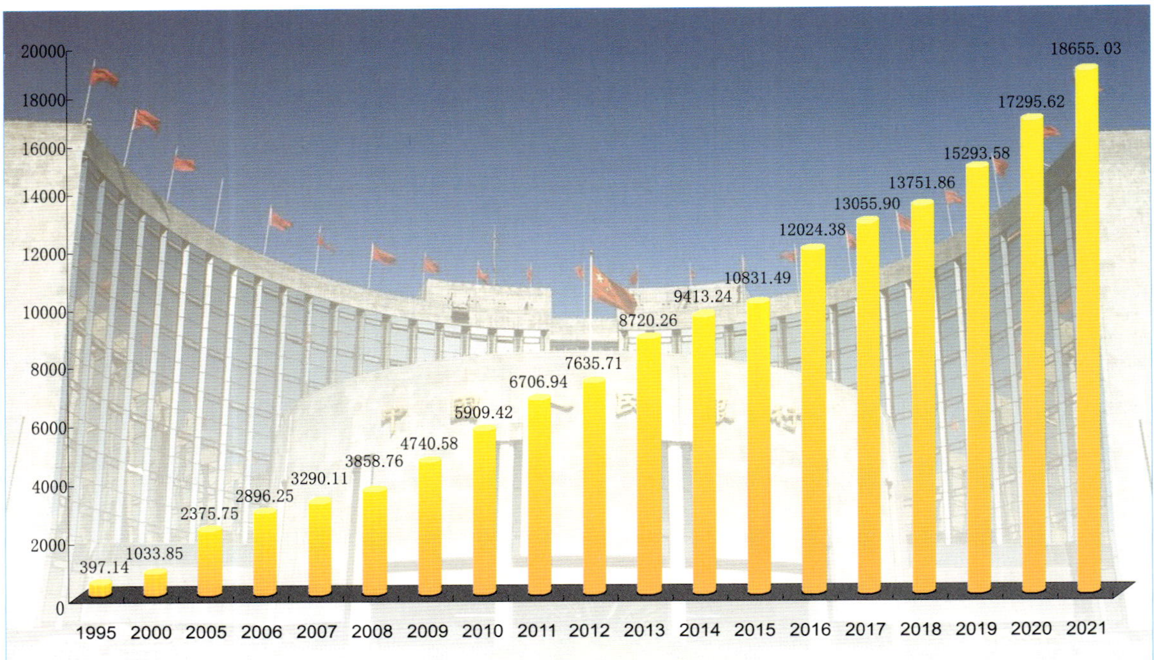

金融机构人民币存款余额（亿元）

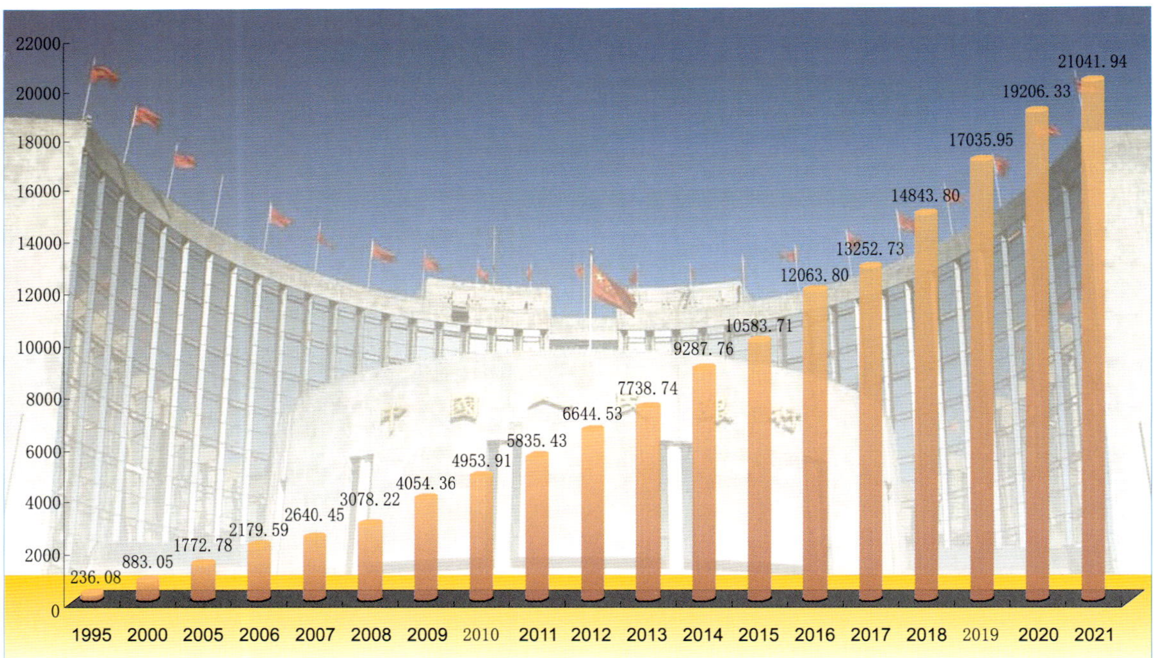

金融机构人民币贷款余额（亿元）

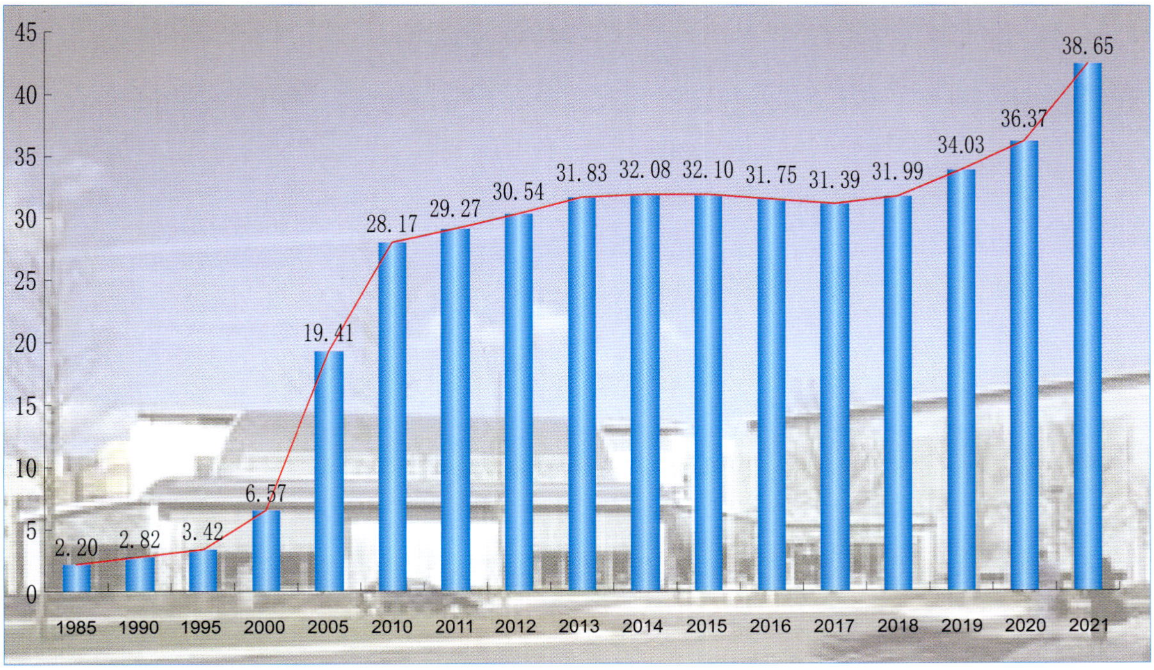

普通高校在校学生（万人）

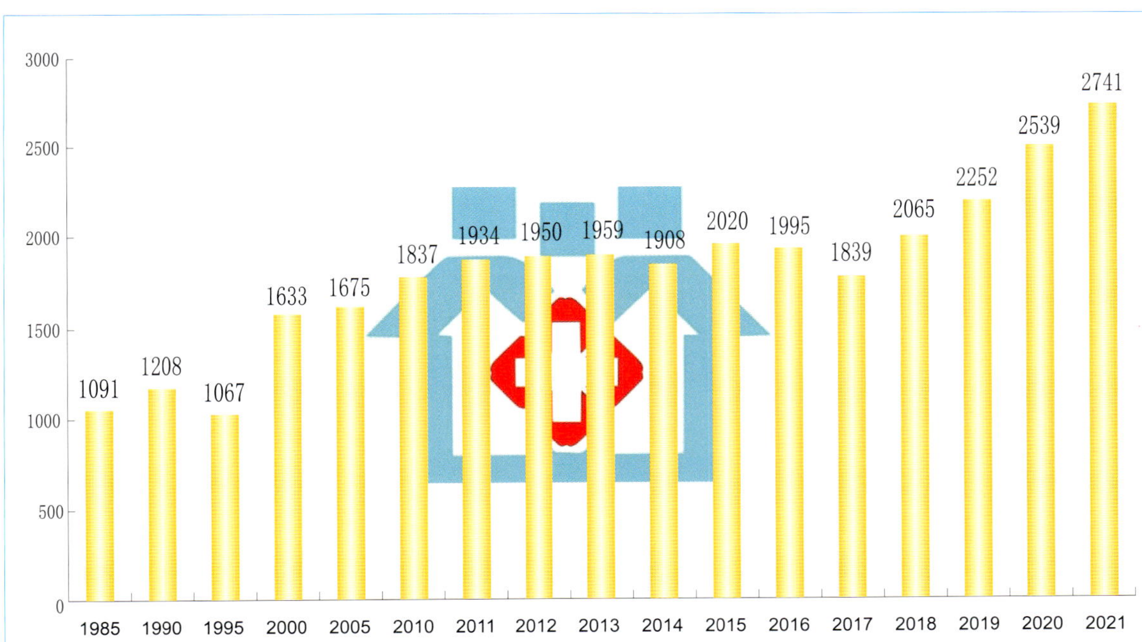

卫生医疗机构（个）

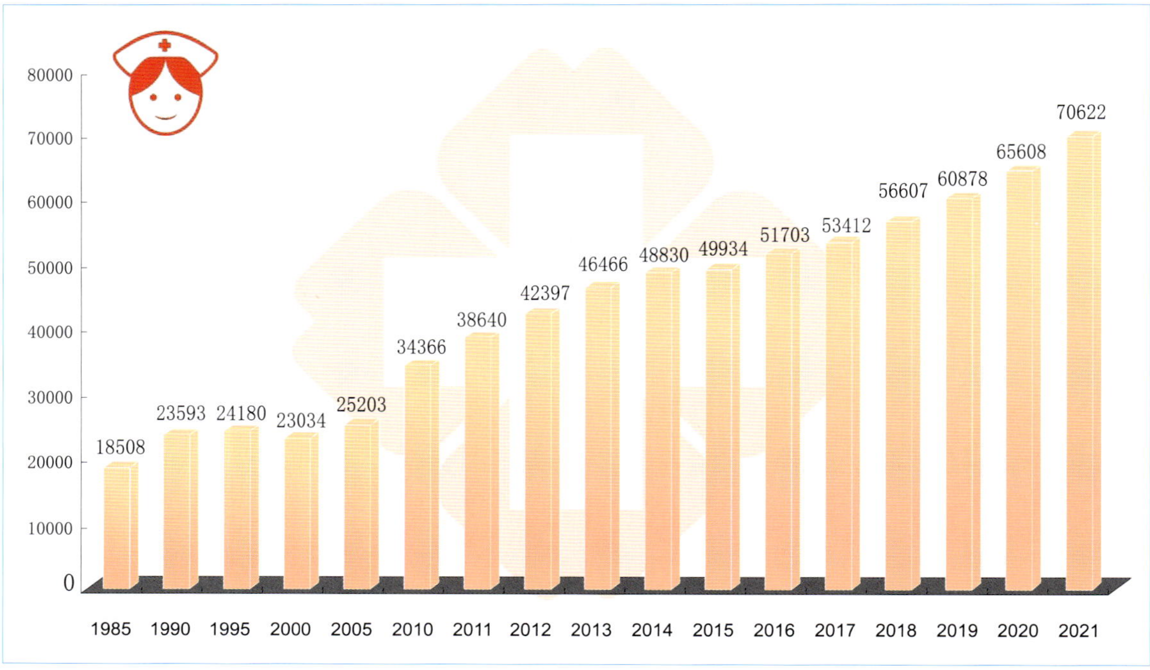

卫生技术人员（人）

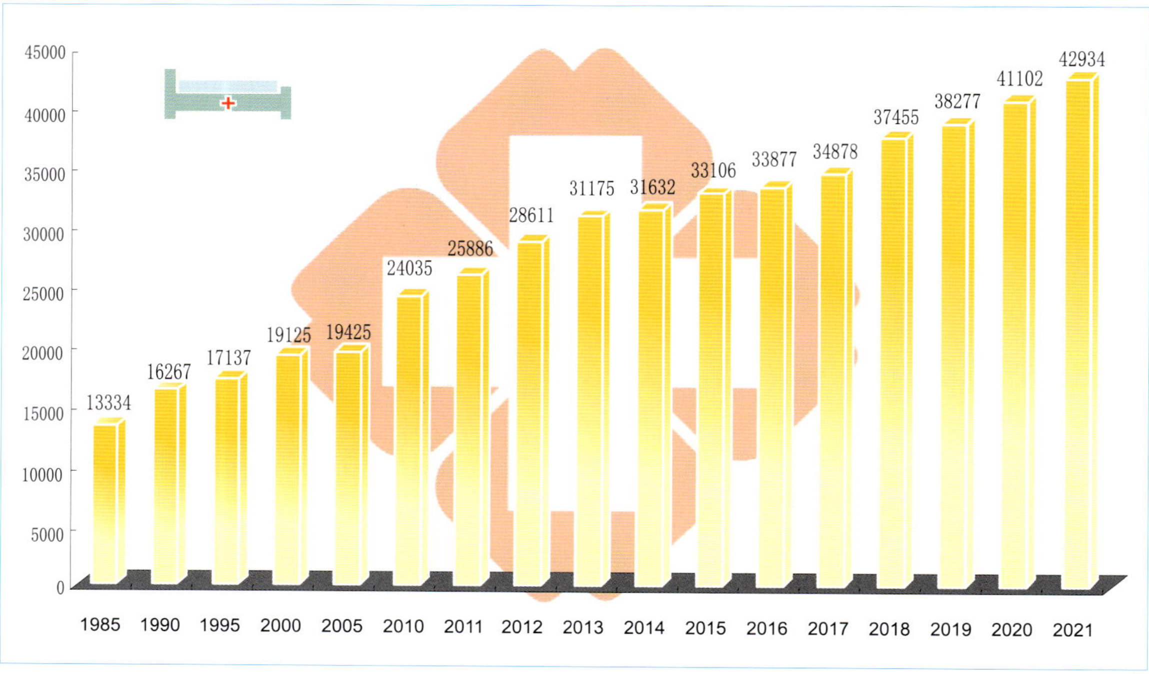

卫生机构医疗床位（张）

目 录

综 合

国民经济核算

人　　口

就业与职工工资

农林牧渔业

工业与交通

房地产开发投资

建 筑 业

批发零售、住宿餐饮与旅游业

对外经济

价格指数

财政金融

人民生活

科技、教育与文化

卫生、体育与其他

城市比较

附　　录

1 综合

1-1 行 政 区 划

（2021年末）　　单位：个

县（市）区	街道、乡（镇）数				村（居）委会数		
	合 计	街 道	镇	乡	合 计	社区居委会	村委会
总 计	**181**	**45**	**97**	**39**	**2736**	**540**	**2196**
市 区	**64**	**36**	**24**	**4**	**855**	**352**	**503**
鼓楼区	10	9	1	0	69	69	0
台江区	10	10	0	0	52	52	0
仓山区	13	8	5	0	201	99	102
晋安区	9	3	4	2	194	80	114
马尾区	4	1	3	0	79	17	62
长乐区	18	5	11	2	260	35	225
七县（市）	**117**	**9**	**73**	**35**	**1881**	**188**	**1693**
福清市	24	7	17	0	503	65	438
闽侯县	15	1	8	6	329	32	297
连江县	23	0	19	4	283	40	243
罗源县	11	0	6	5	202	13	189
闽清县	16	0	11	5	292	21	271
永泰县	21	0	9	12	272	17	255
平 潭	7	1	3	3	218	26	192

注：2017年起市区含长乐，连江县含马祖乡（台湾管辖），下同。

1-2 国民经济和社会发展总量和速度指标

项　　目	单　位	总量指标						
		1990 年	1995 年	2000 年	2005 年	2010 年	2015 年	2018 年
人口与就业								
年末户籍总人口	万人	535.30	562.27	589.23	614.84	645.90	678.37	702.66
#市区人口	万人	129.24	137.52	148.49	176.11	188.59	199.96	284.59
全社会从业人员	万人	246	280	294	330	358	406	416
国民经济核算								
地区生产总值	亿元	102.40	464.14	876.39	1426.56	3242.65	5777.42	8516.09
第一产业	亿元	29.41	98.52	135.18	165.03	261.60	381.80	494.93
第二产业	亿元	41.21	167.19	378.89	642.13	1460.35	2556.68	3498.50
第三产业	亿元	31.78	198.44	362.32	619.41	1520.70	2838.93	4522.66
工业	亿元	34.50	130.01	321.15	543.74	1184.72	1876.89	2412.70
建筑业	亿元	6.71	37.18	57.74	101.25	281.96	689.36	1103.42
工农业								
农林牧渔业总产值	亿元	42.48	159.46	217.42	290.79	449.07	672.69	876.78
规模以上工业总产值	亿元			750.11	1860.18	4544.17	7845.00	
固定资产投资								
固定资产投资	亿元		174.75	237.53	603.26	2317.44	4893.91	
#房地产开发投资	亿元		55.00	75.85	222.03	670.69	1381.12	1440.32
贸易与价格								
社会消费品零售总额	亿元	45.28	129.66	327.64	600.08	1413.48	2925.53	3830.80
城市居民消费价格指数(以上年为 100)	%	102.4	118.2	102.9	103.2	103.2	101.6	101.5
对外经济								
进出口总额	亿美元	3.23	23.50	51.18	136.89	246.00	333.42	373.04
出口总额	亿美元	2.34	15.67	27.29	86.72	163.14	211.20	251.89
进口总额	亿美元	0.89	7.82	23.89	50.17	82.85	122.23	121.15
新批外资项目	项	233	678	295	326	186	339	524
合同外资金额	亿美元	2.74	32.27	9.55	11.66	16.73	31.75	40.01
实际利用外资(历史可比口径)	亿美元	1.02	10.50	8.01	16.00	24.82		
(验资口径)	亿元						107.36	55.39

注：1.2017 年起固定资产为不含农户数据，下同。
2.2016 年、2017 年农林牧渔业产值等数据，以第三次全国农业普查数据为基础进行了核定和修订，下同。

2019 年	2020 年	2021 年	平均增长速度（%） 1991–2021 年	1996–2021 年	2001–2021 年	2006–2021 年	2011–2021 年	2016–2021 年
710.09	715.41	723.36	0.98	0.97	0.98	1.02	1.03	1.08
289.66	293.56	300.94	2.76	3.06	3.42	3.41	4.34	7.05
416	420	419	1.73	1.56	1.71	1.50	1.44	0.53
9472.30	10020.02	11324.48	13.45	11.59	10.80	10.68	9.25	7.84
526.68	560.70	637.03	4.74	3.86	2.82	2.83	3.13	3.99
3702.61	3840.77	4289.80	14.79	12.73	11.22	10.69	9.19	6.52
5243.01	5618.55	6397.66	14.61	11.90	11.93	11.90	10.03	9.42
2480.91	2532.16	2758.62	14.93	12.77	10.95	10.27	8.77	6.15
1241.22	1328.23	1548.49	13.27	11.56	12.24	12.39	10.67	7.79
934.92	1000.82	1122.21	6.10	4.89	4.15	4.42	4.21	4.01
1812.77	2070.23	2248.81		15.34	17.52	15.57	11.63	8.46
4198.94	4225.61	4549.41	16.03	14.66	13.35	13.50	11.21	7.64
102.5	102.4	100.6						
367.56	361.05	514.35	17.77	12.60	11.61	8.63	6.94	7.49
262.79	257.67	340.71	17.44	12.57	12.77	8.93	6.92	8.30
104.78	103.37	173.64	18.54	12.66	9.91	8.07	6.96	6.03
310	297	467	2.27	–1.42	2.21	2.27	8.73	5.48
39.40	26.90	60.56	10.51	2.45	9.20	10.85	12.41	11.36
65.30	70.07	80.78						–4.63

1-2 续表

项目	单位	总量指标					
		1990年	1995年	2000年	2005年	2010年	2015年
财政金融							
一般公共预算总收入	亿元		37.84	68.79	165.22	402.51	848.04
一般公共预算收入	亿元	10.94	25.82	55.35	127.68	247.82	560.46
一般公共预算支出	亿元	8.28	27.45	54.04	118.99	262.42	725.93
金融机构存款年末余额	亿元	85.41	397.14	1033.85	2375.75	5909.42	10831.49
金融机构贷款年末余额	亿元	67.72	236.08	883.05	1772.78	4953.91	10583.71
人民生活							
城镇非私营单位在岗职工平均工资	元	2128	5827	11199	18314	34806	62478
城镇居民人均可支配收入	元	1537	4896	7944	12661	22723	34982
城镇居民人均消费支出	元	1381	4021	6009	8382	15778	24825
农村居民人均可支配（纯）收入	元	864	2303	3860	5197	8543	15203
农村居民人均消费支出	元	765	1818	2921	3503	6071	13152
教育卫生							
普通高等学校数	所	12	12	13	36	31	32
普通高等学校在校学生数	人	28188	34162	65737	194073	281680	320965
普通高等学校专任教师数	人	4329	4047	4754	12698	17209	19982
普通中学学校数	所	247	327	364	467	326	322
普通中学在校学生数	人	213767	285031	378207	417772	327105	300024
普通中学专任教师数	人	13140	16461	20305	25158	24390	24091
卫生机构数	个	1208	1067	1633	1675	1837	2020
#医院、卫生院	个	198	199	242	240	202	232
卫生技术人员数	人	23953	24180	23034	25203	34366	49934
#医生	人	9330	10275	10639	11056	13813	18307
卫生机构床位数	张	16267	17137	19125	19425	24035	33106

				平均增长速度（%）					
2018 年	2019 年	2020 年	2021 年	1991-2021 年	1996-2021 年	2001-2021 年	2006-2021 年	2011-2021 年	2016-2021 年
1118.11	1095.36	1108.36	1250.26		14.40	14.81	13.48	10.85	6.68
680.38	668.08	675.61	749.85	14.61	13.83	13.21	11.70	10.59	4.97
924.76	949.76	951.40	925.26	16.43	14.49	14.48	13.68	12.14	4.13
13751.86	15293.58	17295.62	19117.34	19.07	16.07	14.90	13.92	11.26	9.93
14843.80	17035.95	19206.33	21484.13	20.42	18.95	16.41	16.87	14.27	12.52
83175	88952	96478	108133	13.51	11.89	11.40	11.74	10.85	9.57
44457	47920	49300	53421	12.13	9.63	9.50	9.42	8.08	7.31
29849	32662	32019	35664	11.06	8.76	8.85	9.47	7.70	6.22
19419	21320	22669	25201	11.49	9.64	9.35	10.37	10.33	8.79
16250	17711	17713	20911	11.26	9.85	9.83	11.81	11.90	8.04
34	35	34	35	3.51	4.20	4.83	-0.18	1.11	1.50
319943	340330	363738	386547	8.81	9.78	8.80	4.40	2.92	3.15
20523	21334	22133	22106	5.40	6.75	7.59	3.53	2.30	1.70
320	326	328	328	0.92	0.01	-0.49	-2.18	0.06	0.31
321625	349443	367626	383690	1.90	1.15	0.07	-0.53	1.46	4.18
24737	25216	27806	27026	2.35	1.93	1.37	0.45	0.94	1.93
2065	2252	2539	2741	2.68	3.69	2.50	3.12	3.70	5.21
243	255	264	268	0.98	1.15	0.49	0.69	2.60	2.43
56607	60878	65608	70622	3.55	4.21	5.48	6.65	6.76	5.94
21189	23588	25459	26894	3.47	3.77	4.52	5.71	6.24	6.62
37455	38277	41102	42934	3.18	3.60	3.93	5.08	5.42	4.43

1-3 各个计划时期主要经济指标总量

项　　目	单　位	"一五"时期	"二五"时期	1963-1965年	"三五"时期	"四五"时期	"五五"时期	"六五"时期
地区生产总值	亿元	16.73	26.69	16.59	30.74	42.87	65.26	143.43
第一产业	亿元	6.70	7.46	5.94	10.82	13.11	17.91	44.84
第二产业	亿元	3.32	9.38	4.12	9.16	18.33	29.83	63.49
第三产业	亿元	6.71	9.86	6.53	10.80	11.43	17.52	35.10
农林牧渔业总产值	亿元	7.74	10.51	8.60	16.56	19.33	26.17	63.94
工业总产值	亿元	6.76	18.95	10.88	26.59	38.50	79.54	161.99
一般公共预算总收入	亿元	2.23	4.79	1.95	4.20	7.67	10.54	16.98
一般公共预算收入	亿元	2.23	4.79	1.95	4.20	7.67	10.54	16.98
一般公共预算支出	亿元	1.08	2.17	1.26	2.42	3.98	6.21	11.81
金融机构存款年末余额	亿元	1.42	3.93	3.45	3.92	5.85	15.12	28.98
金融机构贷款年末余额	亿元	1.23	4.14	2.94	4.82	7.39	13.81	30.29
社会消费品零售总额	亿元	12.23	18.56	12.05	20.70	24.70	37.81	72.27
出口总额	亿美元						0.02	0.56
实际利用外资（验资口径）	亿元							

1-3　续表

项　　目	单　位	"七五"时期	"八五"时期	"九五"时期	"十五"时期	"十一五"时期	"十二五"时期	"十三五"时期
地区生产总值	亿元	372.02	1327.78	3743.34	5869.10	11990.20	24185.91	42003.64
第一产业	亿元	108.68	295.78	630.45	737.28	1058.67	1739.33	2467.47
第二产业	亿元	156.69	501.83	1532.21	2684.17	5159.15	10943.52	16929.99
第三产业	亿元	106.66	530.17	1581.68	2447.64	5772.39	11503.06	22606.18
农林牧渔业总产值	亿元	157.60	460.37	1009.35	1230.61	1860.65	3006.79	4381.08
工业总产值	亿元	485.13	1686.96	4578.07	8334.73	18045.87	35685.57	
一般公共预算总收入	亿元	42.06	94.22	298.15	708.20	1462.53	3421.03	5261.62
一般公共预算收入	亿元	42.06	94.22	213.19	457.44	911.02	2227.36	3257.14
一般公共预算支出	亿元	32.88	87.05	215.72	428.17	931.10	2608.61	4594.70
金融机构存款年末余额	亿元	85.41	351.44	1033.85	2375.75	5909.42	10831.49	71421.34
金融机构贷款年末余额	亿元	67.72	203.21	883.05	1772.78	4953.91	10583.71	76402.60
社会消费品零售总额	亿元	180.29	419.10	1286.52	2334.21	5143.62	11460.85	18874.28
出口总额	亿美元	5.21	45.72	103.39	272.92	643.89	1069.57	1204.89
实际利用外资（验资口径）	亿元							447.42

1-4 各个计划时期主要经济指标年均发展速度

单位：%

项目	"恢复"时期（1950-1952年）	"一五"时期（1953-1957年）	"二五"时期	1963-1965年	"三五"时期	"四五"时期	"五五"时期
年末户籍总人口	103.01	102.71	102.46	102.41	101.75	102.69	101.93
#市区人口	103.61	103.72	102.95	101.31	98.81	102.08	102.14
地区生产总值	119.71	111.20	97.81	112.37	101.10	105.41	112.35
第一产业	116.58	106.85	92.96	116.75	100.15	98.57	111.59
第二产业	133.76	113.94	104.98	115.10	106.37	112.39	113.38
第三产业	121.74	109.89	108.52	105.66	97.79	105.67	111.54
农林牧渔业总产值	114.41	107.15	97.05	114.45	101.15	99.34	107.80
全部工业总产值	126.76	116.38	108.03	119.24	108.39	112.01	111.10
一般公共预算收入	393.50	114.20	111.06	101.67	105.39	104.74	109.92
一般公共预算支出		113.47	101.20	107.15	110.05	105.27	110.36
金融机构存款年末余额	162.05	122.45	122.52	95.72	102.60	108.31	120.93
金融机构贷款年末余额	132.57	158.86	127.47	89.22	110.39	108.91	113.33
社会消费品零售总额	124.29	114.30	107.83	98.80	100.45	106.18	113.64
出口总额							
实际利用外资额（历史可比口径）							
实际利用外资额（验资口径）							
城镇非私营单位在岗职工平均工资			98.31	103.76	98.67	101.72	102.49
城镇居民人均可支配收入	111.02	107.89	102.02	105.45	103.15	103.11	103.22
农村居民人均可支配（纯）收入	105.38	102.42	104.43	108.00	104.86	95.56	106.62

1-4　续表　　　　单位：%

项　　目	"六五"时期	"七五"时期	"八五"时期	"九五"时期	"十五"时期	"十一五"时期	"十二五"时期	"十三五"时期
年末户籍总人口	101.68	101.83	100.99	100.94	100.85	100.99	100.99	101.07
#市区人口	102.04	101.67	101.25	101.55	103.47	101.38	101.18	107.98
地区生产总值	114.04	111.07	123.62	114.98	111.17	113.91	110.98	107.73
第一产业	108.06	116.53	109.43	108.32	102.81	102.18	102.10	103.60
第二产业	116.72	106.53	126.16	119.27	112.94	114.05	112.48	106.37
第三产业	115.22	113.65	129.77	111.84	111.98	116.13	110.77	109.45
农林牧渔业总产值	109.39	108.63	112.66	108.06	103.29	104.88	104.44	103.70
全部工业总产值	117.18	119.88	127.68	121.99	116.28	118.78	113.40	
一般公共预算收入	114.25	116.32	118.73	118.73	118.20	114.18	117.73	103.81
一般公共预算支出	122.04	116.16	127.08	114.51	117.07	117.14	122.57	105.56
金融机构存款年末余额	113.90	124.13	132.69	128.91	118.11	119.99	112.88	109.81
金融机构贷款年末余额	117.02	117.45	124.58	141.61	114.96	122.82	116.40	112.66
社会消费品零售总额	113.97	117.38	123.42	120.37	112.87	118.69	115.66	107.63
出口总额	176.85	175.98	146.33	121.42	126.01	113.47	105.30	104.06
实际利用外资额（历史可比口径）	155.92	146.03	161.56	93.43	114.84	109.18		
实际利用外资额（验资口径）						113.11	107.22	91.82
城镇非私营单位在岗职工平均工资	108.86	115.00	122.32	113.96	110.34	113.70	112.41	109.08
城镇居民人均可支配收入	116.64	117.78	126.08	110.16	109.77	112.41	110.86	107.10
农村居民人均可支配（纯）收入	125.66	115.35	121.66	110.88	106.13	110.45	112.75	108.32

1-5 国民经济主要比例关系

单位：%

项目	1995 年	2000 年	2005 年	2006 年	2007 年	2008 年	2009 年	2010 年	2011 年	2012 年
三次产业结构										
第一产业	21.23	15.43	11.57	9.89	9.32	9.21	8.38	8.07	7.70	7.59
第二产业	36.02	43.23	45.01	42.83	41.91	41.68	42.77	45.04	44.91	45.42
第三产业	42.75	41.34	43.42	47.28	48.77	49.11	48.84	46.90	47.39	46.99
工农业总产值结构										
农林牧渔业	23.93	16.21	11.63	10.40	9.87	9.77	8.96	8.44	7.99	8.21
工业	76.07	83.79	88.37	89.60	90.13	90.23	91.04	91.56	92.01	91.79
农林牧渔业总产值结构										
#农业	31.53	28.44	27.78	27.73	26.96	25.42	27.14	27.74	26.91	26.82
林业	3.45	3.19	2.20	2.34	2.29	2.53	2.68	3.10	3.27	3.19
牧业	17.26	18.15	17.56	14.19	15.56	16.79	14.27	12.84	13.54	11.88
渔业	47.77	50.23	51.94	51.19	50.96	51.20	51.71	52.41	52.61	54.63
工业总产值轻重工业结构										
轻工业	58.41	43.88	38.93	39.70	40.14	39.84	40.48	40.04	41.17	44.77
重工业	41.59	56.12	61.07	60.30	59.86	60.16	59.52	59.96	58.83	55.23
固定资产投资额结构										
#房地产开发投资	21.47	31.93	36.80	41.13	34.60	24.81	21.97	28.94	35.16	29.76
进出口总额结构										
出口总额	66.71	53.39	63.35	64.52	66.04	66.79	67.26	66.32	69.49	68.03
进口总额	33.29	46.61	36.65	36.65	33.96	33.21	32.74	33.68	30.51	31.97

注：工业总产值中主要比例关系 2000 年起为规模以上工业的比例。

1-5 续表 单位：%

项 目	2013年	2014年	2015年	2016年	2017年	2018年	2019年	2020年	2021年
三次产业结构									
第一产业	7.31	7.02	6.61	6.53	6.15	5.81	5.56	5.60	5.63
第二产业	45.90	45.83	44.25	42.95	41.31	41.08	39.09	38.33	37.88
第三产业	46.78	47.15	49.14	50.52	52.54	53.11	55.35	56.07	56.49
工农业总产值结构									
农林牧渔业	7.76	7.45	7.59	7.84	8.40	8.25			
工业	92.24	92.55	92.41	92.16	91.60	91.75			
农林牧渔业总产值结构									
#农业	26.83	28.64	29.55	29.52	30.47	30.81	30.78	29.45	27.40
林业	3.33	3.90	3.68	3.37	3.03	3.47	3.86	3.56	3.40
牧业	10.89	10.00	9.87	9.96	8.41	7.17	8.20	10.49	9.84
渔业	55.52	54.01	53.40	53.79	54.85	55.30	53.90	53.27	56.31
工业总产值轻重工业结构									
轻工业	45.88	47.39	49.86	51.43	53.69				
重工业	54.12	52.61	50.14	48.57	46.31				
固定资产投资额结构									
#房地产开发投资	32.68	32.86	28.22	32.18	29.09				
进出口总额结构									
出口总额	61.53	61.27	63.34	67.68	63.43	67.52	71.49	71.37	66.24
进口总额	38.47	38.73	36.66	32.32	36.57	32.48	28.51	28.63	33.76

1-6 主要经济指标人均值

项　　目	单　位	1995 年	2000 年	2005 年	2006 年	2007 年	2008 年	2009 年	2010 年	2011 年	2012 年
地区生产总值	元	8219	14841	20292	24630	30489	34852	39116	46373	52795	58564
农林牧渔业总产值	元	2853	3709	4311	4336	4896	5582	5559	6329	7051	7668
工业总产值	元	8280	18360	36104	41144	49170	56260	62241	75829	81180	85739
固定资产投资额	元	3127	4052	9855	11835	15984	19726	25845	36091	37599	44082
社会消费品零售总额	元	1722	5998	10857	10465	12545	14899	17128	20214	23223	26817
进出口总额	美元	420	874	2236	2546	2975	3214	2803	3831	4800	4192
出口总额	美元	280	466	1417	1643	1965	2146	1885	2541	3335	2852
进口总额	美元	140	408	820	903	1011	1067	918	1284	1464	1340
实际利用外资额（验资口径）	元										
一般公共预算总收入	元	677	1278	3193	3809	3951	4552	5108	6269	6994	8062
一般公共预算收入	元	462	944	2086	2465	2339	2667	3065	3859	4423	5155
一般公共预算支出	元	491	922	1941	2300	2284	2779	3219	4087	5021	5543
城镇非私营单位在岗职工平均工资	元	5827	11199	18314	20666	23950	27521	30704	34806	41725	48089
城镇居民人均可支配收入	元	4896	7944	12661	14206	16642	19009	20289	22723	26050	29399
城镇居民人均消费支出	元	4021	6009	8382	9595	11790	13541	14105	15778	17847	20040
农村居民人均可支配（纯）收入	元	2303	3860	5197	5592	6286	7142	7669	8543	10107	11492

1-6　续表

项　　目	单　位	2013 年	2014 年	2015 年	2016 年	2017 年	2018 年	2019 年	2020 年	2021 年
地区生产总值	元	64469	70247	74308	82853	94208	104943	115445	121015	135298
农林牧渔业总产值	元	8104	8407	8652	9569	10280	10804	11395	12087	13408
工业总产值	元	96271	104362	105405	112449	112132	120091			
固定资产投资额	元	51358	57688	62944	66599	73112				
社会消费品零售总额	元	30269	33709	37627	40138	43617	47206	51175	51034	54354
进出口总额	美元	4171	4516	4288	4040	4322	4597	4480	4360	6145
出口总额	美元	2566	2767	2716	2734	2741	3104	3203	3112	4071
进口总额	美元	1605	1749	1572	1306	1581	1493	1277	1248	2075
实际利用外资额（验资口径）	元			1381	1594	1654	683	796	846	965
一般公共预算总收入	元	9146	10169	10907	11922	12627	13778	13350	13386	14937
一般公共预算收入	元	6025	6656	7208	7644	7962	8384	8142	8160	8959
一般公共预算支出	元	7085	7489	9337	10593	11787	11396	11575	11490	11054
城镇非私营单位在岗职工平均工资	元	53333	58839	62478	67630	75133	83175	88952	96478	108133
城镇居民人均可支配收入	元	32265	32451	34982	37833	40973	44457	47920	49300	53421
城镇居民人均消费支出	元	21695	23330	24825	26392	27427	29849	32662	32019	35664
农村居民人均可支配（纯）收入	元	12910	14012	15203	16346	17865	19419	21320	22669	25201

1-7 平均每天主要社会经济活动

项 目	单 位	1995 年	2000 年	2005 年	2006 年	2007 年	2008 年	2009 年	2010 年	2011 年	2012 年
地区生产总值	万元	12716	23945	39084	45110	56258	64704	73409	88840	104651	118568
工业总产值	万元	13885	30706	60548	69752	84401	97939	108648	133399	160914	173586
农林牧渔业总产值	万元	4369	5941	7967	8095	9243	10608	10699	12303	13976	15524
固定资产投资	万元	4788	6508	16528	20064	27437	34216	45116	63492	74528	89493
社会消费品零售总额	万元	3552	8952	16441	19167	23147	27661	32144	38726	46033	54294
进出口总额	万美元	644	1398	3750	4316	5107	5553	4893	6740	9514	8486
出口总额	万美元	429	746	2376	2785	3373	3712	3291	4470	6611	5774
进口总额	万美元	214	653	1375	1532	1735	1841	1602	2270	2903	2713
实际利用外资额（验资口径）	万元										
一般公共预算总收入	万元	1037	2052	5355	6458	6783	7896	8916	11028	13863	16367
一般公共预算收入	万元	707	1512	3498	4179	4015	4614	5350	6790	8768	10438
一般公共预算支出	万元	752	1477	3260	3899	3920	4869	5619	7190	9953	11222
沿海港口货物吞吐量	吨	30110	66438	203918	242400	176247	183633	221756	195200	225158	256802
出生人数	人	262	338	151	175	191	295	164	399	235	228
死亡人数	人	72	111	59	73	79	102	58	142	108	79

1-7　续表

项　　目	单　位	2013 年	2014 年	2015 年	2016 年	2017 年	2018 年	2019 年	2020 年	2021 年
地区生产总值	万元	133089	147710	158285	177364	205581	233318	259515	273771	310260
工业总产值	万元	198739	219446	224527	240721	244693	266996			
农林牧渔业总产值	万元	16729	17677	18430	20485	22433	24021	25614	27345	30746
固定资产投资	万元	106023	121304	134080	142570	159545				
社会消费品零售总额	万元	62487	70882	80151	85925	95180	104953	115039	115454	124641
进出口总额	万美元	8611	9497	9135	8648	9431	10220	10070	9865	14092
出口总额	万美元	5298	5819	5786	5853	5982	6901	7200	7040	9335
进口总额	万美元	3313	3678	3349	2795	3449	3319	2871	2824	4757
实际利用外资额（验资口径）	万元			2941	3413	3610	1517	1789	1915	2213
一般公共预算总收入	万元	18880	21383	23234	25521	27554	30633	30010	30283	34254
一般公共预算收入	万元	12438	13996	15355	16364	17374	18641	18303	18459	20544
一般公共预算支出	万元	14626	15748	19889	22676	25722	25336	26021	25995	25349
沿海港口货物吞吐量	吨	287805	327195	311263	322735	328339	399629	466800	544908	577160
出生人数	人	322	323	282	282	339	297	250	211	174
死亡人数	人	70	84	84	82	228	107	109	118	96

1-8 主要年份工农林牧渔业总产值

单位：亿元

年 份	工农林牧渔业			工农林牧渔业比重（%）	
		农林牧渔业	工 业	农林牧渔业	工 业
1952	2.07	1.23	0.84	59.58	40.42
1957	3.65	1.85	1.80	50.71	49.29
1962	5.12	2.45	2.67	47.83	52.17
1965	7.80	3.21	4.59	41.18	58.82
1970	10.69	3.98	6.71	37.25	62.75
1975	15.84	3.69	12.14	23.33	76.67
1978	20.96	4.78	16.18	22.80	77.20
1979	24.34	6.28	18.06	25.80	74.20
1980	27.36	7.43	19.94	27.14	72.86
1981	31.29	9.50	21.80	30.35	69.65
1982	35.17	11.39	23.78	32.39	67.61
1983	42.71	11.90	30.81	27.86	72.14
1984	54.56	14.08	40.48	25.81	74.19
1985	62.21	17.08	45.13	27.45	72.55
1986	70.97	19.38	51.59	27.31	72.69
1987	90.50	23.54	66.95	26.02	73.98
1988	135.33	33.72	101.61	24.92	75.08
1989	166.17	38.48	127.70	23.16	76.84
1990	179.76	42.48	137.28	23.63	76.37
1991	214.50	45.59	168.91	21.25	78.75
1992	278.93	57.48	221.45	20.61	79.39
1993	416.55	79.82	336.74	19.16	80.84
1994	571.06	118.02	453.04	20.67	79.33
1995	666.28	159.46	506.82	23.93	76.07
1996	838.88	177.52	661.36	21.16	78.84
1997	997.15	194.31	802.84	19.49	80.51
1998	1143.86	204.87	938.99	17.91	82.09
1999	1266.26	215.23	1051.04	17.00	83.00
2000	1341.27	217.42	1123.85	16.21	83.79
2001	1378.03	215.39	1162.64	15.63	84.37
2002	1563.99	221.08	1342.91	14.14	85.86
2003	1861.93	234.84	1627.09	12.61	87.39
2004	2260.62	268.52	1992.10	11.88	88.12
2005	2500.78	290.79	2209.99	11.63	88.37
2006	2841.44	295.48	2545.96	10.40	89.60
2007	3417.99	337.36	3080.63	9.87	90.13
2008	3972.82	388.24	3584.58	9.77	90.23
2009	4356.15	390.50	3965.65	8.96	91.04
2010	5318.12	449.07	4869.05	8.44	91.56
2011	6383.48	510.12	5873.36	7.99	92.01
2012	6921.43	568.17	6353.25	8.21	91.79
2013	7864.59	610.61	7253.98	7.76	92.24
2014	8654.96	645.20	8009.76	7.45	92.55
2015	8867.91	672.69	8195.22	7.59	92.41
2016	9560.13	749.76	8810.37	7.84	92.16
2017	9750.07	818.79	8931.28	8.40	91.60
2018	10622.15	876.78	9745.37	8.25	91.75
2019		934.92			
2020		1000.82			
2021		1122.21			

主要统计指标解释

当年价格 指报告期的实际价格，如工厂的出厂价格，农产品的收购价格，商业的零售价格等。按当年价格计算，是指一些以货币表现的物量指标如工农业总产值、国内生产总值等，按照当年的实际价格来计算总量。使用当年价格计算的数字，是为了使国民经济各项指标相互衔接，便于考察当年经济效益，便于对生产和流通、生产和分配、生产和消费进行经济核算的综合平衡。

按当年价格计算的价值指标，在不同年份之间进行对比时，因为包含有各年间价格变动因素，不能确切反映实物量的增减变动。必须消除价格变动因素后，才能真实反映经济发展动态。因此，在计算增长速度时都使用按可比价格计算的数字。

可比价格 指在不同时期的价值指标对比时，扣除了价格变动的因素，以确切反映物量的变化。按可比价格计算有两种方法：一种是直接用产品产量乘某一年的不变价格计算；另一种是用价格指数换算。

不变价格 指用同类产品的年平均价格作为固定价格，来计算各年产品价值。按不变价格计算的产品价值扣除了价格变动因素，不同时期对比可以反映生产的发展速度。新中国成立后，随着工农业产品价格水平的变化，国家统计局先后五次制定了全国统一的工业产品不变价格和农业产品不变价格。从 1949 年到 1957 年使用 1952 年工（农）业产品不变价格，从 1957 年到 1971 年使用 1957 年不变价格，从 1971 年到 1981 年使用 1970 年不变价格，从 1981 年到 1990 年使用 1980 年不变价格，从 1990 年开始使用 1990 年不变价格。

平均增长速度 我国计算平均增长速度有两种方法。一种是习惯上经常使用的“水平法”，又称几何平均法，是以间隔期最后一年的水平同基期水平对比来计算平均每年增长（或下降）速度。另一种是“累计法”，又称代数平均法或方程法，是以间隔期内各年的总和同基期水平对比来计算平均每年增长（或下降）速度。在一般正常情况下，两种方法计算的平均每年增长速度比较接近，但在经济发展不平衡，出现大起大落时，两种方法计算的结果差别较大。

本《年鉴》内所列的平均增长速度，均用“水平法”计算。从某年到某年平均增长速度的年份，均不包括基数年在内。如改革开放以来的平均增长速度是以 1978 年为基期计算的，则写为 1979–2010 年平均增长速度，其余类推。

各个计划时期 表内所用各个“时期”代表的年份如下：恢复时期为 1950 年到 1952 年；第一个五年计划时期（简称一五时期）为 1953 年到 1957 年；第二个五年计划时期（简称二五时期）为 1958 年到 1962 年；第三个五年计划时期（简称三五时期）为 1966 年到 1970 年；第四个五年计划期（简称四五时期）为 1971 年到 1975 年；第五个五年计划时期（简称五五时期）为 1976 年到 1980 年；第六个五年计划时期（简称六五时期）为 1981 年到 1985 年；第七个五年计划时期（简称七五时期）为 1986 年到 1990 年；第八个五年计划时期（简称八五时期）为 1991 年到 1995 年；第九个五年计划时期（简称九五时期）为 1996 年到 2000 年；第十个五年计划时期（简称十五时期）为 2001 年到 2005 年；第十一个五年计划时期（简称十一五时期）为 2006 年到 2010 年；第十二个五年计划时期（简称十二五时期）为 2011 年到 2015 年；第十三个五年计划时期（简称十三五时期）为 2016 年到 2020 年。

国民经济行业分类 在统计工作中为取得分行业的数据资料并统一分类和编码，正确反映国民经济各行业的结构和发展状况，便于研究国民经济的各项比例关系，而制定的国民经济行业划分标准。按现行统计制度规定，我国行业划分为20门类，排列顺序如下：

（1）农、林、牧、渔业；（2）采矿业；（3）制造业；（4）电力、燃气及水的生产和供应业；（5）建筑业；（6）批发和零售业；（7）交通运输、仓储和邮政业；（8）住宿和餐饮业；（9）信息传输、软件和信息技术服务业；（10）金融业；（11）房地产业；（12）租赁和商务服务业；（13）科学研究和技术服务业；（14）水利、环境和公共设施管理业；（15）居民服务、修理和其他服务业；（16）教育；（17）卫生和社会工作；（18）文化、体育和娱乐业；（19）公共管理、社会保障和社会组织；（20）国际组织。

三次产业 是根据社会生产活动历史发展的顺序对产业结构的划分，产品直接取自自然界的部门称为第一产业，对初级产品进行再加工的部门称为第二产业，为生产和消费提供各种服务的部门称为第三产业。它是世界上较为通用的产业结构分类，但各国的划分不尽一致。我国的三次产业划分：

第一产业：农林牧渔业（包括农业、林业、牧业和渔业等，不包含农村牧渔服务业）。

第二产业：工业（包括采掘业，制造业，电力、煤气及水的生产和供应业，不包括开采辅助活动和金属制品、机械和设备修理业）和建筑业。

第三产业：除第一、第二产业以外的其他各业。由于第三产业包括的行业多、范围广，根据我国的实际情况，第三产业可分为两大部门：一是流通部门，二是服务部门。具体又可分为四个层次。

2 国民经济核算

2–1　总产出中间投入率和增加值率

单位：%

项　　目	2000 年	2005 年	2006 年	2007 年	2008 年	2009 年	2010 年	2011 年	2012 年
社会劳动生产率（元/人）	**29910**	**43822**	**49149**	**58834**	**65597**	**73436**	**89609**	**104365**	**114804**
总产出中间投入率	**59.5**	**63.4**	**63.6**	**63.3**	**63.1**	**62.4**	**63.1**	**64.1**	**63.1**
第一产业	37.8	39.9	40.3	40.9	41.2	41.0	41.0	41.0	41.0
第二产业	71.0	74.1	75.4	75.7	75.7	74.0	74.0	75.4	74.1
第三产业	38.5	46.2	43.4	42.2	41.5	44.1	44.2	42.9	43.0
#工　业	72.3	74.5	76.3	77.2	77.4	75.7	75.8	76.5	75.1
建筑业	61.8	71.7	69.7	63.7	63.2	63.3	61.4	69.7	69.7
批发和零售业	36.6	29.0	19.3	16.3	14.6	26.4	25.8	27.2	27.2
交通运输、仓储和邮政业	42.9	53.5	53.5	54.5	54.7	56.0	56.1	59.2	56.9
金融业	16.7	53.9	59.1	55.6	55.6	57.8	59.2	53.0	49.8
房地产业	12.8	18.8	12.2	18.5	14.0	23.2	16.6	16.7	18.3
增加值率	**40.5**	**36.6**	**36.4**	**36.7**	**36.9**	**37.6**	**36.9**	**35.9**	**36.9**
第一产业	62.2	60.1	59.7	59.1	58.8	59.0	59.0	59.0	59.0
第二产业	29.0	25.9	24.6	24.3	24.3	26.0	26.0	24.6	25.9
第三产业	61.5	53.8	56.6	57.8	58.5	55.9	55.8	57.1	57.0
#工　业	27.7	25.5	23.7	22.8	22.6	24.3	24.2	23.5	24.9
建筑业	38.2	28.3	30.3	36.3	36.8	36.7	38.6	30.3	30.3
批发和零售业	63.4	71.0	80.7	83.7	85.4	73.6	74.2	72.8	72.8
交通运输、仓储和邮政业	57.1	46.5	46.5	45.5	45.3	44.0	43.9	40.8	43.1
金融业	83.3	46.1	40.9	44.4	44.4	42.2	40.8	47.0	50.2
房地产业	87.2	81.2	87.8	81.5	86.0	76.8	83.4	83.3	81.7

注:1.本表均按当年价格计算。

2.《国民经济核算》篇各表，2004 年及以前年份开采辅助活动及金属制品、机械和设备修理业列入第二产业统计；2004–2018 年根据第四次经济普查数据重新修订；2020 年起数据为快报数。

3.各项构成加和不为 100 时，为细项四舍五入差异。

4.经济普查数据修订期间未开展 2018 年至今支出法核算。

2-1 续表

单位：%

项　　目	2013 年	2014 年	2015 年	2016 年	2017 年	2018 年	2019 年	2020 年	2021 年
社会劳动生产率（元/人）	**126504**	**138242**	**144436**	**159302**	**182794**	**205703**	**227700**	**239713**	**269952**
总产出中间投入率	**62.9**	**63.8**	**63.8**	**64.7**	**63.3**	**64.6**			
第一产业	41.2	41.1	41.2	41.5	41.8	41.7			
第二产业	73.8	74.9	75.3	76.2	74.8	77.0			
第三产业	43.0	42.2	42.8	44.9	46.1	43.4			
#工　业	74.9	75.7	76.7	76.9	75.6	77.1			
建筑业	69.3	71.9	70.3	74.1	72.8	76.7			
批发和零售业	27.0	30.5	32.1	31.3	33.4	31.7			
交通运输、仓储和邮政业	57.4	58.4	53.8	56.4	57.0	55.4			
金融业	48.4	43.2	45.0	45.0	22.2	25.5			
房地产业	28.0	24.0	17.8	27.6	40.5	35.0			
增加值率	**37.1**	**36.2**	**36.2**	**35.3**	**36.7**	**35.4**			
第一产业	58.8	58.9	58.8	58.5	58.2	58.3			
第二产业	26.2	25.1	24.7	23.8	25.2	23.0			
第三产业	57.0	57.8	57.2	55.1	53.9	56.6			
#工　业	25.1	24.3	23.3	23.1	24.4	22.9			
建筑业	30.7	28.1	29.7	25.9	27.2	23.3			
批发和零售业	73.0	69.5	67.9	68.7	66.6	68.3			
交通运输、仓储和邮政业	42.6	41.6	46.2	43.6	43.0	44.6			
金融业	51.6	56.8	55.0	55.0	77.8	74.5			
房地产业	72.0	76.0	82.2	72.4	59.5	65.0			

2-2 主要年份地区生产总值

单位：亿元

年 份	地区生产总值	第一产业	第二产业	第三产业	工业	建筑业
1950	1.46	0.79	0.21	0.46		
1952	2.34	1.12	0.43	0.79	0.23	0.20
1957	4.08	1.45	0.94	1.68	0.50	0.44
1962	4.74	1.57	1.13	2.04	0.75	0.38
1965	6.21	2.19	1.72	2.29	1.28	0.44
1970	6.97	2.52	2.40	2.05	1.88	0.53
1975	9.24	2.41	4.41	2.42	3.40	1.01
1978	12.68	3.39	5.99	3.30	4.53	1.46
1979	14.97	4.25	6.87	3.86	5.06	1.81
1980	18.17	5.17	8.21	4.78	5.58	2.63
1985	39.76	12.15	17.79	9.81	14.31	3.76
1990	102.40	29.41	41.21	31.78	34.50	6.71
1991	118.83	31.75	51.11	35.97	40.77	10.34
1992	150.00	39.61	62.92	47.47	49.86	13.07
1993	245.72	53.04	89.17	103.51	69.16	20.01
1994	349.08	72.87	131.44	144.78	103.37	28.07
1995	464.14	98.52	167.19	198.44	130.01	37.18
1996	575.58	110.89	220.53	244.16	170.45	50.08
1997	687.33	120.99	267.46	298.88	214.73	52.73
1998	776.66	128.55	317.29	331.82	253.61	63.68
1999	827.39	134.84	348.04	344.51	285.50	62.54
2000	876.39	135.18	378.89	362.32	321.15	57.74
2001	943.24	132.64	409.43	401.16	346.98	62.46
2002	1011.69	136.03	449.69	425.98	385.36	64.33
2003	1162.13	143.70	549.00	469.43	463.84	85.16
2004	1325.48	159.89	633.93	531.66	539.12	97.60
2005	1426.56	165.03	642.13	619.41	543.74	101.25
2006	1646.52	162.89	705.19	778.43	592.83	115.46
2007	2053.43	191.44	860.54	1001.45	715.96	148.42
2008	2368.16	218.12	987.00	1163.04	806.00	185.33
2009	2679.44	224.62	1146.05	1308.77	930.33	220.61
2010	3242.65	261.60	1460.35	1520.70	1184.72	281.96
2011	3819.75	294.05	1715.40	1810.30	1361.31	361.52
2012	4339.58	329.54	1970.87	2039.17	1547.48	431.66
2013	4857.74	355.21	2229.90	2272.63	1737.29	498.17
2014	5391.42	378.73	2470.66	2542.03	1918.20	558.60
2015	5777.42	381.80	2556.68	2838.93	1876.89	689.36
2016	6491.54	423.93	2788.34	3279.26	2017.86	777.08
2017	7503.69	461.22	3099.78	3942.69	2196.10	915.60
2018	8516.09	494.93	3498.50	4522.66	2412.70	1103.42
2019	9472.30	526.68	3702.61	5243.01	2480.91	1241.22
2020	10020.02	560.70	3840.77	5618.55	2532.16	1328.23
2021	11324.48	637.03	4289.80	6397.66	2758.62	1548.49

2-2 续表

单位：亿元

年 份	批发零售餐饮业	交通运输仓储和邮政业	金融业	房地产业	其他服务业	人均地区生产总值（元）
1950						66
1952	0.18	0.15				100
1957	0.35	0.32				153
1962	0.63	0.39				158
1965	0.50	0.44				192
1970	0.51	0.39				199
1975	0.69	0.46				229
1978	0.87	0.64	0.82	0.18	0.80	293
1979	1.01	0.75	0.99	0.21	0.90	340
1980	1.25	0.92	1.24	0.26	1.10	406
1985	2.76	2.05	2.62	0.55	2.05	817
1990	6.13	6.21	7.99	1.73	9.72	1936
1991	6.82	7.66	9.29	1.99	10.22	2190
1992	9.18	10.84	12.73	2.63	12.10	2763
1993	26.70	22.96	20.13	7.34	26.38	4441
1994	35.88	35.78	24.74	12.89	35.49	6244
1995	49.11	48.52	37.33	15.51	47.97	8219
1996	68.59	66.00	27.85	16.17	65.54	10126
1997	82.88	73.44	47.70	18.64	76.21	11891
1998	94.00	79.46	46.76	23.41	88.19	13330
1999	97.69	84.90	42.58	25.33	94.01	14308
2000	112.54	90.20	39.08	27.60	92.89	14841
2001	121.20	97.76	41.36	32.10	108.76	15835
2002	131.87	103.14	37.72	36.78	116.48	16901
2003	141.88	112.00	45.13	44.76	125.67	17695
2004	143.29	92.77	52.16	48.22	195.22	20144
2005	159.73	96.03	45.06	77.59	241.00	21517
2006	178.41	108.25	65.78	120.29	305.70	24630
2007	245.78	120.14	104.70	125.02	405.81	30489
2008	290.01	135.01	137.07	124.40	476.55	34852
2009	325.53	143.24	159.62	133.30	547.08	39116
2010	402.31	165.61	191.92	140.08	620.78	46373
2011	449.75	171.91	253.03	206.91	728.70	52795
2012	498.14	190.96	301.23	230.42	818.43	58564
2013	543.20	208.26	348.45	263.18	909.55	64469
2014	589.53	242.88	427.10	255.86	1026.67	70247
2015	651.78	227.70	576.39	276.59	1106.47	74308
2016	735.45	230.50	658.11	358.06	1297.14	82853
2017	848.41	282.49	797.13	453.79	1560.87	94208
2018	946.56	290.76	883.67	558.14	1843.53	104943
2019	1149.32	314.67	1015.19	654.04	2109.79	115445
2020	1187.52	331.26	1150.86	733.62	2215.30	121015
2021	1444.36	433.21	1189.90	755.54	2574.64	135298

2-3 主要年份地区生产总值指数

（以上年为 100）

单位：%

年 份	地区生产总值	第一产业	第二产业	第三产业	工业	建筑业	交通运输仓储和邮政业	批发和零售业	人均地区生产总值
1952	117.0	110.2	155.9	118.9	160.0	150.2	118.9	113.3	114.0
1957	112.1	110.5	105.4	80.2	100.6	111.6	80.2	73.8	109.6
1962	95.6	105.9	80.3	96.6	86.0	71.1	96.6	132.2	93.8
1965	117.4	118.2	134.2	106.4	131.1	144.2	106.4	103.4	114.8
1970	107.2	110.4	120.2	91.7	118.5	126.8	93.2	94.7	107.5
1975	101.2	94.7	106.3	101.2	109.9	95.6	101.2	110.4	98.9
1978	122.0	117.9	135.0	108.4	123.4	190.8	109.4	107.2	119.6
1979	114.5	113.2	114.4	116.1	111.4	123.9	116.1	116.1	112.2
1980	119.9	117.3	120.5	122.0	111.3	146.1	121.8	121.8	118.3
1985	128.5	108.9	131.7	142.7	136.8	115.3	150.9	149.7	126.4
1990	108.2	152.1	79.0	138.9	79.0	79.0	132.0	123.3	106.1
1991	112.2	106.6	119.7	107.6	115.8	138.0	118.7	105.6	109.3
1992	119.5	111.7	121.0	124.5	124.8	106.1	130.4	133.8	119.5
1993	140.0	107.2	130.7	179.6	133.1	119.2	184.8	224.8	138.6
1994	126.1	96.3	142.1	124.0	144.3	130.5	145.2	120.4	124.8
1995	121.9	127.7	118.8	123.4	118.3	121.7	127.6	122.5	120.7
1996	122.5	118.9	129.6	115.7	129.6	129.8	122.8	133.6	121.7
1997	117.8	106.3	121.1	118.3	124.2	103.5	111.9	115.4	115.9
1998	115.7	108.7	121.1	111.2	121.2	120.3	107.7	113.6	114.8
1999	109.4	106.6	113.0	105.3	114.8	100.6	108.3	107.5	110.2
2000	110.0	101.8	112.4	109.2	114.8	93.5	109.2	115.9	107.7
2001	108.9	100.2	111.4	109.4	111.8	109.3	107.2	110.4	107.9
2002	110.2	103.9	114.0	108.3	115.7	104.3	108.0	110.4	109.7
2003	113.6	103.5	119.7	110.8	118.8	125.6	111.8	108.0	112.9
2004	112.7	103.9	114.9	112.7	115.0	114.3	115.0	109.5	112.3
2005	110.5	102.6	105.2	119.0	105.0	106.7	108.7	114.6	109.6
2006	112.6	93.4	108.5	121.9	108.5	108.4	107.8	109.3	111.6
2007	115.9	104.5	114.4	119.6	114.0	116.3	100.7	129.3	115.0
2008	113.8	104.8	113.8	115.3	113.4	116.3	110.8	113.4	112.7
2009	113.1	104.7	115.1	112.6	113.8	121.7	106.8	114.3	112.1
2010	114.2	104.0	118.7	111.6	118.7	119.0	114.5	116.8	111.8
2011	111.7	104.2	114.8	110.0	113.9	118.6	111.5	110.3	109.5
2012	112.2	104.7	115.0	110.6	114.2	118.2	103.3	108.2	109.5
2013	111.5	95.5	114.1	111.3	113.9	113.9	108.5	109.4	109.6
2014	110.0	103.3	111.4	109.4	111.5	110.9	113.4	110.0	107.9
2015	109.5	103.1	107.3	112.6	106.7	109.8	105.3	103.7	108.0
2016	108.4	102.5	108.1	109.6	107.3	109.6	101.1	105.5	107.6
2017	108.7	103.8	105.6	112.2	105.4	106.7	116.8	113.3	107.0
2018	108.6	104.2	107.5	110.1	107.0	109.4	108.7	106.2	106.6
2019	107.9	103.5	104.5	111.1	103.0	108.2	107.0	118.7	106.7
2020	105.1	104.0	106.2	104.4	105.1	108.8	105.7	104.2	104.2
2021	108.4	106.0	107.3	109.3	109.2	104.1	116.0	113.1	107.2

2-4 主要年份地区生产总值指数

（以 1952 年为 100）

单位：%

年 份	地 区 生产总值	第一产业	第二产业	第三产业	人均地区 生产总值
1952	100.0	100.0	100.0	100.0	100.0
1957	170.0	139.3	192.1	160.3	149.4
1962	152.2	96.7	244.9	241.3	119.0
1965	215.9	153.9	373.5	284.6	156.5
1970	228.1	155.1	508.7	254.5	153.0
1975	296.8	144.3	912.3	335.3	172.3
1978	387.0	188.0	1240.1	408.7	209.9
1979	443.1	212.8	1418.9	474.6	235.6
1980	531.3	249.6	1709.2	578.9	278.7
1985	1024.8	367.7	3703.0	1175.3	494.1
1990	1732.2	790.3	5080.6	2229.3	768.4
1991	1943.8	842.1	6080.7	2398.9	839.9
1992	2323.7	940.5	7359.3	2985.5	1004.0
1993	2777.8	1050.5	8906.8	3715.4	1200.0
1994	3889.0	1126.1	11641.2	6672.9	1662.7
1995	4904.0	1084.5	16542.1	8274.5	2074.9
1996	5978.0	1384.9	19652.0	10210.7	2504.3
1997	7323.0	1646.6	25469.0	11813.8	3046.9
1998	8626.5	1750.3	30842.9	13975.7	3530.4
1999	9980.9	1902.6	37350.8	15540.9	4052.7
2000	10919.1	2028.2	42206.4	16364.6	4467.4
2001	12011.0	2064.7	47440.0	17870.2	4811.0
2002	13080.0	2068.8	52848.1	19550.0	5191.1
2003	14414.1	2149.5	60246.9	21172.6	5694.6
2004	16374.5	2224.7	72115.5	23459.2	6429.2
2005	18093.8	2282.6	75865.5	27916.5	7046.4
2006	20373.6	2131.9	82314.1	34030.2	7863.8
2007	23613.0	2227.9	94167.3	40700.1	9043.4
2008	26871.6	2334.8	107162.4	46927.2	10191.9
2009	30391.8	2444.5	123343.9	52840.1	11425.1
2010	34707.4	2542.3	146409.3	58969.5	12773.3
2011	38768.2	2649.1	168077.8	64866.5	13985.5
2012	43497.9	2773.6	193289.5	71742.3	15314.5
2013	48500.2	2648.8	220543.3	79849.2	16785.0
2014	53350.2	2736.2	245685.3	87355.0	18118.6
2015	58418.4	2821.0	263620.3	98361.8	19575.9
2016	63325.6	2891.6	284973.5	107804.5	21067.3
2017	68834.9	3001.4	300932.1	120956.6	22536.6
2018	74754.7	3127.5	323502.0	133173.3	24033.2
2019	80660.3	3237.0	338059.6	147955.5	25635.7
2020	84774.0	3366.4	359019.2	154465.5	26701.8
2021	91853.5	3567.5	385151.9	168808.8	28624.4

2-5　主要年份地区生产总值构成

单位：%

年　份	地区生产总值	第一产业	第二产业	第三产业	工业	建筑业
1950	100.00	54.30	14.06	31.63		
1952	100.00	47.93	18.49	33.58	9.98	8.51
1957	100.00	35.68	23.17	41.15	12.36	10.81
1962	100.00	33.08	23.89	43.04	15.78	8.10
1965	100.00	35.37	27.76	36.87	20.70	7.06
1970	100.00	36.10	34.47	29.43	26.94	7.53
1975	100.00	26.11	47.74	26.15	36.81	10.93
1978	100.00	26.76	47.24	26.00	35.73	11.51
1979	100.00	28.36	45.88	25.76	33.77	12.10
1980	100.00	28.48	45.19	26.33	30.73	14.46
1985	100.00	30.57	44.75	24.69	36.00	9.45
1990	100.00	28.72	40.25	31.03	33.70	6.55
1991	100.00	26.72	43.01	30.27	34.31	8.70
1992	100.00	26.41	41.95	31.65	33.24	8.71
1993	100.00	21.59	36.29	42.12	28.15	8.14
1994	100.00	20.87	37.65	41.47	29.61	8.04
1995	100.00	21.23	36.02	42.75	28.01	8.01
1996	100.00	19.27	38.31	42.42	29.61	8.70
1997	100.00	17.60	38.91	43.48	31.24	7.67
1998	100.00	16.55	40.85	42.72	32.65	8.20
1999	100.00	16.30	42.07	41.64	34.51	7.56
2000	100.00	15.42	43.23	41.34	36.65	6.59
2001	100.00	14.06	43.41	42.53	36.79	6.62
2002	100.00	13.45	44.45	42.11	38.09	6.36
2003	100.00	12.37	47.24	40.39	39.91	7.33
2004	100.00	12.06	47.83	40.11	40.67	7.36
2005	100.00	11.57	45.01	43.42	38.12	7.10
2006	100.00	9.89	42.83	47.28	36.01	7.01
2007	100.00	9.32	41.91	48.77	34.87	7.23
2008	100.00	9.21	41.68	49.11	34.03	7.83
2009	100.00	8.38	42.77	48.84	34.72	8.23
2010	100.00	8.07	45.04	46.90	36.54	8.70
2011	100.00	7.70	44.91	47.39	35.64	9.46
2012	100.00	7.59	45.42	46.99	35.66	9.95
2013	100.00	7.31	45.90	46.78	35.76	10.26
2014	100.00	7.02	45.83	47.15	35.58	10.36
2015	100.00	6.61	44.25	49.14	32.49	11.93
2016	100.00	6.53	42.95	50.52	31.08	11.97
2017	100.00	6.15	41.31	52.54	29.27	12.20
2018	100.00	5.81	41.08	53.11	28.33	12.96
2019	100.00	5.56	39.09	55.35	26.19	13.10
2020	100.00	5.60	38.33	56.07	25.27	13.26
2021	100.00	5.63	37.88	56.49	24.36	13.67

2-6 主要年份第三产业增加值构成

单位：%

年 份	第三产业增加值	交通运输仓储和邮政业	批发零售餐饮业	金融业	房地产业	其他服务业
1950	100.00					
1952	100.00	19.16	23.06			
1957	100.00	19.16	21.09			
1962	100.00	19.16	30.66			
1965	100.00	19.16	21.75			
1970	100.00	18.85	24.80			
1975	100.00	19.16	28.43			
1978	100.00	19.32	26.25	24.82	5.43	24.18
1979	100.00	19.31	26.24	25.78	5.43	23.24
1980	100.00	19.29	26.20	25.94	5.53	23.05
1985	100.00	20.42	27.50	26.15	5.53	20.40
1990	100.00	19.54	19.30	25.15	5.43	30.58
1991	100.00	21.29	18.95	25.81	5.53	28.41
1992	100.00	22.83	19.34	26.81	5.53	25.49
1993	100.00	22.18	25.79	19.45	7.09	25.49
1994	100.00	24.72	24.78	17.09	8.90	24.51
1995	100.00	24.45	24.75	18.81	7.82	24.17
1996	100.00	27.03	28.09	11.41	6.62	26.84
1997	100.00	24.57	27.73	15.96	6.24	25.50
1998	100.00	23.95	28.33	14.09	7.05	26.58
1999	100.00	24.64	28.36	12.36	7.35	27.29
2000	100.00	24.90	31.06	10.79	7.62	25.64
2001	100.00	24.37	30.21	10.31	8.00	27.11
2002	100.00	24.21	30.96	8.85	8.63	27.34
2003	100.00	23.86	30.22	9.61	9.53	26.77
2004	100.00	17.45	26.95	9.81	9.07	36.72
2005	100.00	15.50	25.79	7.27	12.53	38.91
2006	100.00	13.91	22.92	8.45	15.45	39.27
2007	100.00	12.00	24.54	10.45	12.48	40.52
2008	100.00	11.61	24.94	11.79	10.70	40.97
2009	100.00	10.94	24.87	12.20	10.19	41.80
2010	100.00	10.89	26.46	12.62	9.21	40.82
2011	100.00	9.50	24.84	13.98	11.43	40.25
2012	100.00	9.36	24.43	14.77	11.30	40.14
2013	100.00	9.16	23.90	15.33	11.58	40.02
2014	100.00	9.55	23.19	16.80	10.07	40.39
2015	100.00	8.02	22.96	20.30	9.74	38.97
2016	100.00	7.03	22.43	20.07	10.92	39.56
2017	100.00	7.17	21.52	20.22	11.51	39.59
2018	100.00	6.43	20.93	19.54	12.34	40.76
2019	100.00	6.00	21.92	19.36	12.47	40.24
2020	100.00	5.90	21.14	20.48	13.06	39.43
2021	100.00	6.77	22.58	18.60	11.81	40.24

2–7 各个计划时期地区生产总值平均发展指数

单位：%

项　　目	地区生产总值	第一产业	第二产业	第三产业	工业	建筑业	交通运输仓储和邮政业	批发和零售业
“一五”时期	111.2	106.9	113.9	109.9	113.6	114.3	109.9	108.0
“二五”时期	97.8	93.0	105.0	108.5	109.6	98.5	108.5	117.0
调整时期	112.4	116.8	115.1	105.7	119.9	104.5	105.6	94.3
“三五”时期	101.1	100.2	106.4	97.8	107.3	103.2	97.5	100.4
“四五”时期	105.4	98.6	112.4	105.7	112.0	113.4	106.0	108.6
“五五”时期	112.4	111.6	113.4	111.5	110.6	121.2	111.7	109.7
“六五”时期	114.0	108.1	116.7	115.2	120.4	107.1	116.5	116.3
“七五”时期	111.1	116.5	106.5	113.7	107.4	102.7	112.5	105.7
“八五”时期	123.6	109.4	126.2	129.8	126.8	122.6	139.6	136.2
“九五”时期	115.0	108.3	119.3	111.8	120.8	108.7	111.8	116.9
“十五”时期	111.2	102.8	112.9	112.0	113.2	111.8	110.1	110.6
“十一五”时期	113.9	102.2	114.1	116.1	113.6	116.3	108.0	116.4
“十二五”时期	111.0	102.1	112.5	110.8	112.0	114.2	108.3	108.3
“十三五”时期	107.7	103.6	106.4	109.4	105.5	108.5	107.7	109.4

2-8 地区生产总值项目构成

单位：%

项目	2019年					2020年				
	增加值	劳动者报酬	生产税净额	固定资产折旧	营业盈余	增加值	劳动者报酬	生产税净额	固定资产折旧	营业盈余
地区生产总值	**100.00**	**53.41**	**13.34**	**9.72**	**23.54**	**100.00**	**53.67**	**13.05**	**9.78**	**23.50**
农林牧渔业	100.00	97.94		2.06		100.00	97.98		2.02	
工业	100.00	37.29	13.40	17.62	31.69	100.00	39.01	11.98	19.59	29.42
建筑业	100.00	86.16	3.40	1.11	9.34	100.00	84.98	3.40	1.17	10.46
批发和零售业	100.00	34.06	31.65	5.55	28.75	100.00	33.02	33.58	5.70	27.70
交通运输、仓储和邮政业	100.00	59.99	7.76	21.03	11.22	100.00	59.99	7.76	21.03	11.22
住宿和餐饮业	100.00	63.15	10.65	9.74	16.46	100.00	74.57	8.06	14.51	2.86
金融业	100.00	20.26	7.61	3.30	68.82	100.00	20.26	7.61	3.30	68.82
房地产业	100.00	22.63	36.69	2.70	37.98	100.00	21.70	39.52	3.27	35.51
其他服务业	100.00	75.68	9.95	13.21	1.16	100.00	73.09	8.97	11.48	6.46

2-9 按行业分增加值

（2004-2021 年） 单位：亿元

项目	2004年	2005年	2006年	2007年	2008年	2009年	2010年	2011年	2012年
地区生产总值	**1325.48**	**1426.56**	**1646.52**	**2053.43**	**2368.16**	**2679.44**	**3242.65**	**3819.75**	**4339.58**
第一产业	159.89	165.03	162.89	191.44	218.12	224.62	261.60	294.05	329.54
第二产业	633.93	642.13	705.19	860.54	987.00	1146.05	1460.35	1715.40	1970.87
第三产业	531.66	619.41	778.43	1001.45	1163.04	1308.77	1520.70	1810.30	2039.17
工业	539.12	543.74	592.83	715.96	806.00	930.33	1184.72	1361.31	1547.48
建筑业	97.60	101.25	115.46	148.42	185.33	220.61	281.96	361.52	431.66
批发和零售业	121.67	135.84	151.86	211.66	251.29	281.54	353.03	393.92	435.02
批发业	37.57	46.94	62.78	103.10	123.17	137.84	178.37	213.37	238.19
零售业	84.10	88.90	89.08	108.56	128.11	143.69	174.66	180.54	196.83
交通运输、仓储和邮政业	92.77	96.03	108.25	120.14	135.01	143.24	165.61	171.91	190.96
住宿和餐饮业	25.62	29.23	34.05	44.45	50.49	56.68	63.33	71.38	80.21
信息传输、软件和信息技术服务业	34.93	44.67	58.04	78.79	91.58	103.69	118.00	130.20	143.15
#软件和信息技术服务业	1.42	4.59	8.33	13.70	16.86	19.43	21.98	29.73	34.94
金融业	52.16	45.06	65.78	104.70	137.07	159.62	191.92	253.03	301.23
房地产业	48.22	77.59	120.29	125.02	124.40	133.30	140.08	206.91	230.42
#房地产开发经营业	11.14	31.47	63.75	59.36	51.31	54.96	59.38	88.53	103.93
租赁和商务服务业	18.64	34.97	55.38	77.94	99.74	116.21	129.13	156.42	188.02
科学研究和技术服务业	11.96	15.10	20.50	28.33	34.41	38.83	45.35	54.11	59.17
水利、环境和公共设施管理业	2.77	3.03	3.53	4.31	5.00	5.93	6.92	8.92	9.95
居民服务、修理和其他服务业	16.30	19.33	23.14	31.09	35.05	42.68	47.49	55.66	63.42
教育	34.64	41.05	48.14	59.58	69.27	79.45	85.84	98.80	103.56
卫生和社会工作	22.32	22.36	23.19	26.77	30.06	34.88	41.34	51.02	55.63
文化、体育和娱乐业	7.72	9.68	12.95	17.68	20.67	24.01	27.91	34.46	39.43
公共管理、社会保障和社会组织	38.30	41.73	42.63	58.70	65.35	73.91	87.79	104.86	118.84

2-9 续表

单位：亿元

项　　　目	2013年	2014年	2015年	2016年	2017年	2018年	2019年	2020年	2021年
地区生产总值	**4857.74**	**5391.42**	**5777.42**	**6491.54**	**7503.69**	**8516.09**	**9472.30**	**10020.02**	**11324.48**
第一产业	355.21	378.73	381.80	423.93	461.22	494.93	526.68	560.70	637.03
第二产业	2229.90	2470.66	2556.68	2788.34	3099.78	3498.50	3702.61	3840.77	4289.80
第三产业	2272.63	2542.03	2838.93	3279.26	3942.69	4522.66	5243.01	5618.55	6397.66
工业	1737.29	1918.20	1876.89	2017.86	2196.10	2412.70	2480.91	2532.16	2758.62
建筑业	498.17	558.60	689.36	777.08	915.60	1103.42	1241.22	1328.23	1548.49
批发和零售业	474.94	524.74	581.13	651.26	762.29	848.59	1037.94	1078.06	1312.25
批发业	263.98	248.95	344.23	382.91	458.61	504.95	530.50	551.90	713.32
零售业	210.96	275.79	236.90	268.35	303.68	343.63	507.44	526.16	598.92
交通运输、仓储和邮政业	208.26	242.88	227.70	230.50	282.49	290.76	314.67	331.26	433.21
住宿和餐饮业	85.81	82.13	91.33	111.23	119.21	133.23	141.30	134.54	153.97
信息传输、软件和信息技术服务业	152.42	166.55	116.80	154.06	180.11	262.06	313.56		
#软件和信息技术服务业	50.28	45.61	54.75	100.31	109.81	167.42	202.22		
金融业	348.45	427.10	576.39	658.11	797.13	883.67	1015.19	1150.86	1189.90
房地产业	263.18	255.86	276.59	358.06	453.79	558.14	654.04	733.62	755.54
#房地产开发经营业	128.82	112.49	138.54	213.03	280.08	347.56	382.50		
租赁和商务服务业	224.09	257.76	209.76	231.16	325.03	365.89	398.07		
科学研究和技术服务业	65.88	74.69	155.75	181.36	159.63	210.76	288.60		
水利、环境和公共设施管理业	10.57	12.60	21.89	27.80	33.56	21.72	23.29		
居民服务、修理和其他服务业	71.50	95.04	33.75	65.71	91.11	156.65	203.94		
教育	112.52	124.73	189.15	200.93	218.97	233.05	249.87		
卫生和社会工作	60.36	64.08	114.77	94.76	128.71	137.47	147.39		
文化、体育和娱乐业	48.18	58.41	28.06	39.37	47.66	75.32	84.26		
公共管理、社会保障和社会组织	128.18	135.75	192.35	253.45	315.91	311.44	333.91		

2–10　三次产业对经济增长贡献

（2000–2021 年）

年　份	地区生产总　　值	第一产业	第二产业	第三产业	工业	交通运输、仓储和邮政业	批发和零售业
2000	100.0	2.2	65.5	32.3	69.5	9.2	15.6
2001	100.0	0.4	55.8	43.8	48.9	8.4	15.1
2002	100.0	5.4	60.8	33.7	58.0	8.0	13.3
2003	100.0	0.9	66.5	32.6	54.7	8.6	7.7
2004	100.0	3.7	56.6	39.7	48.8	11.5	9.3
2005	100.0	3.0	45.9	51.1	45.2	10.2	9.7
2006	100.0	3.1	44.0	52.9	42.6	7.4	4.9
2007	100.0	2.9	38.9	58.2	31.8	0.3	17.3
2008	100.0	3.2	42.7	54.1	34.4	4.4	10.2
2009	100.0	3.1	48.6	48.3	37.7	2.9	12.6
2010	100.0	2.2	58.4	39.5	47.3	5.3	13.2
2011	100.0	2.8	54.8	42.4	42.2	4.4	8.7
2012	100.0	3.3	57.0	39.7	42.9	1.4	7.4
2013	100.0	3.0	54.4	42.6	43.2	3.1	7.8
2014	100.0	3.2	54.8	42.0	44.1	6.1	10.1
2015	100.0	2.8	37.9	59.3	27.6	2.7	4.0
2016	100.0	3.7	34.7	61.6	26.6	2.2	5.5
2017	100.0	2.8	33.4	63.8	29.4	5.5	8.4
2018	100.0	3.0	42.1	54.9	34.2	4.5	8.2
2019	100.0	2.6	24.2	73.3	11.8	3.5	23.7
2020	100.0	4.3	49.6	46.1	29.3	4.4	9.0
2021	100.0	4.0	32.5	63.5	26.3	6.8	17.8

2-11 2020年分县（市）区地区生产总值

单位：亿元

县（市）区	GDP	第一产业	第二产业	第三产业
福　州	10020.02	560.70	3840.77	5618.55
鼓楼区	2069.86		311.62	1758.24
台江区	600.81		88.03	512.78
仓山区	902.27	1.76	344.79	555.73
晋安区	959.05	7.99	253.98	697.08
马尾区	604.96	9.89	354.87	240.19
长乐区	1003.41	57.76	651.97	293.69
福清市	1228.54	110.00	619.40	499.15
闽侯县	793.04	48.52	413.42	331.10
连江县	594.85	147.07	221.80	225.98
闽清县	344.88	36.19	184.90	123.79
罗源县	316.61	49.02	171.63	95.96
永泰县	300.31	56.47	139.92	103.92
平　潭	301.43	36.03	84.44	180.96

2-12　2021年分县（市）区地区生产总值及增速

县（市）区	地区生产总值（亿元）			
	GDP	第一产业	第二产业	第三产业
福　州	11324.48	637.03	4289.80	6397.66
鼓楼区	2362.19		403.73	1958.45
台江区	659.25		101.56	557.69
仓山区	1030.11	1.81	419.27	609.02
晋安区	1063.28	8.48	284.41	770.38
马尾区	639.84	13.05	362.24	264.54
长乐区	1143.90	70.41	690.31	383.18
福清市	1414.04	123.52	665.73	624.79
闽侯县	881.16	51.69	452.96	376.51
连江县	671.44	173.41	252.95	245.08
闽清县	389.78	38.77	217.56	133.45
罗源县	359.06	55.06	184.25	119.74
永泰县	339.31	60.51	173.36	105.44
平　潭	339.20	40.30	81.45	217.45

2-12 续表

县（市）区	增速（%）			
	GDP	第一产业	第二产业	第三产业
福　州	8.4	6.0	7.3	9.3
鼓楼区	8.0		3.1	8.8
台江区	8.6		10.4	8.3
仓山区	9.5	1.6	11.0	8.5
晋安区	8.0	5.9	5.5	8.9
马尾区	3.5	6.4	0.6	7.4
长乐区	9.4	6.1	8.5	11.7
福清市	10.6	6.1	9.7	12.5
闽侯县	9.4	6.4	10.8	8.2
连江县	7.2	6.0	5.7	9.6
闽清县	6.2	6.0	5.3	7.8
罗源县	7.3	6.0	7.3	7.8
永泰县	5.9	5.7	6.4	5.3
平　潭	5.8	5.9	-9.3	12.3

主要统计指标解释

地区生产总值（CDP） 指按市场价格计算的一个国家（或地区）所有常住单位在一定时期内生产活动的最终成果。国内生产总值有三种表现形态，即价值形态、收入和产品形态。从价值形态看，它是所有常住单位在一定时期内所生产的全部货物和服务价值超过同期投入的全部非固定资产货物和服务价值的差额，即所有常住单位的增加值之和；从收入形态看，它是所有常住单位在一定时期内所创造并分配给常住单位和非常住单位的初次收入之和；从产品形态看，它是所有常住单位在一定时期内最终使用的货物和服务价值减去进口货物和服务价值。

在核算中，国内生产总值的三种表现形态表现为三种计算方法，即生产法、收入法和支出法。三种方法分别从不同的方面反映了国内生产总值及其构成。

按生产法计算，它等于各部门增加值之和；按收入法计算，它等于固定资产折旧、劳动者报酬、生产税净额和营业盈余之和；按支出法计算，它等于总消费、总投资和净出口之和。

在国内生产总值定义中，常住单位的概念对于确定计算国内生产总值的口径，明确各种的交易的范围具有十分重要的意义。所谓常住单位是指在一国经济领土上具有经济利益中心的经济单位。一国经济领土是由该国政府控制或拥有的地理领土组成的。若一个经济单位在一国的经济领土之内拥有一定的活动场所（住宅、厂房或其他建筑物等），从事一定规模的经济活动，并超过一定的时期（一般在一年以上），则称该经济单位在该国具有经济利益中心。国内生产总值反映了所有常住单位生产活动的最终成果。在这里，最终成果有双重含义：一是从使用价值形态上看，它包括了一切用于现期消费、投资和净出口的货物和服务，而不包括用于生产过程中的货物和服务；二是从价值形态上看，生产过程也是价值的转移过程，生产中耗用的产品（中间产品）价值随同生产过程转移到新产品价值之中，因此，必须在总产出基础上扣除一切中间产品的转移价值，以避免产品价值的重复计算。

支出法国内生产总值 指一个国家（或地区）所有常住单位在一定时期内用于最终消费、资本形成总额，以及货物和服务的净出口总额，它反映本期生产的国内生产总值的使用及构成。

最终消费 指常住单位在一定时期内对于货物和服务的全部最终消费支出，也就是常住单位为满足物质、文化和精神生活的需要，从本国经济领土和国外购买的货物和服务的支出，不包括非常住单位在本国经济领土内的消费支出。最终消费分为居民消费和政府消费。

资本形成总额 指常住单位在一定时期内获得的减去处置的固定资产加存货的变动，包括固定资本形成总额和存货增加。

劳动者报酬 指劳动者因从事生产活动所获得的全部报酬。包括劳动者获得的各种形式的工资、奖金和津贴，既包括货币形式的，也包括实物形式的，还包括劳动者所享受的公费医疗和医药卫生费、上下班交通补贴和单位支付的社会保险费、住房公积金等。对于个体经济来说，其所有者所获得的劳动报酬和经营利润不易区分，这两部分统一作为劳动者报酬处理。

生产税净额 指生产税减生产补贴后的余额。生产税指政府对生产单位生产、销售和从事经营活动以及因从事生产活动使用某些生产要素（如固定资产、土地、劳动力）所征收的各种税、附加费和规费。生产补贴与生产税相反，指政府对生产单位的单方面转移支出，因此视为负生产税，包括政策亏损补贴、价格补贴等。

固定资产折旧　指一定时期内为弥补固定资产损耗按照核定的固定资产折旧率提取的固定资产折旧，或按国民经济核算统一规定的折旧率虚拟计算的固定资产折旧。它反映了固定资产在当期生产中的转移价值。各类企业和企业化管理的事业单位的固定资产折旧是指实际计提并计入成本费中的折旧费；不计提折旧的政府机关、非企业化管理的事业单位和居民住房的固定资产折旧是按照统一规定的折旧率和固定资产原值计算的虚拟折旧。原则上，固定资产折旧应按固定资产的重置价值计算，但是目前我国尚不具备对全社会固定资产进行重估价的基础，所以暂时只能采用上述办法。

营业盈余　指常住单位创造的增加值扣除劳动者报酬、生产税净额和固定资产折旧后的余额。它相当于企业的营业利润加上生产补贴，但要扣除从利润中开支的工资和福利等。

3 人口

3-1 主要年份户籍总人口

单位：人

年 份	总人口	按性别分		按农业非农业分		平均人口
		男性人口	女性人口	农业人口	非农业人口	
1952	2366838	1258301	1108538	1803319	563519	2351407
1957	2705794	1433059	1272737	1948659	757135	2665649
1962	3055681	1610988	1444693	2242362	811319	3004409
1965	3282024	1721422	1560602	2467566	814458	3186309
1970	3578846	1867451	1175395	2821277	757569	3541600
1975	4087603	2124558	1963045	3299201	788402	4038537
1978	4372830	2272780	2100050	3526942	845888	4326648
1979	4442268	2308402	2133886	3562568	879700	4407549
1980	4498461	2337786	2160675	3581365	917096	4470365
1985	4888568	2551715	2336853	3762220	1126348	4857514
1990	5352982	2799870	2563262	4117108	1235874	5272621
1995	5622715	2925882	2696833	4219259	1403456	5588723
2000	5892348	3057142	2835224	4240391	1651957	5861800
2001	5941392	3081672	2859720	4208914	1732478	5916870
2002	5975381	3097079	2878302	3702381	2273000	5958387
2003	6048599	3139966	2908633	3994310	2054289	6011990
2004	6093869	3160288	2933581	3952000	2141869	6071234
2005	6148355	3184862	2963493	3929085	2219270	6121112
2006	6227327	3225015	3002312	3849366	2377961	6187841
2007	6303043	3260786	3042257	3853353	2449690	6265185
2008	6359516	3284668	3074848	3730378	2629138	6331280
2009	6383266	3087408	3295858			6371391
2010	6458966	3330500	3128466			6421116
2011	6494105	3344623	3149482			6476536
2012	6552740	3371172	3181568			6523423
2013	6654949	3419418	3235531			6603845
2014	6749436	3462989	3286447			6702193
2015	6783656	3477602	3306054			6766546
2016	6870648	3516408	3354240			6827152
2017	6933529	3540554	3392975			6902089
2018	7026617	3583233	3443384			6980073
2019	7100850	3617221	3483629			7063734
2020	7154084	3640394	3513690			7127467
2021	7233587	3675140	3558447			7193836

注：2009 年户籍人口统计没有统计农业人口、非农业人口，下同。

3–2　主要年份户籍人口构成比重

单位：%

年　份	按 性 别 分		按农业非农业分	
	男性人口	女性人口	农业人口	非农业人口
1952	53.16	46.84	76.19	23.81
1957	52.96	47.04	72.02	27.98
1962	52.72	47.28	73.45	26.55
1965	52.45	47.55	75.18	24.82
1970	52.18	47.82	78.32	21.68
1975	51.98	48.02	80.71	19.29
1978	51.98	48.02	80.66	19.34
1979	51.96	48.04	80.20	19.80
1980	51.97	48.03	79.61	20.39
1985	52.20	47.80	76.96	23.04
1990	52.12	47.88	76.91	23.09
1995	52.03	47.97	75.04	24.96
2000	51.52	48.48	71.28	26.92
2001	51.87	48.13	70.84	29.16
2002	51.83	48.17	61.96	38.04
2003	51.92	48.08	66.04	33.96
2004	51.86	48.14	64.85	35.15
2005	51.80	48.20	63.90	36.10
2006	51.79	48.21	61.81	38.19
2007	51.73	48.27	61.13	38.87
2008	51.65	48.35	58.66	41.34
2009	51.63	48.37		
2010	51.56	48.44	66.17	32.14
2011	51.50	48.50		
2012	51.45	48.55		
2013	51.38	48.62		
2014	51.31	48.69		
2015	51.26	48.74		
2016	51.18	48.82		
2017	51.06	48.94		
2018	51.00	49.00		
2019	50.94	49.06		
2020	50.89	49.11		
2021	50.81	49.19		

3-3　户籍人口变动情况

（2021 年）

项　　目	单　位	福州市	市区	鼓楼区	台江区	仓山区	晋安区	马尾区	长乐区
年末总户数	户	2274741	977338	188429	115924	214931	157920	61542	238592
年末总人口	人	7233587	3009359	613289	321684	665853	448865	191096	768572
男性人口	人	3675140	1494662	299762	157483	323403	218124	94331	401559
女性人口	人	3558447	1514697	313527	164201	342450	230741	96765	367013
出生人数	人	63423	27034	5202	2470	6979	4118	1362	6903
死亡人数	人	35087	13815	3433	2188	2513	2136	963	2582
人口自然增长数	人	28336	13219	1769	282	4466	1982	399	4321
迁入人数	人	206618	143026	37927	16184	42533	28113	7091	11178
迁出人数	人	155451	82466	22170	12438	19809	13569	2289	12191
出生率	‰	8.82	9.09	8.61	7.73	10.70	9.35	7.23	9.00
死亡率	‰	4.88	4.65	5.68	6.84	3.85	4.85	5.11	3.37
人口自然增长率	‰	3.94	4.45	2.93	0.88	6.85	4.50	2.12	5.63
年平均人口	人	7193836	2972470	604526	319670	652258	440602	188496	766918

项　　目	单　位	福清市	闽侯县	连江县	罗源县	闽清县	永泰县	平潭县
年末总户数	户	424469	228131	206735	82607	97444	126652	131365
年末总人口	人	1400232	721316	676387	269132	322016	382266	452879
男性人口	人	720922	365524	350763	140322	169606	203364	229977
女性人口	人	679310	355792	325624	128810	152410	178902	222902
出生人数	人	12698	6659	4506	2232	2540	3410	4344
死亡人数	人	7243	3689	3542	1674	1816	2297	1011
人口自然增长数	人	5455	2970	964	558	724	1113	3333
迁入人数	人	19017	17356	9795	5036	2450	3283	6655
迁出人数	人	20897	11354	12645	6148	5195	7147	9599
出生率	‰	9.08	9.29	6.65	8.28	7.86	8.89	9.60
死亡率	‰	5.18	5.15	5.23	6.21	5.62	5.99	2.23
人口自然增长率	‰	3.90	4.14	1.42	2.07	2.24	2.90	7.36
年平均人口	人	1398445	716830	677330	269409	323027	383642	452685

3-4 常住人口和城镇化率

县（市）区	常住人口（万人）															
	2006年	2007年	2008年	2009年	2010年	2011年	2012年	2013年	2014年	2015年	2016年	2017年	2018年	2019年	2020年	2021年
福州市	**671**	**676**	**683**	**687**	**712**	**735**	**747**	**760**	**775**	**780**	**787**	**806**	**817**	**824**	**832**	**842**
鼓楼区	74.0	75.0	75.0	75.0	68.8	69.5	69.5	69.4	69.3	68.9	68.6	68.5	68.3	67.6	67.0	67.3
台江区	44.0	45.0	45.0	45.0	44.7	44.9	44.6	44.4	44.2	43.5	42.9	42.8	42.5	41.8	41.2	41.3
仓山区	59.0	60.0	60.0	60.0	76.3	80.9	84.4	88.0	92.1	94.8	97.7	103.5	107.8	111.3	115.0	116.9
晋安区	65.0	67.0	67.0	67.0	79.2	80.3	80.4	80.4	80.3	80.2	80.1	80.0	79.7	79.5	79.0	79.5
马尾区	25.0	26.0	24.0	24.0	23.2	24.1	24.7	25.3	26.0	26.4	26.8	27.6	28.2	28.7	29.2	29.6
长乐区	67.0	67.0	68.0	69.0	68.3	70.3	71.5	72.7	74.2	74.6	75.2	76.9	78.0	78.6	79.3	81.0
福清市	119.0	119.0	120.0	121.0	123.5	126.8	128.7	130.5	132.7	133.0	133.8	136.4	137.9	138.7	139.4	141.0
闽侯县	55.0	56.0	63.0	64.0	66.4	70.1	73.1	76.2	80.6	82.3	84.7	89.3	92.9	96.1	99.3	101.5
连江县	55.0	55.0	55.0	55.0	56.1	57.7	58.6	59.5	60.6	60.8	61.2	62.5	63.3	63.7	64.1	64.6
罗源县	20.0	20.0	20.0	20.0	20.8	21.5	22.0	22.5	23.1	23.4	23.7	24.4	24.9	25.3	25.6	25.9
闽清县	25.0	24.0	24.0	24.0	23.8	24.3	24.5	24.8	25.1	25.2	25.3	25.5	25.6	25.7	25.7	25.9
永泰县	28.0	27.0	27.0	27.0	24.9	25.6	26.0	26.3	26.8	26.9	27.0	27.6	27.9	28.0	28.2	28.5
平　潭	35.0	35.0	35.0	36.0	36.0	39.0	39.0	40.0	40.0	40.0	40.0	41.0	40.0	39.0	39.0	39.0

注：本表 2009 年前为人口变动抽样调查数据，2010 年至 2020 年为人口普查核算数据。

3-4 续表

县（市）区	城镇化率（%）															
	2006年	2007年	2008年	2009年	2010年	2011年	2012年	2013年	2014年	2015年	2016年	2017年	2018年	2019年	2020年	2021年
福州市	**55.5**	**55.9**	**57.5**	**58.5**	**62.0**	**63.1**	**64.1**	**65.6**	**66.7**	**68.0**	**69.0**	**70.3**	**71.4**	**71.8**	**72.5**	**73.0**
鼓楼区	100.0	100.0	100.0	100.0	100.0	100.0	100.0	100.0	100.0	100.0	100.0	100.0	100.0	100.0	100.0	100.0
台江区	100.0	100.0	100.0	100.0	100.0	100.0	100.0	100.0	100.0	100.0	100.0	100.0	100.0	100.0	100.0	100.0
仓山区	100.0	100.0	100.0	100.0	100.0	100.0	100.0	100.0	100.0	100.0	100.0	100.0	100.0	100.0	100.0	100.0
晋安区	93.7	94.0	96.2	96.7	97.4	97.4	97.4	97.4	97.4	97.4	97.4	97.4	97.4	97.4	97.5	97.5
马尾区	62.6	62.8	63.3	68.5	66.9	69.1	71.5	75.3	77.9	80.3	82.2	85.0	86.9	87.1	87.9	88.1
长乐区	33.3	33.8	36.2	38.9	40.7	42.6	44.6	47.5	49.6	51.8	53.6	56.0	57.9	58.8	60.0	63.0
福清市	31.2	31.9	33.3	38.8	38.1	39.7	41.3	43.8	45.5	47.4	48.7	50.6	52.1	52.6	53.6	53.8
闽侯县	26.9	27.7	36.3	39.4	44.5	46.1	47.8	50.5	51.8	54.1	55.8	57.5	58.9	59.3	60.1	60.4
连江县	33.3	33.6	34.1	34.7	35.2	36.8	38.4	40.7	42.5	44.3	45.7	47.6	49.1	49.7	50.7	50.9
罗源县	30.7	31.0	32.0	33.3	36.8	39.6	42.6	46.6	50.1	53.7	57.2	61.3	65.2	67.9	71.6	71.7
闽清县	26.7	27.0	27.8	29.2	30.6	31.9	33.3	35.3	36.8	38.1	39.2	41.1	42.6	43.0	43.8	44.1
永泰县	25.4	26.2	27.0	29.0	31.9	33.1	34.3	36.3	37.6	38.9	40.0	41.3	42.4	42.8	43.3	43.8
平　潭	18.4	19.0	19.5	33.9	31.8	37.7	38.8	40.5	42.5	44.5	46.7	48.9	51.0	52.5	53.7	56.6

主要统计指标解释

人口数 指一定时点、一定地区范围内的有生命的个人的总和。

人口密度 指一定时点一定地区的人口数与该地区的面积数之比，即一定时点的单位面积上人口数，通常以每平方公里的居住人数来表示：

出生率（又称粗出生率） 指在一定时期内（通常为一年）出生的人数与同期平均人数的比率，一般用千分率表示。

出生人数 指活产婴儿，即胎儿脱离母体时（不管怀孕月数），有过呼吸或其他生命现象。

死亡率（又称粗死亡率） 指在一定时期内（通常为一年）一定地区的死亡人数与同期平均人数（或期中人数）之比，一般用千分率表示。

人口自然增长率 指在一定时期内（通常为一年）一定地区人口自然增加数（出生人数减死亡人数）与该时期内平均人数（或期中人数）之比，一般用千分率表示。

人口自然增长率=（本年出生人数-本年死亡人数）÷年平均人数×1000‰

城镇化率 是城市化的度量指标，一般采用人口统计学指标，即城镇人口占总人口的比重（城镇人口是按国家统计局发布的《关于统计上划分城乡的规定》计算的）。

4 就业与职工工资

4-1　全社会从业人员

（1990–2021 年）　　单位：万人

年　份	全社会从业人员
1990	246
1991	264
1992	275
1993	278
1994	274
1995	280
1996	298
1997	299
1998	297
1999	292
2000	294
2001	291
2002	294
2003	313
2004	321
2005	330
2006	340
2007	358
2008	364
2009	366
2010	358
2011	374
2012	382
2013	386
2014	394
2015	406
2016	409
2017	412
2018	416
2019	416
2020	420
2021	419

注：2010 年至 2020 年数据根据第七次全国人口普查数据调整。

4–2 按类分城镇非私营单位在岗职工人数及构成

（1987–2021 年）

年份	城镇非私营单位职工人数（人）				构成（%）		
	合计	Ⅰ类	Ⅱ类	Ⅲ类	Ⅰ类	Ⅱ类	Ⅲ类
1987	724022	27743	373783	322496	3.83	51.63	44.54
1988	745247	26543	392814	325890	3.56	52.71	43.73
1989	745959	26338	383332	336289	3.53	51.39	45.08
1990	757935	25468	386649	345818	3.36	51.01	45.63
1991	788054	24184	406173	357697	3.07	51.54	45.39
1992	856301	23599	464511	368191	2.76	54.25	43.00
1993	881393	17324	499271	364798	1.97	56.65	41.39
1994	837106	19787	436504	380815	2.36	52.14	45.49
1995	823952	13892	339605	470455	1.69	41.22	57.10
1996	896108	16638	376872	502598	1.86	42.06	56.09
1997	877839	15459	363279	499101	1.76	41.38	56.86
1998	786225	13035	307732	465458	1.66	39.14	59.20
1999	698417	11342	330712	356363	1.62	47.35	51.02
2000	684213	10810	323294	350109	1.58	47.25	51.17
2001	687997	10717	335143	342137	1.56	48.71	49.73
2002	684803	9927	342925	331951	1.45	50.08	48.47
2003	726563	8971	392665	324927	1.24	54.04	44.72
2004	787736	8102	437559	342074	1.01	55.55	43.42
2005	809450	7883	461346	340221	0.97	57.00	42.03
2006	840593	7288	485247	348058	0.88	57.72	41.40
2007	861002	6305	492212	362485	0.73	57.17	42.10
2008	925431	6037	497407	421987	0.65	53.75	45.60
2009	946215	8171	480167	457877	0.86	50.75	48.39
2010	1001114	6981	526766	467367	0.70	52.62	46.68
2011	1210072	5991	747885	456196	0.50	61.81	37.69
2012	1315144	1650	823096	490398	0.13	62.59	37.28
2013	1288694	1473	724476	562745	0.11	56.22	43.67
2014	1322835	2047	749439	571349	0.15	56.65	43.19
2015	1412746	1888	809000	601858	0.13	57.26	42.60
2016	1411547	2081	793172	616294	0.15	56.19	43.66
2017	1406342	2593	764977	638772	0.18	54.39	45.43
2018	1539725	1702	861882	676141	0.11	55.98	43.91
2019	1504112	909	804963	698240	0.06	53.52	46.42
2020	1347071	870	658957	687244	0.06	48.92	51.02
2021	1335719	948	626601	708170	0.07	46.91	53.02

注：1.在岗职工人数含劳务派遣人员。

2. Ⅰ类是指农、林、牧、渔业。Ⅱ类是指工业和建筑业。Ⅲ类是指批发和零售业，交通运输、仓储和邮政业，住宿和餐饮业，信息传输、软件和信息技术服务业，金融业，房地产业，租赁和商务服务业，科学研究、技术服务业，水利、环境和公共设施管理业，居民服务、修理和其他服务业，教育，卫生和社会工作，文化、体育和娱乐业，公共管理、社会保障和社会组织。

4-3 城镇非私营单位年末从业人员

单位：人

项 目	2010 年	2011 年	2012 年	2013 年	2014 年	2015 年
合 计	**1054803**	**1280693**	**1437040**	**1427513**	**1491695**	**1562270**
按行业分						
农、林、牧、渔业	7290	6598	2185	1998	2522	2502
采矿业	1423	12714	2554	1099	1176	1189
制造业	398048	441925	462770	435660	395979	394177
电力、热力、燃气及水生产和供应业	16198	16621	16674	15484	18022	16056
建筑业	143414	322710	436453	381339	472884	513543
批发和零售业	39126	63555	73933	75955	71044	77290
交通运输、仓储和邮政业	39246	40428	37750	50244	50211	50703
住宿和餐饮业	21016	23256	22700	24940	24103	23912
信息传输、软件和信息技术服务业	11906	16503	14557	17114	17572	28178
金融业	30614	29991	32917	33131	34885	35062
房地产业	26558	27071	28994	36027	38763	42280
租赁和商务服务业	61075	17723	16974	47593	39678	42804
科学研究、技术服务业	30626	31156	36157	38531	41107	42913
水利、环境和公共设施管理业	13409	14022	14649	14426	17477	15470
居民服务、修理和其他服务业	2830	2184	1847	2896	3619	3647
教育	95116	100158	102113	109139	114667	111556
卫生和社会工作	38831	45071	46596	50669	53074	53259
文化、体育和娱乐业	14699	15511	12181	13811	13845	16115
公共管理、社会保障和社会组织	63378	53496	75036	77457	81067	92114
按类汇总						
Ⅰ类	7290	6598	2185	1998	2522	2502
Ⅱ类	559083	793970	918451	833582	888061	924965
Ⅲ类	488430	480125	516404	591933	601112	635303

注：Ⅰ类是指农、林、牧、渔业。Ⅱ类是指工业和建筑业。Ⅲ类是指批发和零售业，交通运输、仓储和邮政业，住宿和餐饮业，信息传输、软件和信息技术服务业，金融业，房地产业，租赁和商务服务业，科学研究、技术服务业，水利、环境和公共设施管理业，居民服务、修理和其他服务业，教育，卫生和社会工作，文化、体育和娱乐业，公共管理、社会保障和社会组织。

4-3 续表　　单位：人

项　　目	2016年	2017年	2018年	2019年	2020年	2021年
合　计	**1568274**	**1587716**	**1742288**	**1761930**	**1561136**	**1456316**
按行业分						
农、林、牧、渔业	2462	2949	1952	1041	1001	1010
采矿业	1178	958	831	358	151	199
制造业	379460	353641	347275	293813	280965	281071
电力、热力、燃气及水生产和供应业	17051	17325	76815	73730	73036	71363
建筑业	516643	530931	600158	629088	452160	338655
批发和零售业	75337	76528	74850	74826	72566	64090
交通运输、仓储和邮政业	45319	47532	37700	44238	42700	44683
住宿和餐饮业	24878	25574	30473	25733	25423	27189
信息传输、软件和信息技术服务业	26775	40706	53695	47919	47844	49784
金融业	33490	36592	36021	67792	74019	67682
房地产业	44218	43418	50161	48371	46010	45031
租赁和商务服务业	56713	62949	71097	71644	65602	68095
科学研究、技术服务业	42783	32142	34494	37763	37850	40631
水利、环境和公共设施管理业	15910	14766	13633	17162	19066	18179
居民服务、修理和其他服务业	4931	8175	7573	6459	8584	8050
教育	117530	119770	125477	138785	131502	140270
卫生和社会工作	56330	58380	58221	64645	62352	64987
文化、体育和娱乐业	14449	14119	15067	15642	15993	15395
公共管理、社会保障和社会组织	92817	101261	106795	102921	104311	109954
按类汇总						
Ⅰ类	2462	2949	1952	1041	1001	1010
Ⅱ类	914332	902855	1025079	996989	806311	691288
Ⅲ类	651480	681912	715257	763900	753824	764018

4–4 城镇非私营单位在岗职工

单位：人

项　　目	2005 年	2006 年	2007 年	2008 年	2009 年	2010 年	2011 年	2012 年	2013 年
合　　计	**809450**	**840593**	**861002**	**925431**	**946215**	**1001114**	**1210072**	**1315144**	**1288694**
按行业分									
农、林、牧、渔业	7883	7288	6305	6037	8171	6981	5991	1650	1473
采矿业	1316	1264	1267	1137	2130	1422	10501	1793	642
制造业	368257	390331	394461	384282	371746	394295	436202	457156	429872
电力、热力、燃气及水生产和供应业	13238	14088	14520	15431	15529	16067	16461	16525	15297
建筑业	78535	79564	81964	96557	90762	114982	284721	347622	278665
批发和零售业	28571	28984	32987	36709	39970	38090	62634	70919	72943
交通运输、仓储和邮政业	29639	30256	32392	32560	35754	35454	36072	33188	46046
住宿和餐饮业	14584	13082	16669	16203	17814	20279	21250	22367	24375
信息传输、软件和信息技术服务业	8656	10708	11106	11145	10372	11621	16354	14541	17035
金融业	20974	21190	21826	23158	26796	27923	28398	31420	31533
房地产业	13371	14945	16911	16931	25260	25733	25881	28063	34735
租赁和商务服务业	10971	12625	14319	47017	53141	60645	17205	16599	47043
科学研究、技术服务业	15972	17202	17372	19329	23104	29515	30058	34959	37302
水利、环境和公共设施管理业	9208	9175	9527	10087	11840	12713	13682	13197	13611
居民服务、修理和其他服务业	3088	2994	3043	4084	3571	2562	1975	1673	2513
教育	84585	85354	84351	93273	93242	91240	95517	95874	101313
卫生和社会工作	29659	31215	30586	36110	39512	36531	42100	44537	48140
文化、体育和娱乐业	12508	12959	13123	15514	15136	13829	14665	11751	13363
公共管理、社会保障和社会组织	58435	57369	58273	59867	62365	61232	50405	71310	72793

注：在岗职工人数含劳务派遣人员。

4-4 续表

单位：人

项　　目	2014年	2015年	2016年	2017年	2018年	2019年	2020年	2021年
合　计	**1322835**	**1412746**	**1411547**	**1406342**	**1539725**	**1504112**	**1347071**	**1335719**
按行业分								
农、林、牧、渔业	2047	1888	2081	2593	1702	909	870	948
采矿业	717	734	731	624	492	250	118	137
制造业	391295	387957	373288	348845	342040	286316	275538	275553
电力、热力、燃气及水生产和供应业	17766	15872	16896	17129	65809	65242	64631	63461
建筑业	339661	404437	402257	398379	453541	453155	318670	287450
批发和零售业	67620	72471	70678	71479	69748	65392	64135	56607
交通运输、仓储和邮政业	46640	48733	43385	43413	34706	43052	41662	43950
住宿和餐饮业	23630	23330	24287	25058	29854	25145	21785	23223
信息传输、软件和信息技术服务业	17531	27560	25884	40000	53022	47323	47382	49363
金融业	32591	32108	31659	33489	32398	40130	42257	46830
房地产业	37327	40902	41608	41271	49043	46571	44848	44165
租赁和商务服务业	39128	41965	55090	61181	69060	69569	64937	67302
科学研究、技术服务业	39941	41309	41224	30740	33526	36683	37154	39771
水利、环境和公共设施管理业	16533	14431	15107	13801	12824	16261	18260	17607
居民服务、修理和其他服务业	3297	3148	4084	5999	5468	5423	7706	7168
教育	107143	103353	108079	109349	115170	128486	121456	130086
卫生和社会工作	50721	50991	53621	55743	56035	62156	60419	63053
文化、体育和娱乐业	13306	15309	13732	13108	14178	14921	15400	13933
公共管理、社会保障和社会组织	75941	86248	87856	94141	101109	97128	99844	105113

4-5 城镇非私营单位女性从业人员

单位：人

项　　目	2005 年	2006 年	2007 年	2008 年	2009 年	2010 年	2011 年	2012 年	2013 年
合　　计	**376403**	**391597**	**394009**	**410738**	**414546**	**436494**	**468171**	**504748**	**491802**
按行业分									
农、林、牧、渔业	3334	2773	2400	2358	3364	2778	1370	486	409
采矿业	382	293	295	381	624	414	6193	756	404
制造业	214079	224238	219972	205307	194857	204479	211947	216967	182403
电力、热力、燃气及水生产和供应业	4165	4374	4545	4568	4539	4721	4994	5268	4683
建筑业	11917	12262	12052	13876	12832	14344	34839	56102	47475
批发和零售业	11880	12213	14517	16229	17732	17070	28068	34218	34865
交通运输、仓储和邮政业	9237	9340	9769	9786	10282	11106	9702	9915	13695
住宿和餐饮业	8402	7555	9341	8994	10786	11997	13162	12153	13587
信息传输、软件和信息技术服务业	2810	3993	4244	4219	3541	4114	5812	4738	4483
金融业	10392	12010	12526	12981	15253	16367	16090	17377	17766
房地产业	4800	5366	6634	6257	8249	8776	10203	10132	12819
租赁和商务服务业	3640	4074	4338	23458	21851	25713	4019	4500	18364
科学研究、技术服务业	4784	5076	5371	6094	7899	11623	10845	13231	13227
水利、环境和公共设施管理业	3777	3804	4204	4641	5217	5457	5750	3889	4498
居民服务、修理和其他服务业	935	891	978	1156	1188	1171	816	641	1294
教育	44234	44543	43541	47597	49610	50603	54985	58912	61442
卫生和社会工作	18340	19180	19112	21759	23487	23956	28743	30363	33606
文化、体育和娱乐业	5019	5233	5283	5607	6224	5724	5550	4776	5961
公共管理、社会保障和社会组织	14276	14379	14887	15470	17011	16081	15083	20324	20821
按类汇总									
Ⅰ类	3334	2773	2400	2358	3364	2778	1370	486	409
Ⅱ类	230543	241167	236864	224132	212852	223958	257973	279093	234965
Ⅲ类	142526	147657	154745	184248	198330	209758	208828	225169	256428

注：Ⅰ类是指农、林、牧、渔业。Ⅱ类是指工业和建筑业。Ⅲ类是指批发和零售业，交通运输、仓储和邮政业，住宿和餐饮业，信息传输、软件和信息技术服务业，金融业，房地产业，租赁和商务服务业，科学研究、技术服务业，水利、环境和公共设施管理业，居民服务、修理和其他服务业，教育，卫生和社会工作，文化、体育和娱乐业，公共管理、社会保障和社会组织。

4-5 续表

单位：人

项目	2014年	2015年	2016年	2017年	2018年	2019年	2020年	2021年
合计	**526998**	**551751**	**547419**	**564186**	**603540**	**621200**	**574821**	**561888**
按行业分								
农、林、牧、渔业	698	705	773	966	637	282	232	301
采矿业	441	444	449	324	278	61	29	32
制造业	195110	191724	181877	171260	168689	134714	127008	121661
电力、热力、燃气及水生产和供应业	5545	5145	5736	5823	19998	18599	18501	17856
建筑业	60311	68171	64695	69179	78972	93458	62658	47653
批发和零售业	35555	39734	38819	39990	37437	39260	38275	33982
交通运输、仓储和邮政业	13696	14130	12340	12686	9899	11341	11252	11217
住宿和餐饮业	13883	13795	12750	13970	16517	15134	14833	16372
信息传输、软件和信息技术服务业	6418	9808	9175	15427	20620	17571	17668	17903
金融业	18988	19311	18974	20401	20535	39796	44168	39146
房地产业	13123	14843	16600	16910	19099	18964	17847	18019
租赁和商务服务业	10446	12786	17376	22695	26100	27543	24590	23772
科学研究、技术服务业	14419	14239	14097	9036	10080	10671	11595	12468
水利、环境和公共设施管理业	5712	5591	5792	5108	4877	7686	7614	7397
居民服务、修理和其他服务业	1551	1351	2257	4940	4871	3753	4776	4732
教育	68032	68360	72347	75032	78410	93161	85876	92882
卫生和社会工作	35058	36074	38244	40666	40723	45477	43165	46405
文化、体育和娱乐业	5930	7146	6507	6456	6920	7578	7728	7701
公共管理、社会保障和社会组织	22082	28394	28611	33317	38878	36151	37005	42389
按类汇总								
Ⅰ类	698	705	773	966	637	282	232	301
Ⅱ类	261407	265484	252757	246586	267937	246832	208196	187201
Ⅲ类	264893	285562	293889	316634	334966	374086	366393	374386

4–6 城镇非私营单位其他从业人员

单位：人

项　　目	2005 年	2006 年	2007 年	2008 年	2009 年	2010 年	2011 年	2012 年	2013 年
合　　计	**31530**	**31297**	**62047**	**33005**	**40797**	**53689**	**70621**	**121896**	**138819**
按行业分									
农、林、牧、渔业	947	393	105	141	233	309	607	535	525
采矿业		34	5	49	68	1	2213	761	457
制造业	4651	5588	4476	5189	3496	3753	5723	5614	5788
电力、热力、燃气及水生产和供应业	615	482	242	249	242	131	160	149	187
建筑业	9933	9201	37884	9557	18374	28432	37989	88831	102674
批发和零售业	1274	1160	1012	648	1040	1036	921	3014	3012
交通运输、仓储和邮政业	3231	3307	3514	3637	2967	3792	4356	4562	4198
住宿和餐饮业	562	508	369	492	751	737	2006	333	565
信息传输、软件和信息技术服务业	217	155	79	63	77	285	149	16	79
金融业	2798	3219	3926	3268	2403	2691	1593	1497	1598
房地产业	1434	1417	3816	1019	1032	825	1190	931	1292
租赁和商务服务业	617	652	523	484	414	430	518	375	550
科学研究、技术服务业	944	854	784	988	1438	1111	1098	1198	1229
水利、环境和公共设施管理业	815	690	1466	1662	1921	696	340	1452	815
居民服务、修理和其他服务业	140	150	150	183	155	268	209	174	383
教育	1140	1111	1422	2029	2180	3876	4641	6239	7826
卫生和社会工作	965	979	906	1082	1427	2300	2971	2059	2529
文化、体育和娱乐业	516	448	300	395	848	870	846	430	448
公共管理、社会保障和社会组织	731	949	1068	1870	1731	2146	3091	3726	4664
按类汇总									
Ⅰ类	947	393	105	141	233	309	607	535	525
Ⅱ类	15199	15305	42607	15044	22180	32317	46085	95355	109106
Ⅲ类	15384	15599	19335	17820	18384	21063	23929	26006	29188

注：Ⅰ类是指农、林、牧、渔业。Ⅱ类是指工业和建筑业。Ⅲ类是指批发和零售业，交通运输、仓储和邮政业，住宿和餐饮业，信息传输、软件和信息技术服务业，金融业，房地产业，租赁和商务服务业，科学研究、技术服务业，水利、环境和公共设施管理业，居民服务、修理和其他服务业，教育，卫生和社会工作，文化、体育和娱乐业，公共管理、社会保障和社会组织。

4-6 续表

单位：人

项　　目	2014 年	2015 年	2016 年	2017 年	2018 年	2019 年	2020 年	2021 年
合　　计	**168860**	**150024**	**156727**	**181374**	**202563**	**257818**	**214065**	**120597**
按行业分								
农、林、牧、渔业	475	614	381	356	250	132	131	63
采矿业	459	455	447	334	339	108	33	62
制造业	4684	6220	6172	4796	5235	7497	5427	5518
电力、热力、燃气及水生产和供应业	256	184	155	196	11006	8488	8405	7902
建筑业	133223	109106	114386	132552	146617	175933	133490	51205
批发和零售业	3424	4819	4659	5049	5102	9434	8431	7483
交通运输、仓储和邮政业	3571	1970	1934	4119	2994	1186	1038	733
住宿和餐饮业	473	582	591	516	619	588	3637	3966
信息传输、软件和信息技术服务业	41	618	891	706	673	596	462	421
金融业	2294	2954	1831	3103	3623	27662	31762	20852
房地产业	1436	1378	2610	2147	1118	1800	1163	866
租赁和商务服务业	550	839	1623	1768	2037	2075	666	793
科学研究、技术服务业	1166	1604	1559	1402	968	1080	696	860
水利、环境和公共设施管理业	944	1039	803	965	809	901	806	572
居民服务、修理和其他服务业	322	499	847	2176	2105	1036	879	882
教育	7524	8203	9451	10421	10307	10299	10046	10184
卫生和社会工作	2353	2268	2709	2637	2186	2489	1933	1933
文化、体育和娱乐业	539	806	717	1011	889	721	593	1462
公共管理、社会保障和社会组织	5126	5866	4961	7120	5686	5793	4468	4841
按类汇总								
Ⅰ类	475	614	381	356	250	132	131	63
Ⅱ类	138622	115965	121160	137878	163197	192026	147355	64687
Ⅲ类	29763	33445	35186	43140	39116	65660	66580	55848

4-7　城镇非私营单位从业人员工资总额

单位：万元

项　　目	2020年			2021年		
	从业人员工资总额	在岗职工工资总额	其他从业人员劳动报酬	从业人员工资总额	在岗职工工资总额	其他从业人员劳动报酬
合　　计	**14219287**	**12825842**	**1393445**	**15162466**	**14211914**	**950552**
按类汇总						
Ⅰ类	6781	6495	286	7771	7591	180
Ⅱ类	6374617	5403591	971025	6276196	5686254	589942
Ⅲ类	7837889	7415756	422133	8878499	8518069	360430
按国民经济行业分						
农、林、牧、渔业	6781	6495	286	7771	7591	180
采矿业	1229	884	345	2363	1591	772
制造业	2248937	2208864	40073	2633974	2590180	43795
电力、热力、燃气及水生产和供应业	971502	925266	46236	1044721	994683	50038
建筑业	3152949	2268577	884372	2595138	2099800	495338
批发和零售业	566270	487674	78596	540391	487140	53251
交通运输、仓储和邮政业	374491	369526	4965	439428	436996	2432
住宿和餐饮业	96702	92996	3707	116035	111388	4647
信息传输、软件和信息技术服务业	578031	574197	3833	653695	650657	3038
金融业	1086051	857731	228320	1245370	1053860	191511
房地产业	395623	389301	6322	425800	420550	5249
租赁和商务服务业	512485	509081	3403	584673	581158	3515
科学研究、技术服务业	520461	515116	5345	608912	601918	6994
水利、环境和公共设施管理业	111345	108434	2910	109070	106499	2571
居民服务、修理和其他服务业	58463	50598	7865	60841	52526	8314
教育	1352617	1309524	43092	1601909	1554325	47585
卫生和社会工作	827615	815675	11940	981290	970073	11217
文化、体育和娱乐业	149913	147532	2381	147310	142977	4333
公共管理、社会保障和社会组织	1207823	1188369	19454	1363775	1348002	15773

注：Ⅰ类是指农、林、牧、渔业。Ⅱ类是指工业和建筑业。Ⅲ类是指批发和零售业，交通运输、仓储和邮政业，住宿和餐饮业，信息传输、软件和信息技术服务业，金融业，房地产业，租赁和商务服务业，科学研究、技术服务业，水利、环境和公共设施管理业，居民服务、修理和其他服务业，教育，卫生和社会工作，文化、体育和娱乐业，公共管理、社会保障和社会组织。

4-8 按行业分城镇非私营单位在岗职工工资总额

单位：万元

项 目	2005年	2006年	2007年	2008年	2009年	2010年	2011年	2012年	2013年
合 计	**1451880**	**1715622**	**2057107**	**2573494**	**2861961**	**3429285**	**4961673**	**6148482**	**6997971**
按国民经济行业分									
农、林、牧、渔业	10484	10302	10360	11527	14481	16527	18568	6181	5538
采矿业	2495	2570	2609	2723	6643	4690	23842	5154	2130
制造业	511658	615067	711930	858240	858182	1060930	1543630	1880853	1989134
电力、热力、燃气及水生产和供应业	44497	50333	64645	78911	85513	100258	117739	136785	134802
建筑业	119339	145701	192166	235764	255482	391851	1088881	1407720	1469651
批发和零售业	47909	54937	67479	86290	103956	110043	194615	280624	313204
交通运输、仓储和邮政业	59365	69783	88996	99786	114360	129345	156978	156316	238918
住宿和餐饮业	18226	18219	25134	26240	30611	40392	55175	64144	80532
信息传输、软件和信息技术服务业	39627	47658	49639	54700	58881	77052	101667	92302	131075
金融业	79474	103222	132722	174280	216764	261978	316241	386343	422804
房地产业	22065	27027	34401	49390	59866	66123	96076	125321	169612
租赁和商务服务业	21189	26381	29999	94674	113192	135696	60544	73016	305973
科学研究、技术服务业	44796	51309	62611	73560	89689	124866	146793	197618	237293
水利、环境和公共设施管理业	15974	18052	19857	22095	27136	29290	39175	44543	49670
居民服务、修理和其他服务业	4118	4784	5475	5925	7638	8946	6814	5537	8478
教育	182221	208031	242881	296873	356053	375305	448157	512304	565616
卫生和社会工作	65362	76062	90516	113852	140702	158231	234597	282262	345119
文化、体育和娱乐业	27960	33265	39179	49120	50623	55390	65509	62988	79395
公共管理、社会保障和社会组织	135121	152920	186508	239544	272189	282372	246673	428470	449028
按类汇总									
Ⅰ类	10484	10302	10360	11527	14481	16527	18568	6181	5538
Ⅱ类	677989	813671	971350	1175637	1205820	1557729	2774091	3430512	3595717
Ⅲ类	763407	891649	1075397	1386330	1641659	1855029	2169014	2711790	3396716

注：1.在岗职工含劳务派遣人员。

2.Ⅰ类是指农、林、牧、渔业。Ⅱ类是指工业和建筑业。Ⅲ类是指批发和零售业，交通运输、仓储和邮政业，住宿和餐饮业，信息传输、软件和信息技术服务业，金融业，房地产业，租赁和商务服务业，科学研究、技术服务业，水利、环境和公共设施管理业，居民服务、修理和其他服务业，教育，卫生和社会工作，文化、体育和娱乐业，公共管理、社会保障和社会组织。

4-8 续表 单位：万元

项　　目	2014年	2015年	2016年	2017年	2018年	2019年	2020年	2021年
合　计	**7720730**	**8647321**	**9378510**	**10236285**	**12549728**	**13289772**	**12825842**	**14211914**
按国民经济行业分								
农、林、牧、渔业	7460	7841	8549	13296	9173	5810	6495	7591
采矿业	3116	3270	3339	2459	1854	2886	884	1591
制造业	2088946	2170597	2309318	2302361	2561489	2264867	2208864	2590180
电力、热力、燃气及水生产和供应业	178230	151896	178377	191518	880681	914188	925266	994683
建筑业	1789678	2041917	2154186	2286752	2863931	3042862	2268577	2099800
批发和零售业	311938	358683	374765	412915	483959	548499	487674	487140
交通运输、仓储和邮政业	258843	313569	299418	326669	275374	385990	369526	436996
住宿和餐饮业	85142	92303	92194	93146	116483	99323	92996	111388
信息传输、软件和信息技术服务业	142361	225748	243833	379025	526565	545528	574197	650657
金融业	440475	457291	467278	539665	580583	779068	857731	1053860
房地产业	207885	256580	270151	277268	363375	375115	389301	420550
租赁和商务服务业	234970	244153	343504	452248	460643	461529	509081	581158
科学研究、技术服务业	251612	305892	334078	314283	381270	482004	515116	601918
水利、环境和公共设施管理业	73482	66696	79688	90765	67383	86173	108434	106499
居民服务、修理和其他服务业	13598	14408	19482	28953	31762	34562	50598	52526
教育	642524	716881	826714	965200	1152995	1294155	1309524	1554325
卫生和社会工作	409674	481166	547465	613857	662392	802250	815675	970073
文化、体育和娱乐业	89387	102809	102259	106810	125506	131270	147532	142977
公共管理、社会保障和社会组织	491410	635622	723913	839098	1004312	1033693	1188369	1348002
按类汇总								
Ⅰ类	7460	7841	8549	13296	9173	5810	6495	7591
Ⅱ类	4059970	4367680	4645220	4783090	6307954	6224803	5403591	5686254
Ⅲ类	3653300	4271801	4724741	5439900	6232601	7059159	7415756	8518069

4-9 城镇非私营单位从业人员年平均工资

单位：元

项　　目	2020年			2021年		
	从业人员年平均工资	在岗职工年平均工资	其他从业人员年平均工资	从业人员年平均工资	在岗职工年平均工资	其他从业人员年平均工资
合　　计	**93513**	**96478**	**72894**	**105051**	**108133**	**73665**
按国民经济行业分						
农、林、牧、渔业	66273	72353	22777	76114	79334	28064
采矿业	81007	74324	105239	115145	114042	117487
制造业	81604	81670	78092	95178	95540	77724
电力、热力、燃气及水生产和供应业	133527	143651	55398	146385	157585	60669
建筑业	75578	73829	80467	79201	76562	92758
批发和零售业	77663	76068	89276	84628	86350	71569
交通运输、仓储和邮政业	90458	91282	54106	100046	100746	44489
住宿和餐饮业	38747	43465	10408	42963	48929	10953
信息传输、软件和信息技术服务业	120509	120881	82512	131420	132005	67431
金融业	144855	202180	70143	169487	224764	72020
房地产业	85094	85943	52910	92504	93200	57881
租赁和商务服务业	74393	74807	40710	87530	88051	44228
科学研究、技术服务业	139166	140736	67071	151554	153223	78219
水利、环境和公共设施管理业	58392	59307	37077	59082	59597	43500
居民服务、修理和其他服务业	65752	65063	70557	70722	70393	72872
教育	104858	109474	45963	114729	119775	48282
卫生和社会工作	134735	136822	65979	154730	157539	60862
文化、体育和娱乐业	94314	96895	35588	94575	101992	27819
公共管理、社会保障和社会组织	115474	119007	41046	124379	128529	33085
按类汇总						
Ⅰ类	66273	72353	22777	76114	79334	28064
Ⅱ类	83254	84133	78679	92846	93427	87594
Ⅲ类	103970	108063	62428	115855	120872	58489

注：Ⅰ类是指农、林、牧、渔业。Ⅱ类是指工业和建筑业。Ⅲ类是指批发和零售业，交通运输、仓储和邮政业，住宿和餐饮业，信息传输、软件和信息技术服务业，金融业，房地产业，租赁和商务服务业，科学研究、技术服务业，水利、环境和公共设施管理业，居民服务、修理和其他服务业，教育，卫生和社会工作，文化、体育和娱乐业，公共管理、社会保障和社会组织。

4-10　按行业分城镇非私营单位在岗职工年平均工资

单位：元

项　　目	2005年	2006年	2007年	2008年	2009年	2010年	2011年	2012年	2013年
合　计	**18314**	**20666**	**23950**	**27521**	**30704**	**34806**	**41725**	**48089**	**53333**
按国民经济行业分									
农、林、牧、渔业	13188	13952	16317	19084	18002	23569	30702	36146	37092
采矿业	18616	20643	19995	23636	31232	33073	22734	28823	32675
制造业	14199	15937	18101	20992	23040	27000	34221	41275	46251
电力、热力、燃气及水生产和供应业	33424	36065	45131	50917	55575	62756	72250	82277	88048
建筑业	17260	19583	22612	26838	28721	35611	42916	44585	47923
批发和零售业	16657	18769	20874	23217	25918	28539	31522	39904	42543
交通运输、仓储和邮政业	19530	22676	27948	30559	32160	37655	43389	47317	51697
住宿和餐饮业	12485	13929	15118	16397	17407	19942	25714	29112	32901
信息传输、软件和信息技术服务业	46543	45781	46666	49996	57221	65699	65025	63674	76913
金融业	38004	48960	61705	77845	83754	96864	114514	126949	136402
房地产业	16392	18191	20594	29235	29559	27329	37683	45065	49494
租赁和商务服务业	19149	17617	21976	21128	22541	23838	35449	44311	66016
科学研究、技术服务业	28010	29815	36589	38939	39601	43013	49641	57660	65201
水利、环境和公共设施管理业	17529	19601	20838	22355	23114	23276	27942	33904	35455
居民服务、修理和其他服务业	13773	15416	18220	18833	21396	35152	34945	32940	33377
教育	21508	24455	28785	32147	39153	41358	47024	53067	56874
卫生和社会工作	22236	24639	30010	32208	36477	44677	57399	64686	73784
文化、体育和娱乐业	22438	26286	29708	31594	32962	39814	44582	51893	59763
公共管理、社会保障和社会组织	23172	26694	32167	40138	43622	46603	49434	60345	61933

注：在岗职工含劳务派遣人员。

4–10 续表　　单位：元

项　　目	2014 年	2015 年	2016 年	2017 年	2018 年	2019 年	2020 年	2021 年	2021 年比2020 年增长（%）
合　　计	**58839**	**62478**	**67630**	**75133**	**83175**	**88952**	**96478**	**108133**	**12.1**
按国民经济行业分									
农、林、牧、渔业	36877	42131	42767	51394	53927	64698	72353	79334	9.6
采矿业	43157	44362	44819	39666	37831	116838	74324	114042	53.4
制造业	52481	55812	62126	66186	74246	77949	81670	95540	17.0
电力、热力、燃气及水生产和供应业	100610	96046	106494	112360	134970	139756	143651	157585	9.7
建筑业	54852	53902	55964	62528	67013	68804	73829	76562	3.7
批发和零售业	45940	49996	53170	57724	69448	79493	76068	86350	13.5
交通运输、仓储和邮政业	56340	62239	70024	77388	78938	90451	91282	100746	10.4
住宿和餐饮业	35587	39542	38087	37406	41962	39869	43465	48929	12.6
信息传输、软件和信息技术服务业	80235	81409	92963	96789	100674	115348	120881	132005	9.2
金融业	137976	144479	148474	162115	180244	194252	202180	224764	11.2
房地产业	56372	63799	64898	68056	73690	81352	85943	93200	8.4
租赁和商务服务业	60278	58699	64406	75698	67953	68429	74807	88051	17.7
科学研究、技术服务业	64020	75171	81461	103614	114640	133143	140736	153223	8.9
水利、环境和公共设施管理业	44518	46442	52457	65083	54926	55307	59307	59597	0.5
居民服务、修理和其他服务业	41281	45437	48779	51199	62709	67033	65063	70393	8.2
教育	60459	70282	77604	88989	101073	101967	109474	119775	9.4
卫生和社会工作	81927	95961	103842	111384	119673	130764	136822	157539	15.1
文化、体育和娱乐业	67666	67749	73610	80831	88378	86311	96895	101992	5.3
公共管理、社会保障和社会组织	65072	74164	83064	92934	99568	106889	119007	128529	8.0

主要统计指标解释

从业人员 指从事一定社会劳动并取得劳动报酬或经营收入的人员。包括：

（1）在岗职工；

（2）再就业的离退休人员；

（3）私营业主；

（4）个体业主；

（5）私营和个体从业人员；

（6）乡镇企业从业人员；

（7）农村从业人员；

（8）其他从业人员（包括宗教职业者等）。

城镇非私营单位从业人员 指城镇地区全部非私营法人单位，具体包括国有单位、城镇集体单位、联营、股份制、外商投资、港澳台商投资等单位的就业人员。

在岗职工 指在国有经济、城镇集体经济、联营经济、股份制经济、外商和港澳台投资经济、其他经济单位及其附属机构工作，并由其支付工资的各类人员，不包括返聘的离退休人员、民办教师、在国有经济单位工作的外方人员和港澳台人员。

从业人员工资总额 指各单位在一定时期内直接支付给本单位全部从业人员的劳动报酬总额。包括职工工资总额和本单位其他从业人员劳动报酬两部分。

职工工资总额 指各单位在一定时期内直接支付给本单位全部职工的劳动报酬总额。工资总额的计算原则应以直接支付给职工的全部劳动报酬为凭据。各单位支付给职工的劳动报酬以及其他根据有关规定支付的工资，不论是计入成本还是不计入成本的，不论是按国家规定列入计征奖金税项目的，还是未列入计征奖金税项目的，不论是以货币形式支付的还是以实物形式支付的，均包括在工资总额内。

其他从业人员工资总额 指各单位在一定时期内直接支付给本单位其他从业人员的全部劳动报酬。

职工平均工资 指在岗职工在一定时期内平均每人所得的工资总额。是反映职工工资水平的主要指标。

5 农林牧渔业

5-1 农村基层基本情况

项　　目	单 位	1995 年	2000 年	2005 年	2007 年	2008 年	2009 年	2010 年	2011 年	2012 年
乡（镇）政府	个	156	157	146	146	145	145	145	145	145
乡政府	个	56	51	47	47	47	47	47	47	47
镇政府	个	100	106	99	99	98	98	98	98	98
村民委员会	个	2490	2477	2422	2388	2400	2393	2393	2393	2395
乡村户数	户	1064409	1179647	1236397	1272609	1288521	1303155	1314568	1324438	1327214
乡村人口数	人	4330795	4432781	4418912	4468405	4486920	4504721	4517925	4552645	4562606
乡村劳动力资源数	人	2126068	2241281	2456334	2461856	2492513	2509285	2524917	2560078	2576923
乡村从业人员数	人	1883781	2039022	2087147	2115910	2125964	2167682	2184081	2207312	2222069
#农、林、牧、渔业	人	1131650	1124898	1011933	955874	943568	919786	903145	903595	890473
国有农林牧渔业劳动力	人	15253	11853	3439	3208	3158	2981	2887	2898	2899
国有农林牧渔场	个	57	42	28	28	28	26	26	26	26
自来水受益村数	个	1293	1489	1699	1892	1988	2126	2191	2208	2239
通汽车村数	个	2307	2442	2371	2367	2388	2381	2384	2384	2386
通电话村数	个	2003	2470	2395	2387	2398	2392	2392	2392	2394

注：2015 年、2016 年、2017 年主要农产品的生产情况等数据，以第三次全国农业普查数据为基础进行了核定和修订，下同。

5-1 续表

项目	单位	2013年	2014年	2015年	2016年	2017年	2018年	2019年	2020年	2021年
乡（镇）政府	个	145	145	145	145	145	145	145	145	135
乡政府	个	47	47	47	47	47	47	47	43	38
镇政府	个	98	98	98	98	98	98	98	102	97
村民委员会	个	2396	2396	2396	2396	2387	2392	2393	2394	2376
乡村户数	户	1345900	1359599	1380152	1380181	1382547	1396452	1402591	1403765	1355243
乡村人口数	人	4622152	4685505	4751828	4751923	4762426	4774052	4830721	4785365	4628464
乡村劳动力资源数	人	2615153	2682557	2713083	2713137	2729916	2729918	2740466	2702041	2607763
乡村从业人员数	人	2256078	2289825	2326611	2328317	2340191	2331562	2329982	2290552	2209290
#农、林、牧、渔业	人	881346	866408	843386	843403	845624	846375	845624	821919	799652
国有农林牧渔业劳动力	人	2885								
国有农林牧渔场	个	26								
自来水受益村数	个	2271	2265	2276	2297	2283	2279	2258	2309	
通汽车村数	个	2387								
通电话村数	个	2396								

5-2 农业机械拥有量

项　　目	单 位	1995 年	2000 年	2005 年	2006 年	2007 年	2008 年	2009 年	2010 年	2011 年	2012 年
农业机械总动力	**千瓦**	**1156125**	**1407517**	**1540512**	**1543211**	**1548417**	**1550177**	**1607019**	**1328325**	**1346272**	**1376763**
柴油发动机动力	千瓦	867238	1119010	1298738	1312250	1327891	1345246	1363883	1077402	1110471	1124035
汽油发动机动力	千瓦			63915	50372	38829	23048	21844	33016	35935	36610
电动机动力	千瓦			177859	180589	181697	181883	221292	217907	199866	216118
耕作机械	台	23562	13910	20803	7431	21307	6755	7270	6991	6765	6992
大中型拖拉机	台	403	93	103	126	128	129	164	194	242	269
小型拖拉机(含变型拖拉机)	台	23159	13817	20700	7305	6918	6626	7106	6797	6523	6723
农用排灌机械动力	千瓦	100349	98965	98668	100935	110645	105005	115133	110417	110853	111786
排灌动力机械	台	9523		9846	9853	10464	10845	11581	10766	10910	10971
农用水泵	台	6869	8997	9163	8833	9178	10638	10897	10582	10816	10910
收获机械	千瓦	17356	1815	4726	7129	9104	12446	15426	17608	18365	19258
机动脱粒机	台	54	5916	6736	6556	6539	6603	6658	6632	6839	6621
植保机械	千瓦	2557	2228	2748	2958	3267	3459				
畜牧养殖机械	千瓦	19650	21312	20273	21254	27489	27933	28737	28833	27618	27635
饲草料加工机械	台	2976	2809	2684	2817	2542	2392	2394	2366		
林业机械	千瓦			272	272	272					
渔业机械	千瓦	313470	456418	473150	476120	552782	614155	721033	487169	496264	505728
农产品初加工动力机械	千瓦	114005	114029	105269	104269	110615	111545	114823	111689	112019	116750
运输机械	千瓦	358670	444070	518708	506918	377452	534407	430957	408137	402644	407194
农用载重汽车	辆	2373	2552	2377	2245	1525	737				
机动运输船	艘	2129	2197	2314	2376	1642	789				
农用运输车	辆	3140	5447	4613	4370	4313	4491	4954	4621	4342	4461

5-2 续表

项　目	单 位	2013 年	2014 年	2015 年	2016 年	2017 年	2018 年	2019 年	2020 年	2021 年
农业机械总动力	**千瓦**	**1400091**	**1429751**	**1453959**	**1457360**	**1198094**	**1162935**	**1116666**	**1131283**	**1107192**
柴油发动机动力	千瓦	1128510	1148587	1140033	1140748	949007	927588	886362	891264	859884
汽油发动机动力	千瓦	58481	45565	68930	70160	43825	42266	41687	45497	47726
电动机动力	千瓦	213100	235599	244149	246452	206949	192958	188502	194398	199457
耕作机械	台	6909	6652	6648						
大中型拖拉机	台	319	385	430	549	607	536	512	523	528
小型拖拉机(含变型拖拉机)	台	6590	6267	6218	6125	4965	5090	4781	4399	3836
农用排灌机械动力	千瓦	111621	112012	112539	113336	106190				
排灌动力机械	台	11029	11088	11167	11225	10118	10505	10272	10141	9966
农用水泵	台	11088	11052	11099	11132	9739	9362	9100	9066	8869
收获机械	千瓦	20114	19365	19728	20301	19161	23583	10824	11180	11743
机动脱粒机	台	6629	8066	8446	6857	2283	2312	2076	2484	2797
植保机械	千瓦			10598	11597	10211	5645	5589	6348	6453
畜牧养殖机械	千瓦	27771	28324	28607	28114	23649	23055	21827	21369	21209
饲草料加工机械	台			2498	2471	2089	2035	1974	1951	1935
林业机械	千瓦									
渔业机械	千瓦	527813	554849	586715	597977	570391	501257	462434	514755	457787
农产品初加工动力机械	千瓦	104057	122213	106980	119117	106105	103681	101598	101113	100640
运输机械	千瓦	399930	380273	368672	230478	173843				
农用载重汽车	辆									
机动运输船	艘									
农用运输车	辆	4436	4299	4240						

5-3 农业基础设施

项目	单位	1995年	2000年	2005年	2007年	2008年	2009年	2010年	2011年	2012年
农业机械使用										
机耕地面积	公顷	55240	56797	53926	54102	102930	113482	113611	115011	117980
机械播种面积	公顷	73	498	138	171	211	962	2607	4714	6690
机械收割面积	公顷	833	3005	12074	17137	21145	26688	27369	29134	31644
农村电力设施										
乡村办水电站	处	327	330	355	360	360	359	368	370	373
发电能力	千瓦	56710	89390	158644	180478	185553	193863	267323	276666	288868
农村用电量	万千瓦时	118636	153755	449280	605714	618858	623851	731578	779260	1080019
化肥施用量										
按折纯量计算	吨	130019	128390	112290	86717	86578	87337	85872	87840	87349
氮肥	吨	60777	54840	45928	34380	33531	32936	32115	32158	32189
磷肥	吨	16953	15896	14263	11614	11613	11408	11340	11449	11407
钾肥	吨	25061	26353	24697	19379	19316	19416	18606	19145	18874
复合肥	吨	27228	31301	27402	21344	22118	23577	23811	24728	24879
农用塑料薄膜使用量	吨	3736	4292	4578	4940	4955	4991	4796	5183	5525
#地膜使用量	吨	1240	1566	2094	2260	2281	2329	2239	2387	2507
农用柴油使用量	吨	140136	174089	176506	215515	222596	227403	233955	242289	243886
农药使用量	吨	6399	8357	7931	8156	8144	8488	8509	8391	8272

5-3 续表

项　　目	单　位	2013年	2014年	2015年	2016年	2017年	2018年	2019年	2020年	2021年
农业机械使用										
机耕地面积	公顷	118734	126536	130355	131207	80635	70319	80246	86640	92541
机械播种面积	公顷	10081	13841	16979	16937	12022	20406	23507	29813	33684
机械收割面积	公顷	32074	35069	37296	40948	39936	42052	51102	63220	65086
农村电力设施										
乡村办水电站	处	372								
发电能力	千瓦	280456								
农村用电量	万千瓦时	1127109	1215403	1187043	1201617	1191432	1232722	1260112	1290880	1284261
化肥施用量										
按折纯量计算	吨	87997	90465	91744	93200	88478	84729	81351	78416	75031
氮　肥	吨	32373	32873	34116	34645	32137	30546	29516	28699	27232
磷　肥	吨	11522	12066	12501	12718	11789	11299	10938	10668	10059
钾　肥	吨	19099	19641	19506	19896	17397	16538	15259	14750	14163
复合肥	吨	25003	25885	25621	25941	27155	26346	25638	24299	23577
农用塑料薄膜使用量	吨	5772	6061	6159	6198	6311	6308	6172	6155	6139
#地膜使用量	吨	2688	2848	2938	2977	3083	3132	3137	3187	3197
农用柴油使用量	吨	246339	248238	245784	247202	227305	225758	225306	221233	224734
农药使用量	吨	8297	8628	8202	8398	7894	7334	5587	4859	4659

5-4 主要年份农作物播种面积

单位：公顷

年 份	合 计	粮食作物	#谷 物	经济作物	其他作物
1952	292589	263941	190147	15537	13111
1957	316472	279965	188653	17312	19195
1962	285511	254457	164220	12410	18644
1965	304627	258924	175076	18518	27185
1970	302445	265275	182240	12879	24291
1975	328225	274193	193685	16693	37339
1978	329089	275119	191684	20170	33799
1979	328075	271517	185714	24411	32147
1980	320909	265343	183469	27167	28399
1985	281825	225346	166242	28503	27977
1990	357606	266969	171475	24551	66087
1995	380705	263954	169112	20282	96468
2000	388129	254791	158170	17173	116165
2001	361740	229504	141486	18201	114034
2002	355112	220135	136879	20504	114474
2003	336468	198916	125062	23081	114471
2004	327271	190057	120222	21005	116209
2005	315599	179995	111916	22740	112864
2006	316310	178766	111501	23093	114451
2007	261922	123231	82624	22359	116332
2008	260431	121945	77717	21935	116551
2009	260734	118693	73502	20828	121213
2010	261686	115991	69085	22965	122731
2011	262553	113173	67590	23534	125846
2012	260727	106882	63395	24139	129705
2013	263152	105117	61091	24769	133266
2014	266454	103683	61254	25375	137396
2015	246160	86653			
2016	238798	83251	44619	22093	133455
2017	240760	82533	42876	21351	136876
2018	247215	83334	41778	22514	141366
2019	255873	84295	40924	23959	147618
2020	262782	86251	41307	23262	153269
2021	268441	86326	41410	23804	158312

5-5 粮食作物播种面积

单位：公顷

项　　目	1995 年	2000 年	2005 年	2006 年	2007 年	2008 年	2009 年	2010 年	2011 年	2012 年
总　　计	**263954**	**254791**	**179995**	**178766**	**123231**	**121945**	**118693**	**115991**	**113173**	**106882**
按收获季节分										
春收粮食	31298	33583	16197	15669	7447	8530	8725	8674	8761	8763
夏收粮食	78966	76322	50445	47378	27629	25554	25068	22987	22778	22168
秋收粮食	153690	144886	113353	115719	88155	87861	84899	84329	81634	75951
按品种分										
稻　　谷	169112	158170	111916	111501	82624	77717	73505	69085	67590	63395
早　　稻	69913	66499	41986	39528	22933	20685	19804	17530	17185	16384
中稻和一季晚稻	32217	30793	34913	36606	34214	33001	33243	31642	30059	29219
双季晚稻	66982	60878	35016	35367	25476	24031	20458	19913	20345	17791
甘　　薯	48100	46576	38095	38602	25950	28101	28320	29586	27780	25327
马铃薯	7320	11116	10724	10498	6736	7067	8211	8236	8324	8411
杂　　粮	1498	2184	2175	1886	1674	1756	1741	1958	2121	2306
大　　豆	11596	11159	8825	8546	4607	4829	5377	5554	5837	5919
杂　　豆	9547	13622	8253	7707	1095	2049	1535	1567	1516	1521

5-5 续表

单位：公顷

项目	2013年	2014年	2015年	2016年	2017年	2018年	2019年	2020年	2021年
总计	**105117**	**103683**	**86653**	**83251**	**82540**	**83334**	**84295**	**86251**	**86326**
按收获季节分									
春收粮食	8943	9076		11778	11078	11237	13233	12618	12511
夏收粮食	21726	21277		12479	13025	12219	10094	12307	12344
秋收粮食	74449	73330		57330	58436	59878	60969	61326	61471
按品种分									
稻谷	61091	58670	46527	44619	41121	39966	38987	39210	39265
早稻	15877	15210	11747	10923	8640	7750	7395	7380	7359
中稻和一季晚稻	28385	27921	22667	21041	21402	21147	20725	20896	20959
双季晚稻	16830	15539	12113	10679	11079	11069	10867	10933	10947
甘薯	25502	25902	22713	22723	23249	24301	25269	25912	25949
马铃薯	8565	8723	10307	10703	11010	11514	11869	11919	11780
杂粮	2445	2584	2749	1976	1755	1812	1936	2097	2145
大豆	5937	6183	6476	3542	3664	3905	4272	4551	4628
杂豆	1577	1622	1643	1663	1738	1837	1963	2562	2558

5-6 经济作物和其他农作物播种面积

单位：公顷

项　　目	1995 年	2000 年	2005 年	2006 年	2007 年	2008 年	2009 年	2010 年	2011 年	2012 年
经济作物	**20282**	**17173**	**22740**	**23093**	**22359**	**21935**	**20828**	**22965**	**23534**	**24139**
# 油料	15160	15601	17687	18142	19991	19336	20058	20198	20546	21184
#花生	14029	14691	17562	18027	19887	19220	19865	19930	20259	20886
油菜籽	1114	909	122	109	101	111	187	263	284	296
甘蔗	1654	727	769	749	354	440	433	447	442	416
烟叶	479	567	21	21	16	6	6	1		
其他农作物	**96468**	**116165**	**112864**	**114451**	**116332**	**116551**	**121213**	**122731**	**125846**	**129705**
# 蔬菜	74923	90190	97317	99037	99396	100462	103256	106753	109600	113676
西瓜	3717	3639	4933	5162	4976	4919	5139	5185	5258	5220
绿肥	14273	15895	5864	5429	5161	4978	4922	4893	4909	4736
青饲料		2141	2343	2195	2054	1653	1619	1594	1676	1676

5-6 续表 单位：公顷

项　目	2013年	2014年	2015年	2016年	2017年	2018年	2019年	2020年	2021年
经济作物	**24769**	**25375**	**26317**	**22093**	**21347**	**22515**	**23959**	**23262**	**23804**
# 油料	21669	22417	23451	19225	18662	20558	21111	21709	22114
#花生	21354	22079	23068	18037	17454	18855	19609	20367	20616
油菜籽	310	329	369	1149	1198	1691	1489	1329	1485
甘蔗	429	428	420	645	647	528	547	568	603
烟叶									
其他农作物	**133266**	**137396**	**142269**	**133455**	**136876**	**141366**	**147618**	**153269**	**158312**
# 蔬菜	117014	121154	125511	124899	128176	134581	139874	144350	148925
西瓜	5442	5499	5473	3453	2783	3142	3264	3403	3213
绿肥	4609	4490	4056	579	770				
青饲料	1559	1422	1437	491	472	97	40	40	40

5-7 各类水果种植面积

单位：公顷

项 目	1995年	2000年	2005年	2006年	2007年	2008年	2009年	2010年	2011年	2012年
水果种植面积	**48729**	**48032**	**45405**	**44826**	**44829**	**45758**	**46343**	**47035**	**47709**	**48665**
#柑桔	15451	10726	8341	8418	8429	8262	6026	8383	8660	8878
龙眼	3318	4745	4354	4122	4205	4184	4204	4382	4480	4589
荔枝	404	325	292	307	262	269	269	257	277	270
香蕉	861	822	1117	1230	1232	1173	1143	1151	1162	1185
枇杷	2611	3015	5168	5183	5504	5642	5809	6071	6418	6585
橄榄	4000	5754	5792	5732	5704	6922	7326	7556	7601	7640
柿	2707	2454	1951	1931	1827	1762	1747	1830	1830	2081
桃	2073	1576	1718	1672	1696	1818	1819	1823	1821	1797
李	6832	9942	9165	9130	9097	9063	9224	9177	8947	9149
柚	152	198	222	227	218	221	281	273	303	303
梨	432	377	357	377	380	398	396	411	398	405
葡萄	562	565	672	647	656	657	660	660	674	667
杨梅	768	458	366	414	414	391	386	384	387	386

5-7 续表 单位：公顷

项　　目	2013 年	2014 年	2015 年	2016 年	2017 年	2018 年	2019 年	2020 年	2021 年
水果种植面积	**49968**	**51015**	**51541**	**42768**	**44603**	**43959**	**51423**	**52579**	**53213**
#柑桔	9135	9316	9503	8912	9279	8753	10325	10637	11106
龙眼	4643	4703	4714	3855	3964	4848	5862	5926	5884
荔枝	269	269	273	295	333	290	398	379	383
香蕉	1199	1226	1268	1041	1101	1021	1111	1155	1167
枇杷	6783	7034	7092	5629	5870	5176	5347	5540	5512
橄榄	7717	8169	8207	6519	6799	5990	7077	7194	7249
柿	2083	2062	2049	1313	1297	1257	1536	1663	1695
桃	1703	1701	1726	1557	1612	1623	2022	2081	2119
李	9682	9769	9902	7825	8057	8872	10347	10442	10308
柚	389	530	567	814	979	693	769	956	1069
梨	402	410	416	450	490	383	445	452	461
葡萄	763	737	744	665	745	708	820	889	880
杨梅	366	359	370	339	354	316	371	371	376

5-8 主要年份茶叶水果种植面积及产量

年份	茶叶		水果	
	种植面积（公顷）	产量（吨）	种植面积（公顷）	产量（吨）
1952	1141	248	2751	16377
1957	1812	322	4763	31506
1962	1611	198	4434	10970
1965	2205	290	5962	16306
1970	5052	579	4668	15023
1975	6678	1116	6555	12906
1978	7656	1237	7274	9348
1980	8428	1367	10061	16787
1985	8432	1997	22351	33667
1990	6652	2976	39332	101359
1995	8472	4942	48729	220343
2000	8131	7908	48032	250515
2001	7932	8312	46724	256930
2002	7822	8522	47473	256098
2003	8122	9074	46680	296572
2004	8150	10499	46386	291315
2005	8214	11434	45405	278591
2006	8133	12008	44826	290098
2007	8315	13143	44829	310090
2008	8895	15011	45758	320489
2009	8933	15537	46343	338370
2010	9179	16578	47035	348995
2011	9562	18168	47709	380241
2012	9794	19535	48665	410419
2013	10485	21934	49968	454596
2014	10754	24803	51015	496405
2015	10551	27461	51541	533792
2016	10403	32506	42768	727233
2017	10944	37627	44603	715830
2018	11144	40257	49652	775297
2019	11358	42399	51423	837424
2020	11613	44694	52579	899161
2021	11663	46660	53213	935953

5-9 水产品养殖面积

单位：公顷

项　　目	1995 年	2000 年	2005 年	2006 年	2007 年	2008 年	2009 年	2010 年	2011 年	2012 年
水产品养殖面积	**28579**	**42128**	**45565**	**46090**	**38458**	**42919**	**46587**	**48777**	**51434**	**54524**
海水养殖	**16924**	**29004**	**32910**	**33358**	**25625**	**29337**	**32151**	**33823**	**36108**	**38835**
# 鱼类	291	5528	1322	2856	2131	1978	1616	1722	1680	1772
虾蟹类	4048	3666	4791	5278	3111	5253	6828	6237	6503	8149
# 对虾	3696	2440	2838	2797	1505	2853	4718	4285	4288	5575
贝类	9466	15006	19009	19218	14670	15045	16724	17719	18791	19486
# 蛏	2140	3532	4179	3925	3082	2859	3491	3920	3958	4108
蛤	2135	2234	3434	3708	3199	3638	4008	4410	4727	4406
蚶	14	281	320	450	233	231	258	218	349	317
牡蛎	4316	8004	9433	9707	6745	6664	7310	7396	7802	8654
藻类	3052	4455	7439	5890	5635	7015	6942	8122	8998	9089
# 海带	963	1790	4320	3042	2984	3772	3630	4138	4670	4652
紫菜	2088	2660	2774	2423	2322	2810	2978	3087	3182	3361
在海水养殖中										
海上养殖	3441	12550	13621	13920	11032	12171	12368	13374	15380	16912
滩涂养殖	4394	5353	12384	12082	9185	10329	12573	13260	13236	13240
陆基养殖	9089	11101	6905	7356	5408	6837	7210	7189	7492	8683
淡水养殖	**11656**	**13124**	**12655**	**12732**	**12833**	**13582**	**14436**	**14954**	**15326**	**15689**
#池塘养殖	5008	5706	6265	6318	7053	7977	8344	9123	9656	10268
湖泊养殖	431	527	580	567	252	383	384	392	383	386
河沟养殖	2145	1579	1410	1398	1212	1173	1208	1076	1055	981
水库养殖	2768	4031	3226	3333	3237	2577	3194	3218	3027	2904

5-9 续表 单位：公顷

项　　目	2013 年	2014 年	2015 年	2016 年	2017 年	2018 年	2019 年	2020 年	2021 年
水产品养殖面积	**58042**	**60363**	**62770**	**62870**	**64323**	**66528**	**68464**	**67709**	**68479**
海水养殖	**41909**	**43490**	**45384**	**47179**	**48093**	**50497**	**51952**	**51023**	**51896**
# 鱼类	1988	2114	2348	2508	2221	2215	5489	2477	2544
虾蟹类	8133	8844	8741	8963	7873	7701	7737	7778	7817
# 对虾	5520	5949	5695						
贝类	20438	20918	21483	21783	22647	23875	25041	25027	25816
# 蛏	4401	4452	4573					5202	5285
蛤	4353	4293	4308					4904	4919
蚶	291	288	292					372	379
牡蛎	8969	9252	9357					10252	10454
藻类	9636	10007	10969	12031	13232	14535	14550	13588	13541
# 海带	5108	5224	5511					8148	8505
紫菜	3422	3553	3753					3663	3324
在海水养殖中									
海上养殖	17563	19062	20832	22673	22301	25771	27247	26047	26910
滩涂养殖	14946	15383	15272	14572	14227	13246	12915	12714	12219
陆基养殖	9400	9045	9280	9934	11565	11480	11790	12262	12767
淡水养殖	**16133**	**16873**	**17386**	**15691**	**16230**	**16031**	**16512**	**16686**	**16583**
#池塘养殖	10647	11083	11574	10919	11605	9754	10243	10555	10719
湖泊养殖	402	426	421	344	330	354	357	356	357
河沟养殖	932	930	961	828	806	614	633	614	619
水库养殖	3005	3077	3103	2808	2741	2762	2711	2711	2659

5-10 农林牧渔业增加值

（1993-2021 年）　　单位：万元

年 份	合 计	农 业	林 业	牧 业	渔 业
1993	530391	200661	29333	92902	217745
1994	728654	250044	36367	117058	327185
1995	985156	337342	39643	158543	449628
1996	1108933	358436	41132	194627	514738
1997	1209896	382462	46113	233862	547450
1998	1285522	406604	48932	239589	590397
1999	1348355	423332	46987	238460	639576
2000	1351822	414588	47807	227059	662368
2001	1326433	442508	18453	235020	630452
2002	1360280	458454	18666	238623	644536
2003	1436978	461564	40083	235797	699534
2004	1622965	507563	41238	284568	789596
2005	1747751	530105	42150	286787	879562
2006	1761368	535742	43668	228328	875200
2007	2042412	600093	48138	292118	1016137
2008	2364866	656183	60064	367846	1187171
2009	2420005	711384	63226	318786	1229252
2010	2827271	845058	82536	333246	1462704
2011	3250916	941011	97709	406109	1695517
2012	3677283	1055541	104765	401596	1998598
2013	4000506	1146797	116102	388157	2225132
2014	4290722	1303722	141120	382578	2331721
2015	3957600	1286900	151400	349100	2030600
2016	4388150	1430726	154555	384671	2269392
2017	4763961	1580850	151371	354416	2525597
2018	5112253	1711568	186009	322195	2729535
2019	5441200	1821933	220804	390507	2833552
2020	5791516				
2021	6568770				

5-11 主要年份农林牧渔业总产值

单位：万元

年 份	合 计	农 业	林 业	牧 业	渔 业
1952	12316	9734	215	1228	1139
1957	18524	12495	890	2359	2780
1962	24505	16424	768	2178	5135
1965	32123	21393	1258	4329	5143
1970	39840	24707	1826	5764	7543
1975	36946	24304	1733	4472	6437
1978	47780	31845	1633	5253	9049
1979	62811	42046	2262	7787	10716
1980	74270	49102	2888	9387	12893
1985	170781	85547	8224	33855	43155
1990	424801	188913	22070	94358	119460
1995	1594572	502701	55001	275179	761691
2000	2174225	618324	69349	394533	1092019
2001	2153911	659853	26811	411876	1055371
2002	2210770	642627	68257	419142	1080744
2003	2348379	694864	55839	417443	1180233
2004	2685206	765033	60794	504275	1355104
2005	2907871	807694	63837	510637	1510342
2006	2954837	819312	69142	419260	1512436
2007	3373580	909595	77095	524781	1719171
2008	3882381	986783	98312	652026	1987902
2009	3905017	1059683	104635	557430	2019414
2010	4490684	1245849	139343	576792	2353538
2011	5101213	1372681	166893	690931	2683597
2012	5681749	1524015	181242	674755	3104118
2013	6106056	1638180	203119	664922	3389830
2014	6452014	1848067	251521	645237	3484781
2015	6726873	1987472	247433	664211	3591819
2016	7497585	2213046	252929	746893	4032699
2017	8187916	2494826	247807	688435	4491292
2018	8767820	2701751	303986	628371	4848559
2019	9349221	2877620	361174	766221	5038794
2020	10008241	2947032	356723	1049911	5331436
2021	11222112	3075277	381349	1104556	6318744

5-12　主要年份农林牧渔业总产值指数

（以上年为 100）　　　　单位：%

年份	合计	农业	林业	牧业	渔业
1957	107.3	98.2	151.2	125.7	118.1
1962	112.0	112.0	82.5	120.1	113.3
1965	117.7	118.4		118.0	113.5
1970	122.7	129.3	148.1	137.7	102.7
1975	95.8	95.1	112.8	100.9	92.3
1978	114.9	109.9	113.0	128.4	121.2
1979	111.8	112.2	117.0	125.3	100.1
1980	103.7	102.4	111.4	105.2	105.0
1985	109.2	103.9	127.2	118.4	109.4
1990	104.9	100.0	106.3	104.7	111.1
1995	111.8	109.5	108.1	110.6	114.4
2000	103.3	100.1	104.3	101.0	105.8
2001	100.8	99.3	97.2	103.4	100.9
2002	103.9	103.4	95.5	102.1	105.7
2003	104.0	100.3	97.1	100.4	107.5
2004	105.1	101.2	106.2	104.4	107.9
2005	102.7	100.3	100.6	101.6	104.6
2006	104.1	102.7	104.5	100.2	106.3
2007	105.2	103.7	104.1	97.0	108.5
2008	105.6	102.3	107.9	105.7	107.3
2009	105.4	105.1	103.8	103.7	105.6
2010	104.1	102.7	109.0	103.4	104.7
2011	104.0	104.1	105.7	101.2	104.7
2012	104.8	103.4	101.2	104.6	104.7
2013	104.7	103.7	100.8	102.1	105.9
2014	104.7	103.9	112.8	97.9	105.9
2015	104.0	105.8	106.9	95.5	104.5
2016	102.6	103.8	105.4	97.2	102.5
2017	103.7	105.6	102.8	90.8	105.0
2018	104.3	104.3	107.8	98.5	105.1
2019	103.8	103.8	105.1	93.7	105.1
2020	104.1	104.0	106.2	103.0	104.1
2021	105.6	103.8	103.0	117.3	104.4

5-13 主要年份农林牧渔业总产值指数

（以1952年为100）

年 份	合 计	农 业	林 业	牧 业	渔 业
1952	100.00	100.00	100.00	100.00	100.00
1957	141.20	114.00	376.20	173.90	220.90
1962	121.60	95.50	209.30	103.50	263.00
1965	182.30	145.20	394.30	236.20	302.50
1970	193.00	140.90	476.00	262.00	369.60
1975	186.80	146.60	480.20	215.70	334.80
1978	236.70	188.30	438.30	245.40	455.80
1979	262.10	211.40	513.00	307.40	456.10
1980	271.90	216.50	571.20	323.30	478.70
1985	425.70	278.40	1563.90	684.50	827.80
1990	643.90	354.90	2059.10	1103.50	1573.80
1995	1168.60	465.40	4162.10	1834.90	3881.20
2000	1722.00	597.50	5152.70	2748.20	6258.00
2001	1735.20	593.20	5007.80	2841.10	6311.50
2002	1802.90	613.20	4780.00	2900.00	6671.00
2003	1907.60	656.50	2647.20	2945.70	7418.30
2004	2033.31	685.76	2858.55	3000.74	8096.90
2005	2055.44	654.16	2920.86	3054.01	8251.60
2006	2139.70	671.90	3052.30	3060.10	8771.50
2007	2251.00	696.60	3177.40	2968.30	9517.10
2008	2376.60	712.60	3427.80	3136.00	10207.10
2009	2504.94	748.94	3558.06	3252.03	10778.70
2010	2607.64	769.16	3878.28	3362.60	11285.30
2011	2711.95	800.70	4099.34	3402.95	11815.71
2012	2842.12	827.92	4148.53	3559.49	12371.05
2013	2975.70	858.56	4181.72	3634.23	13100.94
2014	3115.56	892.04	4716.98	3557.91	13873.90
2015	3240.18	943.78	5042.45	3397.81	14498.22
2016	3324.42	979.65	5314.74	3302.67	14860.68
2017	3447.43	1034.51	5463.56	2998.82	15603.71
2018	3595.67	1078.99	5889.71	2953.84	16399.50
2019	3732.30	1119.99	6190.09	2767.75	17235.87
2020	3885.32	1164.79	6573.88	2850.78	17942.54
2021	4102.90	1209.05	6771.09	3343.97	18732.01

5-14 农林牧渔业分项产值

单位：万元

项　　目	1995 年	2000 年	2005 年	2010 年	2015 年	2016 年
农林牧渔业总产值	**1648429**	**2174225**	**2907871**	**4490684**	**6726873**	**7497585**
一、农业产值	**502701**	**618324**	**807695**	**1245849**	**1987472**	**2213046**
# 粮食	195114	168471	237438			221205
蔬菜、瓜类	178363	260474	392981			1414676
茶、桑、果	43359	71974	96071			432532
二、林业产值	**55001**	**69349**	**63837**	**139343**	**247433**	**252929**
# 竹木采伐	16700	12223	31058			111245
林产品	33902	54278	28078			118017
林木培育和种植			4701			23667
三、牧业产值	**329036**	**394533**	**510637**	**576792**	**664211**	**746893**
# 猪	203631	225641	310332			415433
家禽饲养	51994	64229	158607			253204
狩猎和捕捉动物	174	513	749			925
其他畜牧业	5678	7819	10431			38474
四、渔业产值	**761691**	**1092019**	**1510342**	**2353538**	**3591819**	**4032699**
海水产值	447740	753290	1130325			3473697
淡水产值	313951	338729	380017			559003

注：1.本表中 2010 起年粮食产值包括谷物及其他农作物产值；蔬菜、瓜类类产值包括蔬菜、食用菌及花卉盆景园艺产品产值。
2.本表中 2004 年起茶、桑、果产值包括水果、坚果、饮料和香料作物的产值。

5-14 续表

单位：万元

项　　目	2017年	2018年	2019年	2020年	2021年
农林牧渔业总产值	**8187916**	**8767820.13**	**9349221.49**	**10008241**	**11222112**
一、农业产值	**2494826**	**2701750.74**	**2877619.71**	**2947032**	**3075277**
# 粮食	274329	273434.49	291969.48	214751	205411
蔬菜、瓜类	1541026	1625769.28	1769850.42	1787214	1885935
茶、桑、果	525080	673526.2	759808.64	831055	864030
二、林业产值	**247807**	**303985.5**	**361174.23**	**356723**	**381349**
# 竹木采伐	116865	41102.83	151530.84	137377	142224
林产品	104491	151728.53	158679.95	158638	175329
林木培育和种植	26452	111154.13	50963.44	60708	63796
三、牧业产值	**688425**	**628370.95**	**766220.74**	**1049911**	**1104556**
# 猪	327737	302496.02	367762.9	597125	547259
家禽饲养	259184	234433.36	275314.41	321444	406587
狩猎和捕捉动物	1061	961.05	909.89	141	135
其他畜牧业	12280	18484.09	32676.09	31060	39272
四、渔业产值	**4491292**	**4848558.93**	**5038794.13**	**5331436**	**6318744**
海水产值	3893661	4118052.25	4248439.17	4521079	5347819
淡水产值	597630	730506.69	790354.95	810357	970925

5-15 主要年份粮食总产量及单位播种面积产量

年　份	粮食总产量（吨）	#稻谷	粮食单产（公斤/亩）	#稻谷
1952	607376	434326	154	153
1957	655981	450829	156	160
1962	523324	353333	137	144
1965	802162	577140	207	220
1970	827816	603764	208	221
1975	834994	621476	203	214
1978	989434	752856	240	262
1980	1081911	837805	272	305
1985	1007395	832555	298	334
1990	1226972	948202	306	369
1995	1351140	1023769	341	404
2000	1403843	1021520	367	431
2001	1247727	897823	362	423
2002	1222864	885947	370	431
2003	1086208	789352	364	421
2004	1058508	770233	371	427
2005	974376	693882	361	413
2006	986935	701045	368	419
2007	640500	454673	347	367
2008	637721	435306	349	373
2009	619245	411649	348	373
2010	606916	392600	349	379
2011	599800	389932	353	385
2012	559950	363650	349	382
2013	555280	354807	352	387
2014	553738	342535	356	389
2015	462900	267000	356	383
2016	444274	242525	356	379
2017	447203	234748	361	381
2018	459428	235085	370	392
2019	468813	234860	363	402
2020	485445	238155	375	405
2021	489842	239864	378	407

5–16 各类粮食产量

单位：吨

项　　目	1995年	2000年	2005年	2006年	2007年	2008年	2009年	2010年	2011年	2012年
总　计	**1351140**	**1403843**	**974376**	**986935**	**640500**	**637721**	**619245**	**606916**	**599800**	**559950**
按收获季节分										
春收粮食	74589	91596	50245	49627	27571	30788	33308	33125	34153	34505
夏收粮食	461809	465299	282657	266986	133328	127189	124114	110757	112545	108716
秋收粮食	814742	846948	641474	670322	479601	479744	461823	463034	453102	416729
按品种分										
稻谷	1023769	1021520	693882	701045	454673	435306	411649	392600	389932	363650
早稻	448473	446374	263967	249425	122171	115086	111070	96932	98119	93680
中稻和一季晚稻	200591	210388	227865	240983	197065	192259	195453	190031	181613	171621
双季晚稻	374705	364758	202050	210637	135437	127961	105126	105637	110200	98349
大小麦	41219	30845	9	22	856	1165	6	6	6	
#小麦	25682	18855	9	19	856	1165	6	6	6	
甘薯	228878	258093	199171	206371	141101	152841	154247	159373	152457	136726
马铃薯	24521	46072	44237	43736	27932	29442	34332	34269	35326	36028
杂粮	3146	5083	6152	5776	5071	5656	5743	6755	7468	8456
大豆	15381	18877	16386	16388	8789	9561	10609	11064	11766	12175

5-16 续表 单位：吨

项 目	2013年	2014年	2015年	2016年	2017年	2018年	2019年	2020年	2021年
总 计	**555280**	**553738**	**462900**	**444274**	**447203**	**459428**	**468813**	**485445**	**489842**
按收获季节分									
春收粮食	35426	36706		47827	47396	47989	54053	56784	56733
夏收粮食	106459	103753		72160	62293	58975	51411	60018	60406
秋收粮食	413395	413279		327533	337514	352464	353463	368643	372703
按品种分									
稻谷	354807	342535	267000	242525	234748	235085	234860	238155	239864
早稻	90862	87230	68000	61453	48091	44184	43132	43464	43577
中稻和一季晚稻	168074	165442	130000	121283	123959	125669	125925	128038	129424
双季晚稻	95871	89863	69000	59789	62698	65232	65803	66653	66863
大小麦									
#小麦									
甘薯	138912	146420	132600	134517	141775	150003	155123	161998	164337
马铃薯	36949	38258	44300	48044	50096	51279	53684	56450	56160
杂粮	9231	10238	11165	7174	7717	8516	9292	10031	10306
大豆	12333	13046	14298	8086	8573	10005	10323	11120	11415

5-17 主要年份经济作物总产量及单位播种面积产量

年 份	总产量（吨）				单 产（公斤/亩）			
	油 料	花 生	甘 蔗	烤 烟	油 料	花 生	甘 蔗	烤 烟
1952	18626	16849	24450	120	94	106		73
1957	15622	14323	39379	35	69	79	3083	55
1962	9966	9293	10964	48	61	67	1928	45
1965	18795	16059	79266	31	87	102	3705	2
1970	15835	19492	52931	7	97	144	2952	27
1975	18341	15301	34936	70	85	111	3033	62
1978	17433	13280	92962	207	71	92	4024	75
1980	21119	13351	182324	149	64	87	4852	73
1985	25765	24173	469378	1939	123	137	4384	85
1990	28378	25542	244966	905	114	134	4219	77
1995	33624	32596	92618	567	148	155	3733	80
2000	32992	31998	33792	848	141	145	3097	100
2001	32926	32206	32516	841	140	142	3054	113
2002	35530	34994	39268	806	152	155	3219	101
2003	34365	34200	43008	853	139	139	3208	104
2004	40772	40603	38358	28	151	151	3271	88
2005	40013	39828	38296	29	151	151	3319	91
2006	39535	39363	37253	29	145	146	3314	91
2007	46149	45997	16821	23	154	154	3168	99
2008	44819	44642	26470	9	155	155	4010	95
2009	45557	45230	25718	9	151	152	3961	105
2010	45887	45407	26329	1	152	152	3927	91
2011	47158	46641	25448		153	154	3841	
2012	49030	48486	20853		154	155	3340	
2013	50891	50307	23768		157	157	3690	
2014	53205	52563	23958		158	159	3728	
2015	56380	55638	23936		160	161	3797	
2016	45399	43343	36580		157	160	3780	
2017	45731	43548	36858		163	166	3801	
2018	50052	46972	34274		162	166	4331	
2019	52167	49358	35701		165	168	4347	
2020	53931	51370	37384		166	168	4385	
2021	56106	53110	39739		169	172	4391	

5-18 茶叶水果食用菌蔬菜产量

项目	1995 年	2000 年	2005 年	2006 年	2007 年	2008 年	2009 年	2010 年	2011 年	2012 年
蔬菜（含菜用瓜）总产量								**2886807**	**2995006**	**3119483**
茶叶产量	**4942**	**7908**	**11434**	**12008**	**13143**	**15011**	**15537**	**16578**	**18168**	**19535**
#绿毛茶	4926	7855	9707	11144	12260	13757	14228	16550	16471	17546
乌龙茶			528	742	883	1217	1308			
水果产量	**220343**	**250515**	**278591**	**290098**	**310090**	**320489**	**338370**	**348995**	**380241**	**410419**
#柑桔	132883	110975	87131	90676	92719	95438	99908	108039	113906	119769
龙眼	2508	11202	17859	16645	18941	18834	20660	21310	22258	25321
荔枝	916	1363	1925	2125	1962	1951	2041	2218	2552	2401
香蕉	5391	6010	12179	13010	13755	14136	13802	14146	14447	15658
枇杷	8719	16883	13710	28310	31419	33219	26884	29522	32966	35718
菠萝		36	36	36	36	36	36	36	36	36
橄榄	3795	9981	18762	19408	21350	29734	35866	39530	45974	53402
柿	3850	9360	13098	13998	13681	14509	14546	16299	16841	17728
桃	10393	9861	13006	12718	13857	15055	16684	17382	17857	17771
李	25196	25966	49165	39560	48630	44399	51794	43945	53665	62062
柚	173	897	1745	1776	1757	1923	2957	3935	4096	4165
梨	2979	3985	4357	4537	4883	5082	5295	5405	5559	5558
苹果		1	15	15	15	16	15	15		
葡萄	8507	11916	6219	14076	13719	13816	14550	14769	16095	17017
杨梅	701	1148	1581	1703	1805	1856	1985	1975	1979	2004
食用菌产量	**29909**	**34419**	**62537**	**72455**	**79217**	**87944**	**98351**	**106678**	**116858**	**130842**
#香 菇	9317	12877	9471	10245	10608	12060	12618	13175	14121	14785
蘑 菇	18042	14751	19006	10631	21526	22408	22231	22798	24034	24138
黑木耳	947	1691	4236	4203	4508	5087	5699	6033	6315	6782
白木耳	401	1105	1343	1378	1482	1674	1781	1813	1853	1797
平菇类(含袖珍菇.凤尾菇等)								50525	55727	63713

5-18 续表 单位：吨

项目	2013年	2014年	2015年	2016年	2017年	2018年	2019年	2020年	2021年
蔬菜（含菜用瓜）总产量	**3236711**	**3422325**	**3599961**	**3506533**	**3706574**	**3903627**	**4106955**	**4289749**	**4476953**
茶叶产量	**21934**	**24803**	**27461**	**32506**	**37627**	**40257**	**42399**	**44694**	**46660**
#绿毛茶	17813	19549	21113	25276	27507	29274	30553	31685	33157
乌龙茶									
水果产量	**454596**	**496405**	**533792**	**635038**	**715830**	**775297**	**837424**	**899161**	**935953**
#柑桔	128852	138007	145442	158421	167130	198025	209731	223346	241242
龙眼	24327	27203	29601	24749	27254	48821	55948	59879	61201
荔枝	2327	2414	2532	3111	4164	5669	6338	6398	6636
香蕉	16516	17709	19105	18531	20590	21578	23853	25220	26473
枇杷	40010	43090	46878	89655	101061	98768	104777	112625	112076
菠萝	34								
橄榄	56869	68263	71985	72341	81545	102647	109993	120193	128340
柿	19171	19978	21334	13716	12937	13875	16206	18884	20299
桃	19281	20635	22824	23341	24430	30914	34712	36590	38979
李	78933	86171	95028	79289	90486	142293	145988	159244	156593
柚	5779	8048	9554	18104	21272	20100	20192	23664	26249
梨	5713	6022	6285	7577	8639	7603	8444	8840	9087
苹果									
葡萄	19427	18439	18832	18901	19630	20847	22852	23810	24143
杨梅	2118	2234	2399	7407	8349	7331	8398	8715	8977
食用菌产量	**145024**	**153530**	**173993**	**185729**	**208220**	**223740**	**239383**	**257271**	**267567**
#香 菇	15401	16616	17897	18164	18738	19906	21261	24028	25003
蘑 菇	24351	25389	26773	26199	28561	26842	28005	28221	26910
黑木耳	7733	8349	8813	9496	10620	11364	12032	12484	13145
白木耳	1479	1578	1643	1726	1871	1966	2135	2231	2338
平菇类（含袖珍菇.凤尾菇等）	68958	73572	89516	100407	114833	126770	133557	144959	152028

5-19 主要年份林业 牧业 水产品生产情况

年　份	造林面积（公顷）	猪牛羊肉产量（吨）	猪出栏数（头）	水产品产量（吨）
1952	5828		220146	52718
1957	14034		433618	99877
1962	7858		183119	96056
1965	26001		526678	127761
1970	30130		521406	139001
1975	22790		599998	129771
1978	20891		671865	153731
1980	22453		755444	156087
1985	31750		927279	265359
1990	36341	94566	928283	440433
1995	4530	177027	2006653	804394
2000	3469	198081	2561742	1462961
2001	2398	213177	2759628	1459291
2002	3397	216571	2829732	1508296
2003	2433	216918	2881159	1617731
2004	2925	222732	2955053	1685635
2005	2228	233068	3094176	1712836
2006	3601	238382	3148552	1740456
2007	7564	170796	2154173	1538387
2008	5895	196660	2456643	1648255
2009	6012	209465	2658355	1691129
2010	4839	216853	2756838	1771046
2011	26246	221280	2821030	1847918
2012	6833	236989	3062932	1962207
2013	10013	243318	3095043	2076954
2014	4389	233807	2935448	2187393
2015	4729	211700	2514700	2216700
2016	4119	209089	2472644	2316750
2017	4359	152812	1799879	2457839
2018	7596	148060	1748536	2583963
2019	1629	129667	1530834	2715228
2020	12013	132474	1536429	2837470
2021	1097	173220	2096380	2971828

5-20 造林面积

单位：公顷

项目	1995年	2000年	2005年	2006年	2007年	2008年	2009年	2010年	2011年	2012年
当年造林面积	4530	3469	2228	3601	7564	5894	6012	4839	26246	6833
#用材林	3276	1636	1321	2485	1251	3779	3332	2397	16219	2738
经济林	310	482	33	51	55	173	474	620	1703	1977
防护林	1903	1295	864	1016	1876	1908	2207	2294	8286	2119
薪炭林	2592	55	9	48	6					
人工促进天然林更新面积	3551	4702	9650	8223	4908		1512	2432	8644	3411
零星植树（万株）	20	6	252	12	142	152	165	7	56	457
育苗面积	24	35	27	31	31	41	42	44	27	289
幼林抚育作业面积	41478	9692	7792	9749	11972	12259	13805	14820	41599	70730
成林抚育作业面积	14683	6360	2397	1598	1410	1149	2027	13277	14506	41414

注：1985年以前造林面积成活率45%以上统计，1986年及以后各年成活率85%以上统计；2011年数据不含平潭。

5-20 续表 单位：公顷

项 目	2013 年	2014 年	2015 年	2016 年	2017 年	2018 年	2019 年	2020 年	2021 年
当年造林面积	10013	4389	4729	4119	4359	7596	1629	1130	1097
#用材林	5738	2436	6963	2069	1244	293	435	3	
经济林	572	214	182		48	233	113	2	
防护林	3501	1688	6250	1074	609	185	916	924	735
薪炭林	202			70	199		165	95	250
人工促进天然林更新面积	7615	492	1762	1458	1759	1453	1475	1113	1182
零星植树（万株）	649	634	1018	950	1200	1234	1341	1388	1284
育苗面积	383	1190	1011	1163	1188	1467	1757	1804	1469
幼林抚育作业面积	50279	45385	11310	17683	22551	20672	21481	29515	16821
成林抚育作业面积	36347	39837	20677	17683	46313	57355	63920	68043	69658

5-21　主要林产品产量

项　　目	1995年	2000年	2001年	2002年	2003年	2004年	2005年	2006年	2007年	2008年	2009年	2010年
木材采伐产量（立方米）	123885	77034	77597	76669	183494	187167	149259	161922	702337	665705	714887	791697
竹材采伐产量（万根）	1889	1236	979	1101	296	1088	1267	2028	2401	2696	2853	2943
油桐籽	936	2422	2297	2444	2600	2575	2726	2535	2646	2793	2922	3040
油茶籽	3620	5600	5161	5463	5523	6039	6312	6675	7145	7976	8895	10167
棕片	752	1944	1899	2103	2119	2245	2481	2719	2787	2809	2967	3429
松脂	591	983	1048	1003	1039	1076	1199	1332	1405	1449	1539	1839
笋干	2051	5527	5424	5494	5285	5504	6557	7342	8256	9600	10392	11874
板栗	138	2362	1894	2344	2371	2572	3043	3718	3845	4493	4666	5213
紫胶		32	32						106	98	106	102
山苍籽	101	207	191	191	277	334	372	429	459	495	531	573

注：本表2004年木材采伐产量不含崭材；竹材采伐产量含毛竹、篙竹；2003年起为全社会口径，其他年份为村及村以下口径。

5-21 续表

单位：吨

项 目	2011 年	2012 年	2013 年	2014 年	2015 年	2016 年	2017 年	2018 年	2019 年	2020 年	2021 年
木材采伐产量（立方米）	652785	765869	786839	916617	878455	824351	1070485	1100543	1182914	1258129	1255455
竹材采伐产量（万根）	2970	3388	3909	7671	8118	9251	9010	10460	10946	13286	14339
油桐籽	3166	3299	3471	3534	3199	3735	3637	3932	3993	4178	4321
油茶籽	11206	13301	15237	17314	19862	22527	28742	36315	41017	47382	51109
棕片	3447	3647	3769	3810	3734	3822	3504	3437	3452	4064	4047
松脂	1837	1866	1923	1923	1935	1938	2015	2091	2057	2319	2336
笋干	12783	14021	15551	17471	19773	22958	25011	27521	29217	31537	32924
板栗	5454	5791	5954	6526	6981	7468	3047	3309	3893	4518	4849
紫胶											
山苍籽	572	606	634	659	691	713	722	741	732	415	414

5-22 主要畜禽产品产量

项　　目	单 位	1995 年	2000 年	2005 年	2006 年	2007 年	2008 年	2009 年	2010 年	2011 年	2012 年
肉类产量	吨	210142	245787	283425	287798	201723	230900	244802	253058	257969	269037
# 猪肉	吨	172233	192111	226284	231361	164561	189903	202559	209716	213770	229038
牛肉	吨	2088	2708	2494	2378	2169	2286	2269	2344	2482	2620
羊肉	吨	2706	3262	4290	4643	4066	4471	4637	4793	5028	5331
禽肉	吨	30865	44868	47197	46422	27516	30701	32133	33058	33370	28663
兔肉	吨	2250	2838	3160	2994	3411	3445	3103	3142	3319	3385
牛奶产量	吨	34138	38539	40032	36655	22522	24759	24452	22067	21733	19108
蜂蜜产量	吨	836	775	907	836	1050	957	1038	1069	1127	1164
禽蛋产量	吨	91500	152478	155656	156899	137300	115166	117792	120547	123007	126660
肉猪出栏数	头	2006653	2561742	3094176	3148552	2154173	2456643	2658355	2756838	2821030	3062932
肉羊出栏数	头	215065	262579	331407	364472	318458	348641	361440	373413	392052	413137
肉牛出栏数	头	18775	27609	25015	25071	21009	22395	22322	23039	24391	25677
家禽出栏数	只	25445259	34309369	35730267	35156291	19909745	21209931	22220499	23099853	23792849	19524862
家兔出栏数	只	1756271	2275287	2389477	2252492	2302779	2331491	2201494	2242233	2376219	2435816

5-22 续表

项　　目	单 位	2013 年	2014 年	2015 年	2016 年	2017 年	2018 年	2019 年	2020 年	2021 年
肉类产量	吨	275581	262571	247700	248191	193333	181839	167105	169834	210119
# 猪肉	吨	234726	224281	203500	200899	143979	139403	120247	122702	163484
牛肉	吨	2912	3247	2600	2442	2904	3102	3346	3412	3525
羊肉	吨	5680	6279	5600	5748	5929	5555	6074	6360	6211
禽肉	吨	28615	24961	33900	36805	38210	31493	34420	34412	34029
兔肉	吨	3648	3803	3971	1927	1768	1774	2265	2317	2224
牛奶产量	吨	16941	17446	6400	5794	5587	6679	6119	6112	7448
蜂蜜产量	吨	1223	1263	1454	1614	1998	2260	2307	2502	2660
禽蛋产量	吨	106316	102057	120700	125414	124480	113301	108201	118560	123356
肉猪出栏数	头	3095043	2935448	2514700	2472644	1799879	1748536	1530834	1536429	2096380
肉羊出栏数	头	432972	471593	418300	422061	434734	401038	438216	457336	446528
肉牛出栏数	头	27699	30629	24300	22963	26927	28223	30099	31101	32280
家禽出栏数	只	19510455	16794211	23607300	25917006	24745732	20387233	22754360	22743411	22624081
家兔出栏数	只	2576273	2668774	2790769	1339218	1155749	1159765	1419244	1331545	1371140

5-23 年末畜禽存栏数

项　　目	单　位	1995年	2000年	2005年	2006年	2007年	2008年	2009年	2010年	2011年	2012年
大牲畜	头	125733	108228	96365	89841	68687	70946	70083	69050	71188	72329
牛	头	125730	108226	96363	89792	66141	70946	70083	69050	71188	72329
#乳牛	头		8868	9998	8112	4919	5904	7637	7168	8082	7300
#役畜	头	84434	64978	50832	46918	33037	21057	19556	19018	18958	18142
猪	头	1267342	1472923	1519169	1587448	1647877	1725669	1730479	1759074	1827694	1867715
#能繁殖母猪	头	25083	76349	98084	95397	131028	145494	161986	166887	172215	191235
羊	只	193419	193741	240842	255442	229208	248361	250494	259029	267577	283624
蜜蜂箱数	箱	41242	42655	42613	41634	48861	44620	46014	46805	48275	47922
家兔	只	1139739	1237035	1227390	1257436	1349558	1255941	1274911	1296344	1362616	1298219
家禽	只	15917782	17547471	18172230	17622955	15249057	13155578	13788580	14243604	14685156	13617748

5-23 续表

项　　目	单 位	2013 年	2014 年	2015 年	2016 年	2017 年	2018 年	2019 年	2020 年	2021 年
大牲畜	头	74759	74817	47400	43168	51597	49538	39573	—	—
牛	头	74759	74817	47400	43168	51597	49538	39573	42713	42958
#乳牛	头	7014	7253	7434	2709	2226	2584	2780	2802	3418
#役畜	头	17395	16909	16737	22550	28828	23866	17796	—	—
猪	头	1788827	1622463	1455300	947477	1072934	915495	711836	1077164	1199574
#能繁殖母猪	头	180990	160121	153668	98662	119013	84170	62750	108276	123335
羊	只	293696	311379	270100	263676	238503	232988	269077	274696	268031
蜜蜂箱数	箱	49407	47597	49614	39230	34414	28285	29740	36666	53384
家兔	只	1310769	1371453	1486117	613182	545580	568336	737093	811042	716371
家禽	只	13232381	11658765	13761500	12766058	13198073	10551197	10954453	12222454	12367842

5-24 淡水产品产量

单位：吨

项目	1995年	2000年	2005年	2006年	2007年	2008年	2009年	2010年	2011年	2012年
淡水产品产量	**83082**	**149340**	**159158**	**165612**	**185383**	**166919**	**179006**	**186610**	**198648**	**206357**
#鱼类	77359	118596	128496	134808	163319	140378	153152	156261	160887	163063
虾蟹类	472	1516	6867	7210	8124	9974	9189	15435	20701	25116
贝类	4062	27728	22387	22412	12505	15121	15364	13873	15924	16531
淡水养殖产量	78234		145212	190995	168290	152518	164951	172786	184179	191974
#池塘			98722	94770	128395	115745	127087	142124	150153	155874
水库			16455	49995	17599	15467	16650	16304	17100	18790
河沟			10230	20970	5727	7939	8360	6407	6160	6488
湖泊			4286	8505	913	2841	2906	3210	3203	3439

5-24 续表

单位：吨

项目	2013 年	2014 年	2015 年	2016 年	2017 年	2018 年	2019 年	2020 年	2021 年
淡水产品产量	**221966**	**240085**	**253818**	**193806**	**221282**	**228843**	**258899**	**262993**	**271550**
#鱼类	175307	190048	191534	154511	165978	180392	199442	202890	210081
虾蟹类	27652	30772	33427	30516	33338	37412	43653	45578	46032
贝类	17061	17230	12022	6974	7517	8998	14313	13334	14201
淡水养殖产量	207581	225383	239006	193806	208493	228843	245522	249104	256694
#池塘	168932	183306	194460	160611	174871	132142	144119	150224	159186
水库	20062	21889	24111	19724	16938	16519	16733	16861	15480
河沟	7414	7962	8479	6571	7576	7409	7746	7886	8051
湖泊	3547	3660	3790	2802	2837	3125	3508	3272	3267

5–25 海水产品产量

单位：吨

项　　目	1995 年	2000 年	2005 年	2006 年	2007 年	2008 年	2009 年	2010 年	2011 年	2012 年
海水产品产量	**721312**	**1313621**	**1553678**	**1574844**	**1353005**	**1481336**	**1512123**	**1584436**	**1649270**	**1755850**
#鱼类	486701	582172	699645	679973	543664	635820	636565	648748	648626	664080
虾蟹类	28419	52964	67559	73181	63413	83613	91625	99484	105916	122602
贝类	134777	555200	623718	650981	574586	553018	553018	598123	632268	668978
藻类	66278	116223	146062	153454	157409	192757	189310	207371	226250	247604
#海水养殖产量	194312	673686	797615	842736	752956	799279	825603	879635	946091	1024919
#鱼类			34799	40396	41603	41256	46286	48434	53978	60913
虾蟹类			14535	17621	13733	21303	27111	32620	38553	51090
贝类			601799	631238	525041	543808	562471	591066	625455	661636
藻类			145972	153344	172514	192757	189285	207306	226205	247554

5-25 续表 单位：吨

项　　目	2013 年	2014 年	2015 年	2016 年	2017 年	2018 年	2019 年	2020 年	2021 年
海水产品产量	**1854988**	**1947308**	**2028361**	**2285864**	**2236557**	**2341925**	**2456329**	**2574477**	**2700278**
#鱼类	690520	701898	684761	815015	860478	658806	615854	693471	748349
虾蟹类	130436	143028	144960	157691	159653	152199	153510	167933	157769
贝类	717098	761383	787799	860956	906024	989823	1058987	1061331	1108239
藻类	271401	284667	326401	373996	419301	455542	473376	492053	500575
#海水养殖产量	1107384	1189546	1282872	1425062	1513738	1639136	1732959	1772772	1831849
#鱼类	66319	82589	99139	108485	98675	97481	106496	121256	122280
虾蟹类	52507	61836	69332	80316	85423	82525	86888	89838	91877
贝类	710570	753613	780776	854658	900602	983315	1052102	1054933	1102160
藻类	270951	283967	325376	373620	419301	455492	473326	492053	500575

5-26 按县（市）区分农林牧渔业总产值

（2021 年）　　单位：万元

县（市）区	农林牧渔业总产值		# 农业产值	林业产值	牧业产值	渔业产值
	数 值	比上年增长（%）				
福州市	11222112	5.6	3075277	381349	1104556	6318744
仓山区	35386	0.5	26875			1763
晋安区	140727	5.6	94108	7441	33583	1417
马尾区	228729	6.3	36871	1526	25490	164295
长乐区	1239202	5.9	286897	1832	109267	813273
福清市	2238129	6.0	634830	3478	332078	1165322
闽侯县	882256	6.2	588918	19257	194207	41830
连江县	3093270	5.8	116355	8883	90217	2820146
罗源县	979298	5.8	244280	14130	72957	612577
闽清县	628821	5.7	449409	60408	90748	22359
永泰县	985193	5.4	562930	263048	115265	28191
平　潭	771101	2.4	33804	1346	40743	647569

5-27 按县（市）区分主要农产品产量

（2021 年）

单位：吨

县（市）区	粮食总产量		油料总产量		蔬菜总产量	
	数值	比上年增长（%）	数值	比上年增长（%）	数值	比上年增长（%）
福州市	489842	0.9	56106	4.0	4476953	4.4
仓山区					35743	-9.6
晋安区	4015	0.0			151560	2.6
马尾区	1507	-6.1	65	25.0	42403	0.4
长乐区	70779	1.6	1978	3.1	688604	6.2
福清市	108120	1.0	33221	3.0	817123	3.1
闽侯县	58301	0.5	2495	5.0	1257320	5.5
连江县	42552	1.3	834	3.5	121492	1.3
罗源县	34330	1.0	332	6.8	146792	5.4
闽清县	53994	1.0	3042	2.5	515326	3.2
永泰县	97435	0.8	7348	12.8	638278	5.2
平　潭	18809	-0.7	6791	1.0	62312	0.8

5-27 续表1　　（2021年）　　单位：吨

县（市）区	水果总产量		茶叶总产量		禽蛋总产量		牛奶总产量	
	数　值	比上年增长（%）	数　值	比上年增长（%）	数　值	比上年增长（%）	数　值	比上年增长（%）
福州市	**935953**	**4.1**	**46660**	**4.4**	**123356**	**4.0**	**7448**	**21.9**
仓山区					—	—	—	—
晋安区	6800	22.4	2399	9.8	1591	27.3	—	-100.0
马尾区	10792	-1.7			1509	1.8	94	-4.1
长乐区	42552	5.1	167	8.4	17086	7.0	659	6.1
福清市	141417	4.3	472	-11.9	38797	-1.1	5648	35.4
闽侯县	180598	6.1	2006	8.1	19469	4.1	850	1.1
连江县	27265	-4.2	12805	1.8	8894	5.2	25	-54.5
罗源县	64506	4.7	8674	5.5	10767	6.2	99	-45.0
闽清县	191248	6.6	3737	6.2	18462	14.9	44	0.0
永泰县	267839	1.5	16400	4.8	4767	3.0	29	3.6
平　潭	2936	1.2			2014	-24.2	—	—

5-27 续表 2　　（2021 年）　　单位：吨

县（市）区	肉类总产量		水产品产量		海水产品产量	
	数　值	比上年增长（%）	数　值	比上年增长（%）	数　值	比上年增长（%）
福州市	**210119**	**23.7**	**2971828**	**4.7**	2700278	**4.9**
仓山区	—	—	2926	-9.9	50	-9.1
晋安区	7796	6.4	773	0.4		
马尾区	5925	35.6	186390	22.3	176719	23.9
长乐区	21451	13.3	201198	5.1	118845	3.6
福清市	60863	50.8	567041	2.1	456416	2.5
闽侯县	40024	28.9	22594	4.0	2550	0.0
连江县	17207	14.4	1281199	4.8	1275163	4.9
罗源县	12960	1.7	221202	4.0	201621	3.9
闽清县	16442	10.4	7650	4.5		
永泰县	18125	5.8	11757	4.6		
平　潭	9325	17.0	469098	2.6	468914	2.6

5-28 按县（市）区分年末畜禽存栏数

（2021 年）

县（市）区	猪		牛		羊		兔		禽	
	年末存栏（头）	比上年增长（%）	年末存栏（头）	比上年增长（%）	年末存栏（头）	比上年增长（%）	年末存栏（头）	比上年增长（%）	年末存栏（头）	比上年增长（%）
福州市	**1199574**	**11.4**	**42958**	**0.6**	**268031**	**-2.4**	**716371**	**-11.7**	**12367842**	**1.2**
仓山区	—	—	—	—	—	—	—	—	—	—
晋安区	30157	16.0	891	74.4	2911	23.6	1189	68.4	243100	32.6
马尾区	23056	17.4	147	-2.6	718	0.0	—	—	200444	0.0
长乐区	100069	7.1	5190	11.3	6677	3.0	66415	6.0	904996	4.2
福清市	394195	16.9	8846	-14.0	55814	-18.6	80885	-61.1	2292134	9.1
闽侯县	200419	4.8	9013	5.7	61149	2.5	192068	3.9	3307141	0.6
连江县	119451	15.5	3534	2.1	21495	-2.7	86699	3.8	870909	-12.1
罗源县	68319	4.7	6088	2.4	29094	5.1	110984	4.1	1034901	6.1
闽清县	87498	8.5	2275	7.5	16581	-0.2	33100	8.9	2034377	-8.2
永泰县	82260	7.3	3881	0.4	62191	5.0	135853	7.1	1291531	10.2
平　潭	94150	12.3	3093	-2.9	11401	0.5	9178	21.0	188309	-17.2

5–29 按县（市）区分粮食播种面积和产量

（2021 年）　　单位：亩、吨

县（市）区	粮食作物		春收粮食		夏收粮食		秋收粮食	
	播种面积	总产量	播种面积	总产量	播种面积	总产量	播种面积	总产量
福州市	**1294892**	**489842**	**187667**	**56733**	**185166**	**60406**	**922059**	**372703**
晋安区	8668	4015			269	70	8399	3945
马尾区	4205	1507	820	192	743	221	2642	1094
长乐区	173047	70779	60057	19427	33249	12795	79741	38557
福清市	284553	108120	25059	6498	71468	25137	188026	76485
闽侯县	165378	58301	22674	6474	26544	6766	116160	45061
连江县	108207	42552	8917	2502	16328	5004	82962	35046
罗源县	93467	34330	6376	1640	2440	423	84651	32267
闽清县	143229	53994	13400	3503	9955	3114	119874	47377
永泰县	259004	97435	43191	13046	22311	6508	193502	77881
平　潭	55134	18809	7173	3451	1859	368	46102	14990

主要统计指标解释

乡镇个数 指农村中经省、自治区、直辖市人民政府批准成立的乡一级行政区划的数量。不包括城关镇、城市街道办事处、工矿区。

村委会个数 指农村中经上级政府批准，按居住地区设立的基层群众性自治组织的个数，含城关镇中的村。

乡村户数 是指长期（一年以上）居住在乡镇（不包括城关镇）行政管理区域内的住户，还包括居住在城关镇所辖行政村范围内的农村住户。户口不在本地而在本地居住一年及以上的住户也包括在本地农村住户内；有本地户口，但举家外出谋生一年以上的住户，无论是否保留承包耕地都不包括在本地农村住户范围内。不包括乡村地区内的国有经济的机关、团体、学校、企业、事业单位的集体户。

乡村劳动力资源数 指乡村人口中劳动年龄以上（16 周岁）能够参加生产经营活动的人员。

乡村从业人员 指乡村人口中 16 岁以上实际参加生产经营活动并取得实物或货币收人的人员，既包括劳动年龄内经常参加劳动的人员，也包括超过劳动年龄但经常参加劳动的人员。但不包括户口在家的在外学生、现役军人和丧失劳动能力的人，也不包括待业人员和家务劳动者。从业人员按从事主业时间最长（时间相同按收入）分为农业从业人员、工业从业人员、建筑业从业人员、交运仓储及邮政业从业人员、信息传输、计算机服务和软件业从业人员、批发与零售业从业人员、住宿和餐饮业从业人员、其他行业从业人员。

耕地 指种植农作物的土地，包括熟地，新开发、复垦、整理地，休闲地（含轮歇地、轮作地）；以种植农作物（含蔬菜）为主，间有零星果树、桑树或其他树木的土地；平均每年能保证收获一季的已垦滩地和海涂。耕地中包括南方宽度<1.0 米、北方宽度<2.0 米固定的沟、渠、路和地坎（埂）；临时种植中草药材、草皮、花卉、苗木等的耕地，以及其他临时改变用途的耕地。

农用化肥施用量 指本年度内实际用于农业生产的化学肥料数量，包括氮肥、磷肥、钾肥和复合肥。化肥施用量要求按折纯量计算数量，折纯量是指把氮肥、磷肥、钾肥分别按含氮、含五氧化二磷、含氧化钾的百分之百成分进行折算后的数量。复合肥按其所含主要成分折算。计算公式为：

折纯量=实物量 × 某种化肥有效成分含量的百分比

农作物播种面积 指实际播种或移植的面积。凡是实际种植有农作物的面积，不论种植在耕地还是非耕地上，也不论面积大小，均应如实统计，种什么就报什么，种多少就报多少，不得遗漏。时改变用途的耕地。

粮食产量 指全社会的产量。包括国有经济经营的、集体统一经营的和农民家庭经营的粮食产量，还包括工矿企业办的农场和其他生产单位的产量。粮食除包括稻谷、小麦、玉米、高粱、谷子及其他杂粮外，还包括薯类和豆类。其产量计算方法，豆类按去豆荚后的干豆计算；薯类（包括甘薯和马铃薯，不包括芋头和木薯）1963 年以前按每 4 公斤鲜薯折 1 公斤粮食计算，从 1964 年开始及以后改为按 5 公斤鲜薯折 1 公斤粮食计算。城市郊区作为蔬菜的薯类（如马铃薯等到）按鲜品计算，并且不作粮食统计。其他粮食一律按脱粒后的原粮计算。

农林牧渔业总产值 指以货币表现的农、林、牧、渔全部产品和对农业生产进行各种支持性服务活动的总量，它反映一定时期内生产的总规模和总成果。从 2003 年开始农林牧渔业总产值执行新的国民经济行业分类标准，包括农业、林业、牧业、渔业及农林牧渔业服务业，不再包括农民家庭兼营商品性工业。

农林牧渔业中间消耗 指各种经济类型的农业生产单位和农户在农业生产经营过程中投人（或消耗）的各种物质产品和劳务价值的总和。包括中间物质消耗和中间劳务消耗两个部分。计人中间消耗必须具备以下两个条件：一是与总产出相对应的生产过程中消耗的物质产品和劳务活动；二是本期投入并一次消耗的不属于固定资产的非耐用品。

农林牧渔业增加值 指各种经济类型的农业生产单位和农户从事生产经营活动所提供的社会最终产品的货币表现。增加值的计算方法有两种，一是生产法：农林牧渔业增加值=农林牧渔业总产出-农林牧渔业中间消耗；二是分配法：农林牧渔业增加值=固定资产折旧+劳动者报酬+生产税净额（生产税-生产补贴）+营业盈余。

6 工业与交通

6-1 主要年份工业总产值和工业增加值

单位：亿元

年 份	工业总产值	工业增加值	工业增加值指数	
			以上年为 100	以 1952 年为 100
1952	0.84	0.23	160.0	100.0
1957	1.80	0.50	100.6	215.5
1962	2.67	0.75	86.0	320.0
1965	4.59	1.28	131.1	549.2
1970	6.71	1.88	118.5	803.3
1975	12.14	3.40	109.9	1453.7
1978	16.18	4.53	123.4	1937.1
1979	18.06	5.06	111.4	2162.2
1980	19.94	5.58	111.3	2386.8
1985	45.13	14.31	136.8	6119.5
1990	137.28	34.50	79.0	14751.4
1995	506.82	130.01	118.3	48430.8
2000	1123.85	321.15	114.8	124540.1
2001	1162.64	346.98	111.8	139235.8
2002	1342.91	385.36	115.7	161095.9
2003	1627.09	463.84	118.8	191381.9
2004	1992.10	539.12	115.0	220089.2
2005	2209.99	543.74	105.0	231093.6
2006	2545.96	592.83	108.5	250736.6
2007	3080.63	715.96	114.0	285839.7
2008	3584.58	806.00	113.4	324142.2
2009	3965.65	930.33	113.8	368873.8
2010	4869.05	1184.72	118.7	437853.3
2011	5873.36	1361.31	113.9	498714.9
2012	6353.25	1547.48	114.2	569532.4
2013	7253.98	1737.29	113.9	648697.4
2014	8009.76	1918.20	111.5	723297.6
2015	8195.22	1876.89	106.7	771758.5
2016	8810.37	2017.86	107.3	828096.9
2017	8931.28	2196.10	105.4	872814.1
2018	9745.37	2412.70	107.0	933911.1
2019		2480.91	103.0	961928.4
2020		2532.16	105.1	1010986.8
2021		2758.62	109.2	1103728.9

6-2 “规模以上”工业企业单位数

单位：个

项目	2003年	2004年	2005年	2006年	2007年	2008年	2009年	2010年	2011年	2012年
合计	**1901**	**2345**	**2359**	**2470**	**2656**	**2902**	**2889**	**2879**	**2050**	**2119**
一、按轻重工业分										
轻工业	1112	1356	1363	1419	1520	1644	1647	1660	1153	1182
重工业	789	989	996	1051	1136	1257	1242	1219	897	937
二、按企业规模分										
大型企业	10	12	11	13	15	18	20	26	81	81
中型企业	169	196	223	257	282	315	299	327	401	471
小型企业	1722	2137	2125	2200	2359	2568	2570	2526	1493	1526
微型企业									75	41
三、按登记注册类型分										
内资企业	1129	1437	1426	1489	1649	1855	1883	1889	1318	1403
港澳台商投资企业	470	502	500	532	545	562	545	547	394	383
外商投资企业	302	406	433	449	462	485	461	443	338	333
四、按经济组织类型分										
独资企业	921	942	883	896	889	902	851	837	577	562
合作、合伙企业	138	106	100	85	81	85	68	67	66	61
股份有限公司	60	62	69	65	71	64	67	72	65	65
有限责任公司	782	1235	1307	1424	1615	1851	1903	1903	1342	1431

注：1.2011年起规模以上工业企业指年主营业务收入2000万元及以上工业企业，下同。
2.2011年起增加微型企业规模分类，故企业数与往年不可比，下同。

6-2 续表

单位：个

项目	2013 年	2014 年	2015 年	2016 年	2017 年	2018 年	2019 年	2020 年	2021 年
合计	**2205**	**2275**	**2302**	**2220**	**2213**	**2240**	**2539**	**2662**	**2854**
一、按轻重工业分									
轻工业	1229	1262	1281	1241	1323	1336	1475	1533	1605
重工业	976	1013	1021	979	890	904	1064	1129	1249
二、按企业规模分									
大型企业	85	84	92	91	87	92	107	103	110
中型企业	468	484	476	464	482	451	415	399	383
小型企业	1603	1647	1654	1621	1585	1606	1880	1957	2058
微型企业	49	60	80	44	59	91	137	203	303
三、按登记注册类型分									
内资企业	1508	1610	1665	1645	1655	1710	2011	2167	2378
港澳台商投资企业	371	349	346	314	306	288	278	250	239
外商投资企业	326	316	291	261	252	242	250	245	237
四、按经济组织类型分									
独资企业	520	484	459	396	381	370	370	359	339
合作、合伙企业	35	27	28	23	22	20	23	15	15
股份有限公司	83	90	105	119	124	121	120	104	104
有限责任公司	1567	1674	1710	1682	1686	1729	2026	2184	2396

6-3 “规模以上”工业主要产品产量

项　　目	单　位	2005年	2006年	2007年	2008年	2009年	2010年	2011年	2012年	2013年
食用植物油	万吨	9.12	11.63	26.29	18.05	18.42	29.30	19.33	16.34	19.58
啤酒	万千升	8.13	9.68	9.55	9.05	9.55	9.53	9.04	10.85	12.44
软饮料	万吨	30.44	44.04	51.36	66.04	58.28	75.15	74.03	91.46	127.80
精制茶	万吨	0.45	0.48	0.53	0.67	0.29	0.38	0.46	0.79	1.02
纱	万吨	47.09	78.89	83.88	99.33	114.31	133.18	159.95	198.19	213.91
布	万米	10849	13227	17397	13109	13946	19626	26589	28371	35490
#棉布	万米	2964	3598	5041	8937	7211	11574	19517	16320	14992
棉混纺布	万米	232	414	430	831	2845	4177	6072	7571	8176
化学纤维布	万米	7653	9215	11926	3341	3890	3875	1000	4480	12322
服装	万件	3294	3013	2867	4453	4283	4927	4840	8449	9478
皮鞋	万双	4807	5259	4836	4981	5833	8283	9396	13294	14988
纯碱	万吨	17.73	19.80	18.88	18.02	19.28	17.07	9.27		
氮肥	万吨	6.53	9.52	6.67	4.89	5.57	4.88	3.28		
化学纤维	万吨	13.74	30.87	45.97	74.41	91.50	105.46	105.09	135.16	211.40
塑料制品	万吨	49.36	45.37	55.93	75.31	70.10	74.46	83.80	104.08	99.68
花岗石板材	万平方米	2801.58	2924.05	4032.37	5280.03	6101.38	7417.82	8096.96	9606.84	12851
粗钢	万吨	13.80	45.43	69.31	175.73	179.19	428.19	502.15	618.77	682.45
钢材	万吨	129.79	205.44	327.93	257.05	384.08	440.16	629.62	738.78	865.67
泵	万台	17.82	12.69	82.73	97.62	61.07	68.90	78.36	63.81	88.64
汽　车	万辆	6.67	5.72	6.95	4.49	9.65	14.08	13.10	12.65	13.92
交流电动机	万千瓦	23.72	25.82	29.51	26.98	22.01	1.06		14.06	16.70
电力变压器	万千伏安	336.45	387.90	443.06	385.18	353.38	551.05	256.30	346.05	343.09
显示器	万台	2240.15	2646.41	2902.42	2692.61	2381.14	2710.88	3064.81	2988.06	3330.18
彩色电视机	万部	22.70	33.65	38.18	381.90	327.60	267.25	142.99	146.93	169.91
钟	万只	2429.43	2060.98	2374.70	4118.21	2868.42	3795.40	3338.50	3833.83	2984.26
发电量	亿千瓦小时	157.41	173.27	212.59	280.82	328.68	341.98	460.98	419.55	431.47
#水　电	亿千瓦小时	60.99	67.92	56.18	57.10	49.24	80.30	44.79	81.94	63.80

6-3 续表

项目	单位	2014年	2015年	2016年	2017年	2018年	2019年	2020年	2021年
食用植物油	万吨	68.38	71.90	67.50	62.51	64.22	73.35	63.95	61.45
啤酒	万千升	11.12	10.55	9.80	8.01	7.34	6.73	7.90	8.02
软饮料	万吨	134.97	91.19	103.27	142.71	142.28	157.93	168.21	168.44
精制茶	万吨	0.44	0.78	0.93	0.78	0.85	0.67	0.68	0.74
纱	万吨	241.66	255.88	278.87	295.41	326.35	349.13	391.24	381.46
布	万米	55585	54449	51841	50025	46999	42140	41589	42411
#棉布	万米	24759	23110	22483	20264	17780	12866	10956	10264
棉混纺布	万米	14987	14819	15378	15974	14828	14155	13326	14182
化学纤维布	万米	15839	16520	13981	13787	14392	15120	17307	17965
服装	万件	11024	10760	12185	14530	15657	18286	12762	12147
皮鞋	万双	8015	12511	13089	13098	11407	11106	2478	2070
纯碱	万吨			14.87	24.23	24.67	29.07	25.49	24.10
氮肥	万吨			8.87	36.56	42.35	52.86	54.47	46.13
化学纤维	万吨	247.28	337.55	422.38	428.03	426.01	547.76	580.38	658.11
塑料制品	万吨	99.03	104.56	109.52	121.12	122.74	145.42	159.41	141.36
花岗石板材	万平方米	14255	17299	20001.86	279.00	235.06	106.59	34.20	24.10
粗钢	万吨	770.64	581.43	564.72	605.69	716.16	977.95	1142.05	1166.36
钢材	万吨	851.08	838.65	791.83	858.36	880.64	1184.57	1432.48	1451.10
泵	万台	94.41	120.60	124.90	44.50	0.00	2.26	2.34	2.76
汽　车	万辆	9.30	9.86	13.48	19.19	12.33	6.71	4.66	5.45
交流电动机	万千瓦	24.39	31.74	33.52	36.64	51.60	45.18	95.82	105.63
电力变压器	万千伏安	485.03	479.77	429.18	432.22	637.73	889.34	1152.40	1269.30
显示器	万台	3076.95	2884.49	3025.05	2914.45	3147.22	3037.20	3185.30	2684.29
彩色电视机	万部	240.89	299.05	284.37	232.23	60.55	4.92	2.37	0.91
钟	万只	2689.33	3337.79	3606.36	4017.73	4793.26	5243.63	3891.55	4967.85
发电量	亿千瓦小时	446.50	459.01	474.63	617.00	715.97	751.28	806.93	956.61
#水　电	亿千瓦小时	73.90	80.51	92.18	72.63	61.35	79.52	56.87	50.44

6-4 “规模以上”工业主要经济指标

（2021年） 单位：万元

项目	企业单位数（个）	资产总计	营业收入	其中：主营业务收入	营业成本	利润总额	年平均用工人数（人）
合计	**2854**	**91471532**	**119385435**	**116031346**	**101970948**	**8522851**	**695662**
#亏损企业	321	11770812	6744275	6472613	6424963	-460208	54297
国有控股企业	98	31274861	15862899	15530478	13272231	1097906	54012
一、按轻重工业分							
轻工业	1605	26955774	59011983	57438597	50797874	4118818	401108
重工业	1249	64515758	60373452	58592749	51173074	4404033	294554
二、按企业规模分							
大型企业	110	39761739	46227812	45552598	39824994	3196131	239365
中型企业	383	23577576	34513180	34016701	29022652	2742921	213264
小型企业	2058	26057993	36390266	35652616	31115647	2469991	220234
微型企业	303	2074224	2254178	809431	2007655	113809	22799
三、按登记注册类型分							
内资企业	2378	71962081	90374560	88004528	76791629	6691643	487920
国有企业	2	338620	126301	124740	122554	991	1024
集体企业	9	64712	827800	826121	732725	47660	5976
股份合作企业	2	12933	99458	99458	85096	4658	1247
联营企业	3	69518	160354	160354	124917	18508	248
有限责任公司	129	27891171	16257591	15805541	13903580	1228617	51211
国有独资公司	18	4673554	3631715	3615297	3437446	48428	9154
其他有限责任公司	111	23217616	12625876	12190244	10466134	1180189	42057

6-4 续表 （2021 年） 单位：万元

项　　目	企业单位数（个）	资产总计	营业收入	其中：主营业务收入	营业成本	利润总额	年平均用工人数（人）
股份有限公司	14	3565401	2740091	2610812	2220068	7439	15489
私营企业	2219	40019726	70162965	68377503	59602688	5383771	412725
私营独资企业	8	37800	194688	194688	130513	8102	1051
私营合作企业	4	26052	43560	20199	33272	4945	411
私营有限责任公司	2133	32481525	63100793	61427333	53856390	4734724	379946
私营股份有限公司	74	7474349	6823925	6735283	5582514	636000	31317
港、澳、台商投资企业	239	9995826	16964333	16484453	14782528	1003826	118236
合资经营企业（港或澳、台资）	75	4280376	5346847	5303795	4296445	592992	34404
港澳台商独资经营企业	151	4140267	8748076	8356530	7988705	263101	76706
港澳台商投资股份有限公司	10	1558576	2836384	2791410	2470768	146638	6431
外商投资企业	237	9513626	12046542	11542365	10396790	827382	89506
中外合资经营企业	59	2738649	4848849	4704082	4174870	438421	27923
中外合作经营企业	3	53222	78131	75828	69294	3822	446
外资企业	169	4662846	6588830	6254128	5729174	320739	58291
外商投资股份有限公司	6	2058909	530733	508327	423453	64399	2846
四、按经济组织类型分							
独资企业	339	9244246	16485695	15756207	14703671	640593	143048
合作、合伙企业	15	178331	414528	388557	339188	33026	3047
股份有限公司	104	14657235	12931133	12645831	10696803	854477	56083
有限责任公司	2396	67391721	89554080	87240751	76231286	6994755	493484

6-5 按行业分“规模以上”工业主要经济指标

（2021 年）　　单位：万元

项　　目	企业单位数（个）	资产总计	#流动资产合计	固定资产原价	固定资产净额
总　计	**2854**	**91471532**	**41277659**	**54966253**	**29372325**
非金属矿采选业	6	62556	15458	24828	15289
农副食品加工业	228	3776807	2501132	1113537	533660
食品制造业	69	773311	411877	434997	247733
酒、饮料和精制茶制造业	40	486183	250923	237582	123469
纺织业	321	6836722	3747281	4282154	1801777
纺织服装、服饰业	88	620932	326688	373729	141550
皮革、毛皮、羽毛及其制品和制鞋业	150	969001	680223	256524	101069
木材加工和木、竹、藤、棕、草制品业	30	162866	100424	82923	43186
家具制造业	110	462758	317813	185871	73911
造纸和纸制品业	54	351836	206394	163318	81221
印刷和记录媒介复制业	51	548124	272119	174321	75328
文教、工美、体育和娱乐用品制造业	163	1775770	1233016	504701	237958
石油加工、炼焦和核燃料加工业	9	280148	207893	137239	64437
化学原料和化学制品制造业	86	6802267	2264378	4084231	2535756
医药制造业	30	952813	531570	452975	223730
化学纤维制造业	30	4995555	2533692	4319812	1614059
橡胶和塑料制品业	147	2247479	1208456	788809	387698
非金属矿物制品业	238	4258194	2378335	2097793	1056546
黑色金属冶炼和压延加工业	30	6351530	1993123	4126155	2062039
有色金属冶炼和压延加工业	20	1454164	523824	904505	686720
金属制品业	128	1933713	1063492	625351	298409
通用设备制造业	117	3021239	1928799	591357	286123
专用设备制造业	100	1014145	706985	283825	125357
汽车制造业	102	3376324	2195958	1843280	620835
铁路、船舶、航空航天和其他运输设备制造业	17	1241712	946422	299955	218986
电气机械和器材制造业	157	3160462	2339004	664940	321207
计算机、通信和其他电子设备制造业	142	11170631	5840208	4472263	2300933
仪器仪表制造业	68	1548368	1040944	298864	188397
其他制造业	10	176131	125784	42159	21137
废弃资源综合利用业	25	275620	186157	103998	60084
金属制品、机械和设备修理业	15	563269	160565	280756	224094
电力、热力生产和供应业	39	17334655	2324904	19023990	11554451
燃气生产和供应业	13	757924	362071	322726	161297
水的生产和供应业	20	1667415	327222	1312290	853599

6-5　续表1　　（2021年）　　单位：万元

项　　目	负债合计	#流动负债合计	所有者权益合计	营业收入	#主营业务收入	营业成本
总　计	**49693851**	**34034242**	**41777670**	**119385435**	**116031346**	**101970948**
非金属矿采选业	28590	28296	33966	151097	151096	122320
农副食品加工业	2176770	1805270	1600036	9400872	9115618	8160155
食品制造业	370913	337979	402397	1400379	1315133	1190634
酒、饮料和精制茶制造业	204569	169206	281614	1405571	1350899	1133914
纺织业	3145608	2462862	3691114	13751621	13654052	11894506
纺织服装、服饰业	308555	193080	312377	2276540	2174340	2036508
皮革、毛皮、羽毛及其制品和制鞋业	587829	478214	381173	4065865	3971355	3630925
木材加工和木、竹、藤、棕、草制品业	58852	46964	104014	668118	658782	578044
家具制造业	242660	189841	220097	1360334	1157852	1192649
造纸和纸制品业	209376	191599	142459	802576	775906	706256
印刷和记录媒介复制业	224222	171209	323902	804022	724319	714976
文教、工美、体育和娱乐用品制造业	1186022	1020618	589747	3708008	3465042	3277749
石油加工、炼焦和核燃料加工业	136078	118864	144070	526639	526508	449378
化学原料和化学制品制造业	3329631	1310619	3472634	5927885	5734184	4871804
医药制造业	322163	300490	630649	1086440	1068565	741226
化学纤维制造业	2284298	1699975	2711257	11800666	11725861	9932376
橡胶和塑料制品业	1354506	1279457	892973	3053319	2954351	2644289
非金属矿物制品业	2201502	1757738	2056691	6759058	6594718	5700534
黑色金属冶炼和压延加工业	4649896	4372362	1701634	9167412	8871521	8292114
有色金属冶炼和压延加工业	1020836	481490	433329	2669222	2580699	2413481
金属制品业	1078805	915050	854907	2915691	2628830	2539656
通用设备制造业	1247564	1063591	1773675	2571467	2480744	2112513
专用设备制造业	553380	436211	460764	1255162	1144256	1005386
汽车制造业	1690611	1532148	1685712	3905152	3803570	3166233
铁路、船舶、航空航天和其他运输设备制造业	892458	781357	349253	467318	451892	422259
电气机械和器材制造业	1872147	1664740	1288314	5349049	5239100	4652995
计算机、通信和其他电子设备制造业	4368494	3668995	6802136	10711374	10565859	8527007
仪器仪表制造业	627323	549503	921046	1589359	1502792	1335736
其他制造业	96319	93737	79812	208246	203024	177191
废弃资源综合利用业	196372	185878	79248	1505972	1502436	1428871
金属制品、机械和设备修理业	217951	86826	345317	437026	430945	341240
电力、热力生产和供应业	11537341	4104454	5797313	6338519	6301007	5432236
燃气生产和供应业	422549	181248	335375	1015734	892391	925313
水的生产和供应业	844685	350505	822730	304811	288838	207376

6-5 续表 2 （2021 年） 单位：万元

项 目	税金及附 加	利润总额	所得税费 用	亏损企业亏损总额	利税总额	平均用工人数（人）
总 计	**501936**	**8522851**	**544568**	**460208**	**10546808**	**695662**
非金属矿采选业	4123	8072	465	288	17332	527
农副食品加工业	17212	749288	20902	14209	810440	38974
食品制造业	5018	76704	4508	8751	93169	12267
酒、饮料和精制茶制造业	11870	82191	8071	231	111469	14377
纺织业	25080	1108500	23935	875	1233050	68028
纺织服装、服饰业	7752	99765	5896	1431	126770	30445
皮革、毛皮、羽毛及其制品和制鞋业	11709	154073	14733	1873	200227	58932
木材加工和木、竹、藤、棕、草制品业	10392	36221	477	106	53111	5403
家具制造业	8600	42515	1837	3366	64202	18270
造纸和纸制品业	2438	37267	1051	1261	50089	5638
印刷和记录媒介复制业	3387	27342	1615	1538	38150	11183
文教、工美、体育和娱乐用品制造业	19747	107805	6919	546	198823	49891
石油加工、炼焦和核燃料加工业	2704	52027	5220	0	57383	1311
化学原料和化学制品制造业	12309	659536	-28495	61436	753783	13426
医药制造业	9828	139421	20494	4349	175812	8538
化学纤维制造业	25722	1133720	12869	73	1182597	18189
橡胶和塑料制品业	12484	170616	9242	11433	224766	24693
非金属矿物制品业	35396	550006	43424	11266	706216	50149
黑色金属冶炼和压延加工业	14412	431709	24506	148	564165	19900
有色金属冶炼和压延加工业	3450	55547	-734	18402	66056	7332
金属制品业	6600	194390	10244	1772	227699	17273
通用设备制造业	9152	184614	11027	7849	229726	23457
专用设备制造业	8233	78309	4378	16523	104952	13448
汽车制造业	90321	355400	95047	49556	547822	31594
铁路、船舶、航空航天和其他运输设备制造业	15010	-85373	280	90754	-68344	6211
电气机械和器材制造业	33475	225313	16007	6290	359002	37349
计算机、通信和其他电子设备制造业	36621	1167166	162139	58113	1359113	66282
仪器仪表制造业	4091	67597	3859	1284	89720	13223
其他制造业	1069	9574	867	135	11787	3405
废弃资源综合利用业	21777	24643	598	1165	183062	1393
金属制品、机械和设备修理业	2436	50110	4154	3691	62156	4724
电力、热力生产和供应业	23071	443404	42777	75319	608109	13437
燃气生产和供应业	1263	47696	10420	260	53141	1918
水的生产和供应业	4863	36638	5471	5915	48200	4162

6–6 规模以上工业主要经济效益指标

（2021 年）

项目	总资产贡献率（%）	资产负债率（%）	流动资产周转率（次/年）	成本费用利润率（%）	产品销售率（%）
总计	**12.50**	**54.33**	**2.89**	**7.72**	**96.29**
#亏损企业	–2.11	59.10	1.39	–6.48	97.68
国有控股企业	5.75	59.10	2.15	7.46	97.29
一、按轻重工业分					
轻工业	18.77	50.84	3.75	7.52	96.44
重工业	9.89	55.78	2.37	7.91	96.13
二、按企业规模分					
大型企业	10.89	57.97	3.10	7.45	95.85
中型企业	15.04	46.47	2.93	8.70	96.55
小型企业	13.09	55.56	2.68	7.29	96.22
微型企业	7.17	58.24	2.16	5.32	99.48
三、按登记注册类型分					
内资企业	12.45	54.55	2.99	8.03	96.81
国有企业	3.61	79.01	1.34	0.73	97.61
集体企业	83.49	76.62	37.78	6.12	103.44
股份合作企业	49.43	34.40	17.20	4.99	98.89
联营企业	27.18	23.32	5.10	13.06	98.83
有限责任公司	6.87	60.07	2.56	8.21	97.29
国有独资公司	3.39	66.22	6.33	1.35	95.02
其他有限责任公司	7.58	58.83	2.18	10.37	97.42

6-6 续表 （2021年）

项 目	总资产贡献率（%）	资产负债率（%）	流动资产周转率（次/年）	成本费用利润率（%）	产品销售率（%）
股份有限公司	2.89	61.51	1.41	0.27	94.03
私营企业	17.12	49.90	3.22	8.35	96.72
私营独资企业	88.01	26.97	8.52	5.91	98.31
私营合作企业	20.86	9.79	10.55	12.84	98.23
私营有限责任公司	18.63	53.00	3.59	8.15	96.91
私营股份有限公司	10.17	36.68	1.63	10.22	94.21
港、澳、台商投资企业	14.00	59.59	2.80	6.31	93.83
合资经营企业（港或澳、台资）	19.15	58.23	2.19	12.64	95.92
港澳台商独资经营企业	8.80	58.91	2.98	3.10	93.10
港澳台商投资股份有限公司	13.68	65.18	4.31	5.46	87.82
外商投资企业	11.32	47.14	2.42	7.38	96.72
中外合资经营企业	19.81	59.21	3.09	9.95	95.00
中外合作经营企业	9.02	49.43	2.56	5.21	96.99
外资企业	9.61	46.72	2.31	5.12	93.53
外商投资股份有限公司	3.95	31.98	1.02	13.65	97.81
四、按经济组织类型分					
独资企业	9.87	53.49	2.78	4.05	94.10
合作、合伙企业	21.03	32.66	5.03	8.72	96.74
股份有限公司	7.90	45.09	1.77	7.07	92.33
有限责任公司	13.85	56.51	3.20	8.52	96.92

6-7 按行业分“规模以上”工业企业主要经济效益指标

（2021 年）

项目	总资产贡献率（%）	资产负债率（%）	流动资产周转率（次/年）	成本费用利润率（%）	产品销售率（%）
总计	**12.50**	**54.33**	**2.89**	**7.72**	**96.29**
非金属矿采选业	27.64	45.70	9.77	5.80	100.01
农副食品加工业	22.21	57.64	3.76	8.67	95.32
食品制造业	12.41	47.96	3.40	5.81	96.41
酒、饮料和精制茶制造业	23.05	42.08	5.60	6.25	101.75
纺织业	19.59	46.01	3.67	8.78	98.31
纺织服装、服饰业	20.75	49.69	6.97	4.59	93.65
皮革、毛皮、羽毛及其制品和制鞋业	21.78	60.66	5.98	3.95	96.56
木材加工和木、竹、藤、棕、草制品业	33.65	36.14	6.65	5.82	96.71
家具制造业	14.34	52.44	4.28	3.25	96.39
造纸和纸制品业	14.94	59.51	3.89	4.88	96.89
印刷和记录媒介复制业	7.42	40.91	2.95	3.52	95.32
文教、工美、体育和娱乐用品制造业	11.83	66.79	3.01	3.01	96.01
石油加工、炼焦和核燃料加工业	21.12	48.57	2.53	11.10	96.88
化学原料和化学制品制造业	12.83	48.95	2.62	12.68	97.90
医药制造业	18.81	33.81	2.04	14.70	95.16
化学纤维制造业	25.38	45.73	4.66	10.65	95.88
橡胶和塑料制品业	10.90	60.27	2.53	5.95	96.97
非金属矿物制品业	17.42	51.70	2.84	8.89	96.30
黑色金属冶炼和压延加工业	9.19	73.21	4.60	4.96	96.07
有色金属冶炼和压延加工业	6.26	70.20	5.10	2.16	98.61
金属制品业	12.40	55.79	2.74	7.17	95.59
通用设备制造业	7.71	41.29	1.33	7.69	94.50
专用设备制造业	10.68	54.57	1.78	6.75	91.21
汽车制造业	15.92	50.07	1.78	10.20	97.34
铁路、船舶、航空航天和其他运输设备制造业	−2.48	71.87	0.49	−17.11	99.34
电气机械和器材制造业	11.95	59.24	2.29	4.45	94.92
计算机、通信和其他电子设备制造业	12.50	39.11	1.83	12.16	93.01
仪器仪表制造业	6.28	40.52	1.53	4.44	94.19
其他制造业	7.39	54.69	1.66	4.82	87.24
废弃资源综合利用业	69.41	71.25	8.09	1.69	96.86
金属制品、机械和设备修理业	11.25	38.69	2.72	12.96	100.19
电力、热力生产和供应业	5.14	66.56	2.73	7.50	99.38
燃气生产和供应业	6.93	55.75	2.81	4.89	99.56
水的生产和供应业	3.40	50.66	0.93	13.85	98.17

6-8 规模以上工业企业能源购进、消费与库存

（2021年）

项　　目	计量单位	年初库存量	购进量	工业生产消费	期末库存量
原煤	吨	1034162	25467461	24656389	1530713
# 无烟煤	吨	74906	944801	1008547	138838
炼焦烟煤	吨	0	0	0	0
一般烟煤	吨	959257	24522659	23647841	1391875
褐煤	吨	0	0	0	0
洗精煤	吨	78155	1220280	1249545	48889
其他洗煤	吨	0	0	0	0
煤制品	吨	81	515	504	51
焦炭	吨	271535	3056706	3107826	220415
其他焦化产品	吨	0	0	0	0
焦炉煤气	万立方米	0	17376	17376	0
高炉煤气	万立方米	0	47964	829969	0
转炉煤气	万立方米	0	0	95755	0
其他煤气	万立方米	0	31	31	0
天然气（气态）	万立方米	0	84573	84482	8
液化天然气（液态）	吨	99	18689	18536	244
氢气	万立方米	0	96272	88596	0
原油	吨	0	0	0	0
汽油	吨	64	14494	13241	84
煤油	吨	0	55	53	0
柴油	吨	2760	70378	68714	2240
燃料油	吨	425	542	4637	31
液化石油气	吨	5	623963	623936	3
炼厂干气	吨	0	0	0	0
石脑油	吨	0	0	0	0
润滑油	吨	32	1140	1141	36
石蜡	吨	4	46	41	9
溶剂油	吨	98	547	499	147
石油焦	吨	0	0	0	0
石油沥青	吨	0	0	0	0
其他石油制品	吨	2	40	41	3
热力	百万千焦	0	19709104	33511995	0
电力	万千瓦时	0	2493724	3121080	0
煤矸石用于燃料	吨	0	0	0	0
城市垃圾用于燃料	吨	29641	2041308	1904808	12450
生物质废料用于燃料	吨标准煤	427	43624	43456	518
余热余压	百万千焦	0	0	2571043	0
其他工业废料用于燃料	吨	0	0	0	0
其他燃料	吨标准煤	0	0	845	0
能源合计	吨标准煤	0	0	29437945	0

注：本表数据不含国网福建省电力有限公司。

6-9　规模以上工业企业主要能源品种分行业消费量

（2021 年）

项　　目	综合能源消费量（吨标准煤）	原　煤（吨）	洗精煤（吨）	煤制品（吨）	焦　炭（吨）
合　计	19914849	24656389	1249545	504	3107826
轻工业	2212531	731046	0	478	0
重工业	17702318	23925343	1249545	26	3107826
一、按工业行业门类分					
采矿业	3603	0	0	0	0
煤炭开采和洗选业	0	0	0	0	0
石油和天然气开采业	0	0	0	0	0
黑色金属矿采选业	0	0	0	0	0
有色金属矿采选业	0	0	0	0	0
非金属矿采选业	3603	0	0	0	0
开采辅助活动	0	0	0	0	0
其他采矿业	0	0	0	0	0
制造业	12230461	5349424	1249545	504	3107826
农副食品加工业	173372	786	0	0	0
食品制造业	32541	0	0	0	0
酒、饮料和精制茶制造业	21631	1858	0	0	0
烟草制品业	5714	0	0	0	0
纺织业	659997	173169	0	0	0
纺织服装、服饰业	7375	0	0	0	0
皮革、毛皮、羽毛及其制品和制鞋业	48818	0	0	0	0
木材加工和木、竹、藤、棕、草制品业	15823	0	0	0	0
家具制造业	21647	0	0	0	0
造纸和纸制品业	34556	2459	0	0	0
印刷和记录媒介复制业	9643	0	0	0	0
文教、工美、体育和娱乐用品制造业	107024	575	0	478	0
石油加工、炼焦和核燃料加工业	105564	0	1249545	0	0
化学原料和化学制品制造业	3554984	2677024	0	0	0
医药制造业	49630	27	0	0	0
化学纤维制造业	739948	464421	0	0	0
橡胶和塑料制品业	128146	0	0	0	0
非金属矿物制品业	1171966	446155	0	0	0
黑色金属冶炼和压延加工业	4732712	1569502	0	0	3107826
有色金属冶炼和压延加工业	108243	0	0	0	0
金属制品业	50547	38	0	0	0
通用设备制造业	51935	0	0	26	0
专用设备制造业	11402	0	0	0	0
汽车制造业	77529	0	0	0	0
铁路、船舶、航空航天和其他运输设备制造业	10912	0	0	0	0
电气机械和器材制造业	37985	0	0	0	0
计算机、通信和其他电子设备制造业	195493	0	0	0	0
仪器仪表制造业	8871	0	0	0	0
其他制造业	8142	0	0	0	0
废弃资源综合利用业	36344	13410	0	0	0
金属制品、机械和设备修理业	11966	0	0	0	0
电力、热力、燃气及水生产和供应业	7680785	19306964	0	0	0
电力、热力生产和供应业	7638449	19306964	0	0	0
燃气生产和供应业	2021	0	0	0	0
水的生产和供应业	40315	0	0	0	0
二、按企业登记注册类型分					
国有企业	288635	362976	0	0	0
集体企业	18412	0	0	0	0
股份合作企业	5879	4230	0	0	0
股份制企业	15471481	18169845	1249545	478	2388516
外商及港澳台商投资企业	4127400	6119337	0	0	719310
其他经济类型企业	3042	0	0	26	0

注：本表数据不含国网福建省电力有限公司。

6-9 续表1 （2021年）

项目	天然气（气态）（万立方米）	液化天然气（液态）（吨）	汽油（吨）	煤油（吨）	柴油（吨）
合计	84482	18536	13241	53	68714
轻工业	11084	4677	8103	0	10582
重工业	73398	13859	5139	53	58131
一、按工业行业门类分					
采矿业	0	0	4	0	842
煤炭开采和洗选业	0	0	0	0	0
石油和天然气开采业	0	0	0	0	0
黑色金属矿采选业	0	0	0	0	0
有色金属矿采选业	0	0	0	0	0
非金属矿采选业	0	0	4	0	842
开采辅助活动	0	0	0	0	0
其他采矿业	0	0	0	0	0
制造业	84481	18536	12775	53	64820
农副食品加工业	1456	745	741	0	2388
食品制造业	1032	30	279	0	345
酒、饮料和精制茶制造业	266	1171	543	0	31
烟草制品业	312	0	7	0	8
纺织业	1258	2545	1074	0	936
纺织服装、服饰业	0	0	274	0	69
皮革、毛皮、羽毛及其制品和制鞋业	41	0	750	0	1284
木材加工和木、竹、藤、棕、草制品业	0	0	120	0	339
家具制造业	0	0	157	0	231
造纸和纸制品业	950	0	208	0	525
印刷和记录媒介复制业	56	0	802	0	309
文教、工美、体育和娱乐用品制造业	277	44	1205	0	643
石油加工、炼焦和核燃料加工业	7	0	0	0	343
化学原料和化学制品制造业	11281	13	384	0	2458
医药制造业	320	0	520	0	260
化学纤维制造业	1061	0	64	0	1182
橡胶和塑料制品业	1232	2	684	0	835
非金属矿物制品业	43919	2738	753	7	32773
黑色金属冶炼和压延加工业	16037	1336	60	0	7065
有色金属冶炼和压延加工业	3312	8344	240	0	583
金属制品业	730	404	503	0	459
通用设备制造业	8	5	457	42	256
专用设备制造业	0	243	200	0	401
汽车制造业	571	816	496	4	773
铁路、船舶、航空航天和其他运输设备制造业	106	0	106	0	895
电气机械和器材制造业	102	0	774	0	1195
计算机、通信和其他电子设备制造业	61	60	713	0	124
仪器仪表制造业	0	0	567	0	20
其他制造业	0	38	20	0	3221
废弃资源综合利用业	0	0	27	0	2217
金属制品、机械和设备修理业	85	0	47	0	2652
电力、热力、燃气及水生产和供应业	2	0	463	0	3052
电力、热力生产和供应业	0	0	260	0	2964
燃气生产和供应业	2	0	120	0	78
水的生产和供应业	0	0	82	0	10
二、按企业登记注册类型分					
国有企业	0	0	11	0	0
集体企业	0	0	9	0	15
股份合作企业	165	0	0	0	0
股份制企业	63074	17319	10443	49	58519
外商及港澳台商投资企业	21243	1217	2699	4	10174
其他经济类型企业	0	0	79	0	5

6-9 续表2 （2021年）

项目	燃料油（吨）	液化石油气（吨）	热力（百万千焦）	电力（万千瓦时）	生物质废料用于燃料（吨标准煤）	其他燃料（吨标准煤）
合计	4637	623936	33511995	3121080	43456	845
轻工业	190	1671	6694077	999140	39626	0
重工业	4447	622265	26817918	2121940	3831	845
一、按工业行业门类分						
采矿业	0	0	0	1929	0	0
煤炭开采和洗选业	0	0	0	0	0	0
石油和天然气开采业	0	0	0	0	0	0
黑色金属矿采选业	0	0	0	0	0	0
有色金属矿采选业	0	0	0	0	0	0
非金属矿采选业	0	0	0	1929	0	0
开采辅助活动	0	0	0	0	0	0
其他采矿业	0	0	0	0	0	0
制造业	4637	623936	33017021	2587522	43456	845
农副食品加工业	100	1319	2271207	47644	10717	0
食品制造业	0	229	0	13955	978	0
酒、饮料和精制茶制造业	8	0	0	10603	1075	0
烟草制品业	0	0	0	1548	0	0
纺织业	0	3	1544273	371643	0	0
纺织服装、服饰业	0	0	0	5591	0	0
皮革、毛皮、羽毛及其制品和制鞋业	19	0	0	35743	1442	0
木材加工和木、竹、藤、棕、草制品业	0	0	0	6116	7635	0
家具制造业	0	29	0	17111	0	0
造纸和纸制品业	63	0	0	12066	5913	0
印刷和记录媒介复制业	0	0	3948	5890	0	0
文教、工美、体育和娱乐用品制造业	0	28	1618356	36196	490	0
石油加工、炼焦和核燃料加工业	0	0	0	6171	0	0
化学原料和化学制品制造业	3620	620476	25819916	394695	0	0
医药制造业	0	34	634353	18184	370	0
化学纤维制造业	0	0	420055	302280	0	0
橡胶和塑料制品业	0	0	188407	73662	14321	0
非金属矿物制品业	701	745	254833	160488	86	845
黑色金属冶炼和压延加工业	0	344	181564	672833	0	0
有色金属冶炼和压延加工业	103	378	0	42809	0	0
金属制品业	15	123	0	31741	271	0
通用设备制造业	3	56	0	41108	26	0
专用设备制造业	0	1	0	8213	0	0
汽车制造业	0	142	0	54057	0	0
铁路、船舶、航空航天和其他运输设备制造业	0	0	0	6600	0	0
电气机械和器材制造业	0	28	0	27440	0	0
计算机、通信和其他电子设备制造业	5	0	80109	155077	0	0
仪器仪表制造业	0	0	0	6510	0	0
其他制造业	0	0	0	2727	0	0
废弃资源综合利用业	0	0	0	13124	132	0
金属制品、机械和设备修理业	0	0	0	5695	0	0
电力、热力、燃气及水生产和供应业	0	0	494974	531630	0	0
电力、热力生产和供应业	0	0	494974	497549	0	0
燃气生产和供应业	0	0	0	1389	0	0
水的生产和供应业	0	0	0	32692	0	0
二、按企业登记注册类型分						
国有企业	0	0	2258681	37447	0	0
集体企业	0	0	0	14953	0	0
股份合作企业	0	0	0	540	0	0
股份制企业	4495	622459	29911464	2439507	34073	845
外商及港澳台商投资企业	142	1477	1341850	626377	9253	0
其他经济类型企业	0	0	0	2257	131	0

6-10 按县（市）区分“规模以上”工业主要财务指标

（2021年）　　单位：万元

县（市）区	企业单位数（个）	资产总计	#流动资产合计	固定资产原价	固定资产净额
福州市	**2854**	**91471532**	**41277659**	**54966253**	**29372325**
鼓楼区	59	5068229	1277372	6063029	2946525
仓山区	359	5039729	3407149	1361395	537725
晋安区	172	2572397	1431033	1004569	432395
马尾区	174	8651290	4713350	2055754	1215978
长乐区	513	18204711	9001839	12578432	5111355
福清市	524	28245657	10950606	17518439	11520651
闽侯县	592	8238129	4941449	3690259	1702179
连江县	150	6462256	2474678	3991585	2544380
罗源县	101	5267061	1750824	3532071	2021331
闽清县	140	1704550	687406	2101051	835792
永泰县	46	809518	380671	488832	263382
平　潭	24	1208005	261284	580839	240633

6-10 续表1

单位:万元

县(市)区	负债合计	#流动负债合计	所有者权益合计	营业收入	#主营业务收入	营业成本
福州市	**49693851**	**34034242**	**41777670**	**119385435**	**116031346**	**101970948**
鼓楼区	2782916	1990229	2285313	4185973	4152476	3700627
仓山区	2437011	2170568	2602718	11071278	10796514	9542286
晋安区	1061213	753435	1511183	7187971	6880835	6305156
马尾区	3902957	3272957	4748334	8600249	8131629	7497393
长乐区	9488637	7833885	8716074	33920449	33225224	29044215
福清市	16737042	8679612	11508612	24045843	23394070	20221958
闽侯县	4551170	3272117	3686953	13386755	13058090	11120855
连江县	3067956	1704284	3394300	6621145	6329750	5252026
罗源县	3571654	3084843	1695406	6524110	6318902	5912900
闽清县	553897	355137	1150653	2722349	2646777	2352752
永泰县	571752	447355	237766	881688	863099	810105
平　潭	967646	469821	240360	237625	233982	210676

6-10 续表 2

单位：万元

县（市）区	税金及附加	利润总额	所得税费用	利税总额
福州市	**501936**	**8522851**	**544568**	**10546808**
鼓楼区	17956	157207	13899	269214
仓山区	48564	392064	46510	519687
晋安区	70528	351514	32064	488545
马尾区	23126	385774	26225	536935
长乐区	64759	2817421	26354	3158672
福清市	65426	2054610	219500	2475254
闽侯县	140766	920174	125171	1369697
连江县	34895	880353	9726	934173
罗源县	15984	331656	29902	471458
闽清县	15901	213941	12611	286175
永泰县	1965	16474	1857	28734
平　潭	2067	1662	751	8262

6-10 续表 3

县（市）区	平均用工人数（人）	总资产贡献率（%）	资产负债率（%）	流动资产周转率（次/年）	成本费用利润率（%）	产品销售率（%）
福州市	**695662**	**12.50**	**54.33**	**2.89**	**7.72**	**96.29**
鼓楼区	16547	6.01	54.91	3.28	3.88	97.27
仓山区	131013	10.55	48.36	3.25	3.68	94.09
晋安区	76335	19.34	41.25	5.02	5.22	97.40
马尾区	46669	6.96	45.11	1.82	4.71	96.97
长乐区	106914	18.69	52.12	3.77	9.08	97.65
福清市	132838	10.01	59.26	2.20	9.36	94.27
闽侯县	105766	16.85	55.25	2.71	7.44	96.73
连江县	23918	16.13	47.48	2.68	15.58	96.76
罗源县	19358	9.43	67.81	3.73	5.38	95.11
闽清县	26603	17.19	32.50	3.96	8.58	96.75
永泰县	7492	4.73	70.63	2.32	1.91	93.77
平　潭	2209	1.19	80.10	0.91	0.69	97.85

注：鼓楼区包含全市供电数据。

6-11 民用车辆拥有量

（2021 年） 单位：辆

项目	总计	营运	非营运	校车	预约出租客运	进口	个人	新注册	报废
合计	**1949583**	**76345**	**1856542**	**807**	**11495**	**137243**	**1666668**	**210250**	**36494**
一、汽车	**1595648**	**59759**	**1523587**	**807**	**11495**	**135369**	**1338831**	**147293**	**33352**
载客汽车	1445680	23059	1410319	807	11495	134951	1270993	129925	20618
# 大型	9426	7882	1298	246	0	49	74	522	372
中型	4131	1043	2527	561	0	96	620	252	429
小型	1428975	14134	1403346	0	11495	133318	1267393	129151	19557
微型	3148	0	3148	0	0	1488	2906	0	260
# 轿车	934558	13650	909847	0	11061	58967	838759	73535	13259
载货汽车	141792	36672	105120	0	0	400	65942	16424	12425
# 重型	31334	24447	6887	0	0	216	1654	4534	2436
中型	2152	1112	1040	0	0	0	355	397	262
轻型	108285	11113	97172	0	0	184	63927	11478	9718
微型	21	0	21	0	0	0	6	15	9
# 普通载货	55457	2141	53316	0	0	161	37162	2557	4532
其他汽车	166	3	163	0	0	0	157	0	12
# 三轮汽车	0	0	0	0	0	0	0	0	0
低速货车	166	3	163	0	0	0	157	0	12
专项作业车	8010	25	7985	0	0	18	1739	944	297
# 重型	4825	19	4806	0	0	14	1291	590	140
中型	1561	1	1560	0	0	3	169	142	72
轻型	1624	5	1619	0	0	1	279	212	85
微型	0	0	0	0	0	0	0	0	0
二、摩托车	**332429**	**1**	**332428**	**0**	**0**	**1843**	**327450**	**61541**	**2737**
普通	276944	1	276943	0	0	1843	272694	41155	2593
轻便	55485	0	55485	0	0	0	54756	20386	144
三、拖拉机（农机部门数据）	**4394**	–	–	–	–	–	–	–	–
四、挂车	**17112**	**16585**	**527**	**0**	**0**	**31**	**387**	**1416**	**405**

注：补充资料为机动车驾驶员 2663755 人，其中汽车驾驶员 2493981 人。

6–12 运输线路长度

（2021 年） 单位：公里

项目	福州市	市区	福清市	闽侯县	连江县	罗源县	闽清县	永泰县
公路通车里程合计	**11570.425**	**1942.741**	**2167.769**	**1742.842**	**1254.038**	**1001.516**	**1535.500**	**1926.019**
# 国 道	1343.234	289.496	222.601	234.312	193.762	88.684	83.465	230.914
省 道	704.361	137.908	130.273	103.579	84.087	58.592	93.920	96.002
县 道	1453.820	224.219	160.978	280.437	135.980	135.162	267.651	249.393
乡 道	4427.051	775.333	775.001	668.986	547.062	340.390	572.717	747.562
村 道	3598.979	515.785	875.906	455.528	285.014	346.851	517.747	602.148
专用公路	42.980		3.010		8.133	31.837		
等级公路								
# 高速公路	764.425	198.579	132.093	168.814	98.032	25.595	51.545	89.767
一 级	116.605	84.643		15.603	8.013		8.346	
二 级	1056.394	246.563	288.485	111.306	157.939	64.581	97.392	90.128
三 级	1181.884	216.881	207.275	118.921	81.755	150.565	129.957	276.530
四 级	7655.429	1081.448	1428.985	1253.807	836.221	730.098	1045.953	1278.917
等外公路	795.688	114.627	110.931	74.391	72.078	30.677	202.307	190.677

注：全市通车里程包含等级公路和等外公路。

主要统计指标解释

工业 指从事物质产品生产活动的部门，工业生产活动主要包括以下几个方面：对自然资源的开采，如采矿、晒盐等，但禽兽捕猎和水产捕捞按国家标准《国民经济行业分类和代码》的划分，均属农业生产活动，不包括在工业生产活动内。对农副产品的加工、再加工，如粮油加工、食品加工、轧花、缫丝、纺织、制革等。对采掘品的加工、再加工，如冶金加工、石油加工、化学加工、机械加工、木材加工等，以及电力、煤气及水的生产和供应等。对工业品的修理、翻新，如机器设备的修理、交通运输工具（包括小卧车）的修理等。拆船业也是工业生产活动。

工业总产值 指以货币表现的工业企业在报告期内生产的工业最终产品或提供工业性劳务活动的总价值量。它是反映一定时间内工业生产总规模和总水平的重要标志，是计算工业生产发展速度和主要比例关系，计算工业产品销售率和其他经济指标的重要依据。

工业增加值 指工业企业在报告期内以货币表现的工业生产活动的最终成果。工业增加值有两种计算方法：一是生产法，即工业总产出减去工业中间投入；二是收入法，即从收入的角度出发，根据生产要素在生产过程中应得到的收入份额计算，具体构成项目有固定资产折旧、劳动者报酬、生产税净额、营业盈余，这种方法也称要素分配法。

轻工业 指主要提供生产消费品和制作手工工具工业。按其所使用的原料不同，可分为两大类：（1）以农产品为原料的轻工业，是指直接或间接以农产品为基本原料的轻工业。主要包括食品制造饮料制造、烟草加工、纺织、缝纫、皮革和毛皮制作、造纸以及印刷等工业；（2）以非农产品为原料的轻工业，是指以工业品为原料的轻工业。主要包括文教体育用品、化学药品制造、合成纤维制造、日用化学制品、日用玻璃制品、日用金属制品、手工工具制造、医疗器械制造、文化和办公用机械制造等工业。

重工业 指为国民经济各部门提供物质技术基础的主要生产资料的工业。按其生产性质和产品用途，可以分为下列三类：（1）采掘（伐）工业，是指对自然资源的开采，包括石油开采、煤炭开采、金属矿开采、非金属矿开采和木材采伐等工业；（2）原材料工业，指向国民经济各部门提供基础材料、动力和燃料的工业。包括金属冶炼及加工、炼焦及焦炭化学、化工原料、水泥、人造板以及电力、石油和煤炭加工等工业；（3）加工工业，是指对工业原材料进行再加工制造的工业。包括装备国民经济各部门的机械设备制造工业、金属结构、水泥制品等工业，以及为农业提供的生产资料如化肥、农药等工业。

固定资产原值 指企业在建造、购置、安装、改建、扩建、技术改造某项固定资产时所支出的全部货币总额。它一般包括买价、包装费、运杂费和安装费等。

固定资产净值 指固定资产原价减去历年已提折旧额后的净额。

流动资产 流动资产是指可以在一年或者超过一年的一个经营周期内变现或者运用的资产，包括货币资金、短期投资、应收票据、实收股利、实收利息、应收帐款、预付货款、其他应收款、实收补贴款、存货、待摊费用、一年内到期的长期债权投资和其他流动资产等。

利税总额 指企业利润总额、产品销售税金及附加和应交增值税之和。

资金利税率 指在一定时期内已实现的利润，税金总额与同期的资产（固定资产净值和流动资产）平均总额之比。

工业增加值率　指在一定时期内工业增加值占工业总产出的比重，反映降低中间消耗的经济效益。

流动资产周转次数　指在一定时期内流动资产完成的周转次数，反映流动资产的周转速度。

主营业务收入　指企业经营和提供劳务等主要经营业务取得的业务总额。

全员劳动生产率　指根据产品的价值量指标计算的平均每一个职工在单位时间内的产品生产量。目前全员劳动生产率是将工业企业的工业增加值除以同一时期从业人员的平均人数来计算。

公路里程　也称“公路通车里程”，是反映公路建设发展规模的重要指标，也是计算运输网密度等指标的基础资料；是指实际达到交通部制定的公路工程技术标准规定的等级的公路长度。它包括大中城市的郊区公路以及通过小城镇街道的公路里程，也包括桥梁、渡口的长度，但不包括城市的街道以及厂矿、林区和农业生产用道的里程，两条或多条公路共同经由同一路段，只计算一次，不得重复计算里程长度。

7 房地产开发投资

7-1 房地产开发投资情况

项　　目	单　位	1990 年	1995 年	2000 年	2005 年	2006 年	2007 年	2008 年
完成投资额	**万元**	**39178**	**549959**	**758488**	**2220270**	**3011836**	**3764663**	**3136079**
按经济类型分								
国有经济	万元	15117	138579	153831	114735	238345	353732	287194
集体经济	万元	6803	42013	57057	157396	131971	139816	217156
其他经济	万元	17258	369367	547600	1948139	2641520	3271115	2631729
按构成分								
#建筑工程	万元	31167	377911	533277	1425189	1469573	1893265	2133196
安装工程	万元	1371	35730	22201	95726	109178	126400	145323
设备工器具购置	万元	1685	11665	20588	19408	7790	8734	17440
按工程用途分								
商业营业用房	万元	6073	68010	103134	171875	208634	150235	158889
住　宅	万元	22955	357930	461013	1588398	2028782	2704938	2239851
办 公 楼	万元	9246	82476	84642	49015	23143	26872	28085
其　他	万元	904	41543	109699	410982	751277	882618	709254
按隶属关系分								
中央	万元	1527	3272	5516				252
地方（含其他）	万元	37651	546687	752972	2220270	3011836	3764663	3135827
新增固定资产	万元	14418	356867	502619	790832	954632	877325	678775
施工面积	万平方米	164.68	923.83	1236.99	2023.33	2126.41	2431.91	2520.39
#住　宅	万平方米	117.75	643.06	873.12	1714.72	1809.35	2083.42	2155.02
本年竣工面积	万平方米	67.28	328.86	323.56	501.43	479.54	474.07	329.15
#住　宅	万平方米	50.86	260.77	255.90	448.11	411.12	411.80	294.68
土地购置费	万元	4087	23177	111815	467989	1248672	1658440	653667
商品房屋销售额	万元	26907	275644	490304	2702461	2921840	3343512	2044541
# 住　宅	万元	9956	171757	382120	2373901	2470916	2903189	1790644

注：1.2005 年起商品房销售额包括现房和期房两部分，以前年份只统计现房部分，不包括期房部分。
2.2008 年为经济普查代年报；2011 年房地产企业实行网络直报，与快报比数据有变动。

7-1 续表 1

项 目	单 位	2009 年	2010 年	2011 年	2012 年	2013 年	2014 年	2015 年
完成投资额	**万元**	**3617991**	**6706940**	**9634087**	**9722667**	**12647907**	**14550729**	**13811248**
按经济类型分								
国有经济	万元	162836	498897	711343	1161179	1414648	1386959	1670773
集体经济	万元	224160	219469	267039	63341	79718	48950	45028
其他经济	万元	3230995	5988574	8655705	8498147	11153541	13114820	12095447
按构成分								
#建筑工程	万元	2367528	3311464	4937192	6487181	8163735	9598181	8802608
安装工程	万元	138266	196939	288755	488344	1045565	1293555	1114049
设备工器具购置	万元	17106	17156	12371	27687	67222	93710	96233
按工程用途分								
商业营业用房	万元	203354	482384	864472	878689	1203579	2219297	2565794
住 宅	万元	2521901	3842829	6800822	6284804	8654077	9265800	8566533
办 公 楼	万元	39777	249356	532640	811513	1082242	1369490	1113150
其 他	万元	852959	2132371	1436153	1747661	1708009	1696142	1565771
按隶属关系分								
中央	万元		11393	47198	10806	3556	580	52664
地方（含其他）	万元	3617991	6695547	9586889	9711861	12644351	14550149	13758584
新增固定资产	万元	1076320	945411	1756326	1693930	2677016	2859755	3992627
施工面积	万平方米	2635.06	3599.46	4939.00	5704.68	6871.04	7598.91	7800.01
#住 宅	万平方米	2244.38	2908.55	3819.54	4275.69	4961.57	5108.45	4992.32
本年竣工面积	万平方米	485.90	345.81	541.43	534.33	832.55	833.86	1064.05
#住 宅	万平方米	423.59	294.57	457.87	402.46	605.83	600.12	745.09
土地购置费	万元	897691	2924155	3996054	2296969	2924812	3353251	3491957
商品房屋销售额	万元	4576114	5029944	6321066	9414937	14117852	10350054	10659342
#住 宅	万元	4175460	4183336	5082318	7812616	11226626	8252471	8488111

7–1 续表 2

项 目	单 位	2016 年	2017 年	2018 年	2019 年	2020 年	2021 年
完成投资额	**万元**	**16794355**	**16941798**	**14403195**	**18127732**	**20702316**	**22488134**
按经济类型分							
国有经济	万元	1961903	1016347	824040	604777	124256	217689
集体经济	万元	43255	5707	5003	413	0	0
其他经济	万元	14789197	15919744	13574152	17522542	20578060	22270445
按构成分							
#建筑工程	万元	10115138	9213887	6344219	7958552	9931156	11971636
安装工程	万元	1654360	1946632	1095443	667673	532106	600873
设备工器具购置	万元	75224	77169	268631	193292	139175	226829
按工程用途分							
商业营业用房	万元	2416658	1986392	1334806	1229153	1763005	1692881
住 宅	万元	11235935	11769854	9669341	12888421	14939539	16378358
办 公 楼	万元	1231799	1131738	854857	1068392	876524	884337
其 他	万元	1909963	2053814	2544191	2941766	3123248	3532558
按隶属关系分							
中央	万元	3939	23901	21156	15665	49281	52621
地方（含其他）	万元	16790416	16917897	14382039	18112067	20653035	22435513
新增固定资产	万元	3774517	4901153	4318467	3032664	4709791	5087690
施工面积	万平方米	7760.77	7947.59	7928.93	8480.51	8662.60	8427.23
#住 宅	万平方米	4919.79	5070.58	4914.33	5458.31	5445.40	5329.72
本年竣工面积	万平方米	823.82	1155.74	719.94	389.85	1092.27	899.62
#住 宅	万平方米	524.62	765.17	439.02	246.61	658.31	557.08
土地购置费	万元	4717669	4929399	6438274	9023358	9929527	9353642
商品房屋销售额	万元	13542937	18635494	23128524	23327173	25527443	30258425
#住 宅	万元	11292827	13466619	18056585	18868201	21840093	25775388

7-2 房地产开发企业主要指标

（2021 年）

单位：万元、平方米

项目	计划总投资	自开始建设累计完成投资	本年完成投资	住宅投资	#90 平方米以下	144 平方米以上	办公楼投资
总计	**108395126**	**90131388**	**22488134**	**16378358**	**6491174**	**2273655**	**884337**
一、按控股情况分							
国有控股	9274605	7490952	2001924	1468746	784779	107221	180429
集体控股	385855	389748	84608	51318	19013	0	0
私人控股	89452169	73531964	19488227	14219224	5543864	2003314	659031
港澳台商控股	6808861	6368887	678695	475255	102474	146624	44877
外商控股	2473636	2349837	234680	163815	41044	16496	0
其他							
二、按隶属关系分							
中央	309650	256291	52621	4501	4501	0	48003
地方	5698542	4899182	1419149	1058536	566431	79906	116920
其他	102386934	84975915	21016364	15315321	5920242	2193749	719414
三、按营业状态分							
营业	106736658	89394506	21751252	15798748	6438826	2158552	879067
停业（歇业）							
当年关闭							
其他							
四、按企业资质等级分							
一级	4523635	4384815	476296	389510	102850	31340	7200
二级	8453150	7196080	854507	653681	244572	42745	60832
三级	18747053	16459307	1973643	1307842	500367	123829	153219
四级	2119558	1689766	216569	134574	24949	56621	48183
暂定	68480999	56326819	16934519	12292868	5136605	1486883	550121
其他	6070731	4074601	2032600	1599883	481831	532237	64782
五、按登记注册类型分							
内资企业	97941620	80449165	21147171	15324518	5933642	2158941	839460
港澳台商投资企业	7414571	6974229	1098199	882356	516034	98218	44877
外商投资企业	3038935	2707994	242764	171484	41498	16496	0

7-2 续表 1 （2021 年） 单位：万元、平方米

项　　目	商业营业用房投资	其他用房投资	本年新增固定资产	待开发土地面积	本年购置土地面积	本年土地成交价款	房屋施工面积
总　计	**1692881**	**3532558**	**5087690**	**1519285**	**325578**	**336750**	**84272302**
一、按控股情况分							
国有控股	91263	261486	493527	239571	0	0	9118713
集体控股	13831	19459	0	0	0	0	398188
私人控股	1491496	3118476	4265853	1146459	325578	336750	69910871
港澳台商控股	69615	88948	203324	0	0	0	3186880
外商控股	26676	44189	124986	133255	0	0	1657650
其他							
二、按隶属关系分							
中央	0	117	0	0	0	0	274443
地方	49207	194486	330722	55129	0	0	5886558
其他	1643674	3337955	4756968	1464156	325578	336750	78111301
三、按营业状态分							
营业	1642414	3431023	5087690	1519285	301331	302650	83515559
停业（歇业）							
当年关闭							
其他							
四、按企业资质等级分							
一级	22921	56665	119843	0	0	0	3949536
二级	62496	77498	507385	144863	96993	71100	6673837
三级	228679	283903	991434	134436	0	0	12461806
四级	16176	17636	46420	0	0	0	1677723
暂定	1260916	2830614	3422608	1239986	210106	221750	55866630
其他	101693	266242	0	0	18479	43900	3642770
五、按登记注册类型分							
内资企业	1595360	3387833	4690890	1386030	325578	336750	78169193
港澳台商投资企业	70530	100436	238894	0	0	0	3603357
外商投资企业	26991	44289	157906	133255	0	0	2499752

7-2 续表 2 （2021 年） 单位：万元、平方米

项目	#本年新开工面积	房屋竣工面积	竣工房屋价值	商品房销售面积合计	住宅	#90 平方米以下	144 平方米以上
总计	**15127257**	**8996163**	**2704636**	**21384859**	**16862559**	**8006133**	**1496186**
一、按控股情况分							
国有控股	1781932	551115	204287	1321870	1067593	344953	73480
集体控股	0	0	0	68345	41000	0	0
私人控股	12834519	8154205	2417820	19053863	15021664	7450964	1143899
港澳台商控股	321660	117173	33903	685191	531590	164543	266581
外商控股	189146	173670	48626	255590	200712	45673	12226
其他							
二、按隶属关系分							
中央	8798	0	0	0	0	0	0
地方	1100136	731979	240573	743718	654600	306244	43821
其他	14018323	8264184	2464063	20641141	16207959	7699889	1452365
三、按营业状态分							
营业	14490001	8996163	2704636	21176415	16657972	8006133	1467783
停业（歇业）							
当年关闭							
其他							
四、按企业资质等级分							
一级	57139	80522	29500	545276	468697	174487	81659
二级	891886	683679	204784	1053814	652394	378621	84079
三级	1441336	2506822	685003	2602151	1900232	766632	182237
四级	160331	99960	35500	281600	222340	63048	96020
暂定	11054240	5625180	1749849	15358059	12356471	6022891	822075
其他	1522325	0	0	1543959	1262425	600454	230116
五、按登记注册类型分							
内资企业	14450322	8468631	2553617	19995018	15795600	7605605	1270890
港澳台商投资企业	433660	312019	80393	979631	733136	351199	203813
外商投资企业	243275	215513	70626	410210	333823	49329	21483

7-2 续表 3 （2021 年） 单位：万元、平方米

项 目	办公楼销售面积	商业营业用房销售面积	其他房屋销售面积	出租面积	#商业营业用房	待售面积	#住 宅
总 计	**677365**	**1002375**	**2842560**	**1500**	**0**	**3836999**	**717726**
一、按控股情况分							
国有控股	72448	38974	142855	0	0	297430	110204
集体控股	0	6491	20854	0	0	0	0
私人控股	604717	930741	2496741	1500	0	3384722	533817
港澳台商控股	200	15334	138067	0	0	115592	70427
外商控股	0	10835	44043	0	0	39255	3278
其他							
二、按隶属关系分							
中央	0	0	0	0	0	0	0
地方	2000	30419	56699	0	0	160143	110204
其他	675365	971956	2785861	1500	0	3676856	607522
三、按营业状态分							
营业	677365	1002150	2838928	1500	0	3836999	717726
停业（歇业）							
当年关闭							
其他							
四、按企业资质等级分							
一级	3846	11951	60782	0	0	147631	112682
二级	98557	147185	155678	0	0	586495	18706
三级	139811	210633	351475	0	0	2141268	174375
四级	19772	13511	25977	0	0	98738	25029
暂定	296344	552547	2152697	1500	0	856499	382110
其他	119035	66548	95951	0	0	6368	4824
五、按登记注册类型分							
内资企业	677165	972070	2550183	1500	0	3681707	643576
港澳台商投资企业	200	16446	229849	0	0	103110	63510
外商投资企业	0	13859	62528	0	0	52182	10640

7-2 续表4 （2021年） 单位：万元、平方米

项目	商品房销售额	住宅销售额	#90平方米以下住房	144平方米以上住房	办公楼销售额	商业营业用房销售额	其他房屋销售额
总计	**30258425**	**25775388**	**11676649**	**3385351**	**921622**	**1807830**	**1753585**
一、按控股情况分							
国有控股	1794574	1580389	536360	98457	92827	51272	70086
集体控股	76979	60830	0	0	0	7004	9145
私人控股	26736082	22656081	10766963	2492756	828585	1716760	1534656
港澳台商控股	1350199	1218687	296264	768137	210	18343	112959
外商控股	300591	259401	77062	26001	0	14451	26739
其他							
二、按隶属关系分							
中央	0	0	0	0	0	0	0
地方	1061386	996372	527783	57619	4600	49939	10475
其他	29197039	24779016	11148866	3327732	917022	1757891	1743110
三、按营业状态分							
营业	29944881	25465968	11676649	3306451	921622	1807166	1750125
停业（歇业）							
当年关闭							
其他							
四、按企业资质等级分							
一级	1125162	1044966	302232	324648	6157	50723	23316
二级	1454072	1089668	659499	146362	117253	151306	95845
三级	3202625	2522107	1019695	250512	186897	342683	150938
四级	594276	502385	122447	220648	23557	48243	20091
暂定	21139660	18288935	8872221	1637848	440118	1073144	1337463
其他	2742630	2327327	700555	805333	147640	141731	125932
五、按登记注册类型分							
内资企业	28215864	23970334	11016970	2771234	921412	1765712	1558406
港澳台商投资企业	1566352	1386268	574684	567804	210	20713	159161
外商投资企业	476209	418786	84995	46313	0	21405	36018

7-3 房地产开发企业资金来源情况

（2021 年） 单位：万元

项目	本年资金来源合计	上年末结余资金	本年资金来源小计	国内贷款	利用外资	自筹资金	定金及预收款	个人按揭贷款	其他到位资金	本年各项应付款合计
总计	**32588500**	**6748073**	**25840427**	**4561174**	**65236**	**10556658**	**7397219**	**2651209**	**608931**	**6027934**
一、按控股情况分										
国有控股	3901118	806237	3094881	1122639	0	1117776	565562	267980	20924	559617
集体控股	68995	3559	65436	0	0	0	41221	6693	17522	40933
私人控股	26679611	5314529	21365082	3253779	60020	9239449	6203791	2121867	486176	5270213
港澳台商控股	1266917	450511	816406	64174	5216	161795	390636	121770	72815	96515
外商控股	671859	173237	498622	120582	0	37638	196009	132899	11494	60656
其他										
二、按隶属关系分										
中央	66342	63459	2883	0	0	131	2632	120	0	32749
地方	3400677	760082	2640595	987453	0	939247	549344	156249	8302	287874
其他	29121481	5924532	23196949	3573721	65236	9617280	6845243	2494840	600629	5707311
三、按营业状态分										
营业	31823823	6668669	25155154	4390344	65236	10242976	7255398	2642269	558931	5954831
停业（歇业）										
当年关闭										
其他										
四、按企业资质等级分										
一级	2272336	342195	1930141	1091828	0	6000	594156	230467	7690	263446
二级	1581271	452213	1129058	187964	0	370256	438353	131794	691	267918
三级	2467757	411977	2055780	169432	5216	736516	739040	342332	63244	644412
四级	270117	63813	206304	52385	0	116395	20109	13449	3966	52639
暂定	23302292	5264980	18037312	2689695	60020	8164173	4998932	1601191	523301	4506790
其他	2694727	212895	2481832	369870	0	1163318	606629	331976	10039	292729
五、按登记注册类型分										
内资企业	30165282	6078253	24087029	4376418	60020	9969215	6781415	2375339	524622	5580503
港澳台商投资企业	1715016	486490	1228526	64174	5216	547505	402199	136617	72815	357215
外商投资企业	708202	183330	524872	120582	0	39938	213605	139253	11494	90216

7-4 房地产开发企业主要财务指标

（2021 年） 单位：万元

项目	企业数（个）	年末从业人数（人）	资产总计	流动资产合计	#存货	固定资产原价	累计折旧	#本年折旧
总计	**745**	**25871**	**140384030**	**114873503.5**	**61329278.1**	**1121372.2**	**295350**	**52611.3**
一、按控股情况分								
国有控股	63	3040	21146514	14215051.2	8600272.1	75773.3	21323.9	2958
集体控股	5	106	415287	213532.1	171861.8	687.1	438.3	31.9
私人控股	631	20493	103464987.2	88838749.2	47386748.6	839738.6	222038	42475
港澳台商控股	31	1348	10385542.8	7535153.4	3115854.7	98848.3	30549.2	4258.4
外商控股	15	884	4971699	4071017.6	2054540.9	106324.9	21000.6	2888
其他								
二、按隶属关系分								
中央	5	205	529503.2	376454.9	305668.4	368.5	198.5	56.9
地方	28	1733	14682686.3	9170130.6	5262466.7	58325.5	12735.4	1963.7
其他	712	23933	125171840.5	105326918	55761143	1062678.2	282416.1	50590.7
三、按营业状态分								
营业	744	25777	140361215.1	114850689.8	61314662.9	1121363.2	295342.2	52603.5
停业（歇业）								
当年关闭	1	94	22814.9	22813.7	14615.2	9	7.8	7.8
其他								
四、按企业资质等级分								
一级	14	2420	36033619.1	21161525.3	4850205	228515.3	92810.5	11614.9
二级	55	3018	14351522.1	10965735.5	6302583.9	160800.5	28527.3	8247.4
三级	125	4577	21315725	19690026.1	10857109.1	272487.7	86179.5	13364.4
四级	40	1080	3460327.4	2462757.2	653990	50956	12171.7	2309.3
暂定	475	13775	58865577.4	54770416.4	34914454.7	391992.1	70650.9	15805.4
其他	36	1001	6357259	5823043	3750935.4	16620.6	5010.1	1269.9
五、按登记注册类型分								
内资企业	688	23377	123954505.1	102281754.1	55616221.5	914920.3	242987.9	45499.9
港澳台商投资企业	37	1536	11253102.4	8319037.7	3507180	99030.5	30495.2	4261.6
外商投资企业	20	958	5176422.5	4272711.7	2205876.6	107421.4	21866.9	2849.8

7-4 续表1 （2021 年） 单位：万元

项　　目	负债合计	实收资本	主营业务收入	商品房屋销售收入	房屋出租收入	其他收入	主营业务成本	税金及附加
总　计	**111390564.7**	**11511293.9**	**14737098.3**	**14323534.9**	**103540**	**298777.6**	**11904441.6**	**404584.9**
一、按控股情况分								
国有控股	14594645.5	1810900.8	2445760.8	2231379.1	40553.3	173537.4	1983856.3	85424.5
集体控股	375485	13503	170663.4	170552.6	100.8	10	155814.3	1302.3
私人控股	84969259.4	8333272.9	11412730.5	11235401.3	48711.7	117662.7	9191616.8	273071.1
港澳台商控股	7373399.3	762645.7	357917.6	347346.5	3132.7	7438.4	284721.7	37204.2
外商控股	4077775.5	590971.5	350026	338855.4	11041.5	129.1	288432.5	7582.8
其他								
二、按隶属关系分								
中央	475093.7	56858.6	6613.4	6613.4	0	0	6334.9	158.0
地方	9604218.3	965213.3	2239279.8	2150769.2	37290.4	51148.4	1767201.5	88080.3
其他	101311252.7	10489222	12491205.1	12166152.3	66249.6	247629.2	10130905.2	316346.6
三、按营业状态分								
营业	111383214.2	11501293.9	14737098.3	14323534.9	103540	298777.6	11904441.6	404600.7
停业（歇业）								
当年关闭	7350.5	10000	0	0	0	0	0	−15.8
其他								
四、按企业资质等级分								
一级	25370976.7	1394962.4	2167975.7	1960928.1	4957.7	202089.9	1698426.1	87510.9
二级	10788848.4	1206678.4	1717970.7	1628847.6	32289.4	56574	1313829.6	35167.4
三级	17390097.6	1865961.1	2423351.7	2390817.1	11489.2	10930.9	1955982.2	93544.8
四级	2649013.7	366068.1	131737.8	128581.1	2770.8	385.9	119460.8	6860.2
暂定	49664884.7	6335027.5	8101511.8	8024179.5	48712.5	27829.8	6681488.3	176234.5
其他	5526743.6	342596.4	194550.6	190181.5	3320.4	967.1	135254.6	5267.1
五、按登记注册类型分								
内资企业	99171582.6	9880314.4	13638078.1	13246292.8	89365.8	291173.7	10931733.7	352664.1
港澳台商投资企业	7990300.3	994129.2	737326.4	726755.3	3132.7	7438.4	673887.7	43962.4
外商投资企业	4228681.8	636850.3	361693.8	350486.8	11041.5	165.5	298820.2	7958.4

7-4 续表 2 （2021 年） 单位：万元

项　　目	营业利润	投资收益	销售费用	管理费用	财务费用	利润总额	应交所得税	应付职工薪酬	应交增值税
总　计	**1627885.3**	**448786.3**	**589704.5**	**475631.7**	**377654.2**	**1563805.6**	**250223.8**	**442653.7**	**601021.4**
一、按控股情况分									
国有控股	242183.9	29972.4	31801.9	55072.1	84549.3	249133.6	41812.5	53457.6	122617.6
集体控股	9939	0	1911.1	1703.3	3.8	9937.5	2428.8	2112.2	2834.2
私人控股	1338844.2	305718.4	472446.8	354670.8	252942.7	1268774.2	213692.8	338374.6	432476.7
港澳台商控股	84386.9	109091.8	33278.3	46296.7	2925.4	83948.8	2920.3	35126.1	23289.6
外商控股	-47468.7	4003.7	50266.4	17888.8	37233	-47988.5	-10630.6	13583.2	19803.3
其他									
二、按隶属关系分									
中央	-9018.7	-1.8	624.4	978	10450.6	-9016	617.7	3155.3	741.5
地方	400382.3	121247	10948.5	33814.7	63570.5	404951.2	52254	29352.5	122496.9
其他	1236521.7	327541.1	578131.6	440839	303633.1	1167870.4	197352.1	410145.9	477783
三、按营业状态分									
营业	1628378.8	448786.3	589668.2	475156.3	377656.6	1564293.1	250223.8	441261.6	601021.4
停业（歇业）									
当年关闭	-493.5	0	36.3	475.4	-2.4	-487.5	0	1392.1	0
其他									
四、按企业资质等级分									
一级	418410.2	314205.6	27630	74647.8	178616.9	415540.1	41628.4	48925.2	97396.9
二级	319615.2	114550.3	42836.9	51672.4	66144	324715.3	22909.6	54507.3	92016.9
三级	229766.5	21422.9	78472.7	92498.2	59565.3	234544.5	55790.5	89392.1	77542.3
四级	-18099.2	1001.6	13343.3	12811.3	-1016.2	-17311.4	544.3	11077.9	8343.8
暂定	695227.3	-2695.5	384782.5	225541	63232.8	623588.3	135622.5	224256.6	291532.7
其他	-17034.7	301.4	42639.1	18461	11111.4	-17271.2	-6271.5	14494.6	34188.8
五、按登记注册类型分									
内资企业	1631828.3	335690.8	497102.6	404040.5	330772	1574012.4	251240	388939.2	547563.6
港澳台商投资企业	49108.5	109091.8	40192.3	52756.2	9597.8	43383	9315.1	39442.2	32911.5
外商投资企业	-53051.5	4003.7	52409.6	18835	37284.4	-53589.8	-10331.3	14272.3	20546.3

主要统计指标解释

房地产开发投资　指各种登记注册类型的房地产开发法人单位统一开发的包括统代建、拆迁还建的住宅、厂房、仓库、饭店、宾馆、度假村、写字楼、办公楼等房屋建筑物，配套的服务设施，土地开发工程（如道路、给水、排水、供电、供热、通讯、平整场地等基础设施工程）和土地购置的投资；不包括单纯的土地开发和交易活动。

计划总投资　指在建的建设工程按照总体设计（或按设计概算或预算）规定的内容全部建成计划需要的总投资。没有总体设计的建设工程，分别按报告期施工工程的计划总投资合计数填报。单纯购置单位应填报单纯购置的计划总投资。计划总投资是反应固定资产投资在建总规模的重要指标，也是检查工程进度，计算建设周期的依据之一。

本年完成投资　指从本年 1 月 1 日起至报告期完成的全部投资额。本年完成投资是反映本年的实际投资规模，计算有关投资效果，进行国民经济核算和经济分析的重要指标。

完成投资额是以货币表示的工作量指标，包括实际完成的建筑安装工程价值，设备、工具、器具的购置费，以及实际发生的其他费用。没用到工程实体的建筑材料、工程预付款和没有进行安装的需要安装的设备等，不能计入投资完成额。

建筑工程　指各种房屋、建筑物的建造工程，又称建筑工作量。这部分投资额必须兴工动料，通过施工活动才能实现，是固定资产投资额的重要组成部分。

安装工程　指各种设备、装置的安装工程，又称安装工作量。在安装工程中，不包括被安装设备本身价值。

本年新增固定资产　指在报告期已经完成建造和购置过程，并已交付生产或使用单位的固定资产的价值，包括已经建成投入生产或交付使用的工程投资和达到固定资产标准的设备、工具、器具的投资及有关应摊人的费用。属于增加固定资产价值的其他建设费用，应随同交付使用的工程一并计入新增固定资产。

房屋施工面积　指报告期内施工的全部房屋建筑面积。包括本期新开工的房屋建筑面积、上期跨入本期继续施工的房屋建筑面积、上期停缓建在本期恢复施工的房屋建筑面积、本期竣工的房屋建筑面积以及本期施工后又停缓建的房屋建筑面积。多层建筑应填各层建筑面积之和。

房屋竣工面积　指报告期内房屋建筑按照设计要求已全部完工，达到住人和使用条件，经验收鉴定合格或达到竣工验收标准，可正式移交使用的各栋房屋建筑面积的总和。

竣工面积以房屋单位工程（栋）为核算对象，在整栋房屋符合竣工条件后按其全部建筑面积一次性计算，而不是按各栋施工房屋中已完成的部分或层次分割计算。

商品房销售面积　指报告期内出售商品房屋的合同总面积（即双方签署的正式买卖合同中所确定的建筑面积）。本月销售面积指从本月 1 日起至本月最后一天止出售商品房屋的合同总面积。商品房销售面积由现房销售面积和期房销售面积两部分组成。

商品房销售额　指报告期内出售商品房屋的合同总价款（即双方签署的正式买卖合同中所确定的合同总价）。本月销售额指从本月 1 日起至本月最后一天止出售商品房屋的合同总价款。该指标与商品房销售面积同口径，由现房销售额和期房销售额两部分组成。

待售面积 指报告期末已竣工的可供销售或出租的商品房屋建筑面积中，尚未销售或出租的商品房屋建筑面积，包括以前年度竣工和本期竣工的房屋面积，但不包括报告期已竣工的拆迁还建、统建代建、公共配套建筑、房地产公司自用及周转房等不可销售或出租的房屋面积。按照商品房待售时间的长短可以划分为待售一年以下，待售一到三年（含一年）和待售三年以上（含三年）。

8 建筑业

8-1 按登记注册类型分建筑业总承包、专业承包施工企业生产情况

（2021 年）

项目	单位	总计	# 国有及国有控股企业	按登记注册类型分 内资企业	港、澳、台商投资企业	外商投资企业
建筑业企业个数	个	2004	61	1991	10	3
签订的合同额	万元	130942089	49633663	129140132	1723845	78112
上年结转合同额	万元	73343049	35427317	72402131	922264	18654
本年新签合同额	万元	57599040	14206346	56738001	801581	59458
承包工程完成情况						
直接从建设单位承揽工程完成的产值	万元	56483032	12307716	55296571	1133771	52689
自行完成施工产值	万元	56286926	12286791	55122198	1113771	50957
分包出去工程的产值	万元	196106	20925	174374	20000	1732
从建设单位以外承揽工程完成的产值	万元	2113061	314923	2096844	16217	0
建筑业总产值	万元	58399987	12601714	57219042	1129988	50957
# 装饰装修产值	万元	1903587	307424	1851181	21521	30885
在外省完成的产值	万元	31650320	3397705	30953965	681289	15066
建筑业总产值按构成分						
建筑工程产值	万元	53924581	11329840	52937559	936064	50957
安装工程产值	万元	3874829	1239840	3681007	193822	0
其他产值	万元	600576	32034	600475	101	0
竣工产值	万元	24445418	3072771	23871986	531035	42397
房屋建筑施工面积	平方米	399031258	104768575	390291335	8563233	176690
# 本年新开工面积	平方米	114732119	19473319	112823821	1814733	93565
年末自有施工机械设备（净值）	万元	472382	109352.2	471947.7	434.3	0
年末自有施工机械设备（总台数）	台	54182	5263	54040	142	0
年末自有施工机械设备（总功率）	千瓦	1345220	92046	1342733	2487	0
计算建筑业劳动生产率的平均人数	人	1959572	323452	1924404	34493	675
年末从业人数	人	1938742	329899	1902317	35739	686
# 工程技术人员	人	164498	21069	163434	573	491
主要建筑材料消耗量						
钢材	吨	23478271	2996608	23183029	295179	63
木材	立方米	18512783	2006882	18442740	70023	20
水泥	吨	110086951	16761990	108677129	1409809	13
平板玻璃（重量箱）	重量箱	22425241	4637212	22281423	143753	65
平板玻璃（平方米）	平方米	89816525	10427930	89375803	440508	214
铝材	吨	1635025	440691	1626912	8080	33
房屋建筑竣工面积	平方米	77614609	7563151	74937565	2500354	176690
住宅	平方米	61211473	5715431	58711119	2500354	0
商业及服务用房	平方米	5486069	519888	5486069	0	0
办公用房	平方米	2676347	53227	2676347	0	0
科研、教育、医疗用房	平方米	1758454	864473	1758454	0	0
文化、体育、娱乐用房	平方米	153202	1300	153202	0	0
厂房及建筑物	平方米	5588386	407780	5588386	0	0
仓库	平方米	102942	752	102942	0	0
其他用房	平方米	637736	300	461046	0	176690
房屋竣工价值	万元	17052215	1917916	16502868	527023.3	22324
住宅	万元	13291233	1213729	12764210	527023	0
商业及服务用房	万元	1404527	217702	1404527	0	0
办公用房	万元	561517	25246	561517	0	0
科研、教育、医疗用房	万元	579632	359922	579632	0	0
文化、体育、娱乐用房	万元	62339	1231	62339	0	0
厂房及建筑屋	万元	1008934	99987	1008934	0	0
仓库	万元	28080	71	28080	0	0
其他用房	万元	115954	29	93630	0	22324

8–2 按行业分建筑业总承包、专业承包施工企业生产情况

（2021 年）

项目	单位	总计	按国民经济行业分			
			房屋建业	土木工程建筑业	建筑安装业	建筑装饰和其他建筑业
建筑业企业个数	个	2004	1087	437	128	352
签订的合同额	万元	130942089	108925777	16539206	2436883	3040224
上年结转合同额	万元	73343049	63710184	7757083	807252	1068530
本年新签合同额	万元	57599040	45215593	8782123	1629630	1971694
承包工程完成情况						
直接从建设单位承揽工程完成的产值	万元	56483032	43170396	10013181	1472473	1826982
自行完成施工产值	万元	56286926	43070150	9941680	1463794	1811302
分包出去工程的产值	万元	196106	100245	71501	8679	15680
从建设单位以外承揽工程完成的产值	万元	2113061	1327383	664397	29466	91815
建筑业总产值	万元	58399987	44397533	10606076	1493260	1903117
# 装饰装修产值	万元	1903587	1154851	107889	5358	635489
在外省完成的产值	万元	31650320	24450024	5652528	668904	878864
建筑业总产值按构成分						
建筑工程产值	万元	53924581	42491474	9386062	546005	1501040
安装工程产值	万元	3874829	1570314	1044814	916768	342934
其他产值	万元	600576	335745	175201	30487	59144
竣工产值	万元	24445418	19248478	3811709	722752	662479
房屋建筑施工面积	平方米	399031258	376872179	15322375	997024	5839680
# 本年新开工面积	平方米	114732119	106953662	6314645	724789	739023
年末自有施工机械设备（净值）	万元	472382	292196	164263	8718	7204
年末自有施工机械设备（总台数）	台	54182	39360	12084	1671	1067
年末自有施工机械设备（总功率）	千瓦	1345220	916046	347636	30879	50659
计算建筑业劳动生产率的平均人数	人	1959572	1588038	275344	30613	65577
年末从业人数	人	1938742	1581586	274513	25879	56764
# 工程技术人员	人	164498	124693	24710	5748	9347
主要建筑材料消耗量						
钢材	吨	23478271	19565071	2763601	287269	862330
木材	立方米	18512783	16153712	2045476	76325	237270
水泥	吨	110086951	95103100	12607549	509719	1866583
平板玻璃（重量箱）	重量箱	22425241	20003509	2218011	6477	197244
平板玻璃（平方米）	平方米	89816525	79493959	9392396	36016	894154
铝材	吨	1635025	1452875	134620	4463	43067
房屋建筑竣工面积	平方米	77614609	70759279	5507294	306893	1041143
住宅	平方米	61211473	57536680	3154898	180992	338903
商业及服务用房	平方米	5486069	4679765	353062	122741	330501
办公用房	平方米	2676347	2220011	438736	0	17600
科研、教育、医疗用房	平方米	1758454	1527853	128272	0	102329
文化、体育、娱乐用房	平方米	153202	118912	12807	0	21483
厂房及建筑物	平方米	5588386	4215551	1338798	0	34037
仓库	平方米	102942	48050	51732	3160	0
其他用房	平方米	637736	412457	28989	0	196290
房屋竣工价值	万元	17052215	15475135	1293026	34534	249521
住宅	万元	13291233	12433348	748141	33346	76398
商业及服务用房	万元	1404527	1224153	102402	242	77730
办公用房	万元	561517	446015	110416	0	5085
科研、教育、医疗用房	万元	579632	505274	35128	0	39230
文化、体育、娱乐用房	万元	62339	55830	2726	0	3783
厂房及建筑屋	万元	1008934	714950	271931	0	22053
仓库	万元	28080	9153	17981	946	0
其他用房	万元	115954	86412	4301	0	25242

8-3 按企业资质等级分建筑业总承包施工企业生产情况

（2021 年）

项 目	单 位	总 计	按企业资质等级分			
			特级	一级	二级	三级以下
建筑业企业个数	个	1189	9	120	255	805
签订的合同额	万元	122409863	57165546	37519599	20682619	7042099
上年结转合同额	万元	70299961	41940494	16540247	9549433	2269788
本年新签合同额	万元	52109902	15225051	20979352	11133186	4772311
承包工程完成情况						
直接从建设单位承揽工程完成的产值	万元	51142447	12830724	22444076	11688401	4179247
自行完成施工产值	万元	51019585	12820526	22416683	11636216	4146160
分包出去工程的产值	万元	122862	10198	27393	52184	33087
从建设单位以外承揽工程完成的产值	万元	1584789	177356	443455	665978	298000
建筑业总产值	万元	52604374	12997882	22860138	12302194	4444160
# 装饰装修产值	万元	1154752	114489	522788	363761	153714
在外省完成的产值	万元	29429008	5900825	13717321	7730074	2080788
建筑业总产值按构成分						
建筑工程产值	万元	49432113	12876226	21362710	11284610	3908568
安装工程产值	万元	2736371	113769	1360993	843968	417641
其他产值	万元	435889	7887	136434	173617	117951
竣工产值	万元	22422881	4846016	10907595	4515907	2153363
房屋建筑施工面积	平方米	388820854	159871299	154291167	61976297	12682091
# 本年新开工面积	平方米	111885858	34938913	49412148	22305238	5229559
年末自有施工机械设备（净值）	万元	427374	65598	130111	90404	141261
年末自有施工机械设备（总台数）	台	49155	1365	20716	12740	14334
年末自有施工机械设备（总功率）	千瓦	1151735	65111	587708	343596	155320
计算建筑业劳动生产率的平均人数	人	1781435	408449	812884	413581	146521
年末从业人数	人	1776384	421039	800720	415806	138819
# 工程技术人员	人	131744	11778	68114	33868	17984
主要建筑材料消耗量						
钢材	吨	21762602	4857234	9826026	5810344	1268998
木材	立方米	17605262	4428730	6046340	5903734	1226458
水泥	吨	105285506	33237368	48751796	18086929	5209413
平板玻璃（重量箱）	重量箱	22013371	7642338	9291808	3623399	1455826
平板玻璃（平方米）	平方米	88171269	22401074	44415508	14500523	6854164
铝材	吨	1503960	477446	554835	252995	218684
房屋建筑竣工面积	平方米	74015979	17331280	34457400	16285578	5941721
住宅	平方米	59355272	12706175	30332958	12174329	4141810
商业及服务用房	平方米	4847340	2227547	1826526	410976	382291
办公用房	平方米	2150265	723927	387821	777485	261032
科研、教育、医疗用房	平方米	1669106	787961	561264	286753	33128
文化、体育、娱乐用房	平方米	115566	71681	1000	33922	8963
厂房及建筑物	平方米	5399347	813989	1011815	2490880	1082663
仓库	平方米	90804	0	11732	54836	24236
其他用房	平方米	388279	0	324284	56397	7598
房屋竣工价值	万元	16293737	3944481	7667061	3154909	1527287
住宅	万元	12853584	2654183	6700384	2293058	1205959
商业及服务用房	万元	1303700	645398	479474	109848	68980
办公用房	万元	451039	140085	82257	169783	58915
科研、教育、医疗用房	万元	557413	329127	169678	52196	6412
文化、体育、娱乐用房	万元	56753	46249	1201	7025	2278
厂房及建筑屋	万元	963861	129440	161495	492956	179970
仓库	万元	26760	0	4453	18718	3589
其他用房	万元	80627	0	68120	11323	1184

8-4 按企业资质等级分建筑业专业承包施工企业生产情况

（2021 年）

项目	单位	总计	按企业资质等级分		
			一级	二级	三级以下
建筑业企业个数	个	815	270	397	148
签订的合同额	万元	8532226	5681972	2154733	695521
上年结转合同额	万元	3043088	2172164	692976	177948
本年新签合同额	万元	5489138	3509808	1461757	517573
承包工程完成情况					0
直接从建设单位承揽工程完成的产值	万元	5340584	3534465	1263567	542553
自行完成施工产值	万元	5267341	3475942	1249148	542251
分包出去工程的产值	万元	73243	58523	14419	301
从建设单位以外承揽工程完成的产值	万元	528272	389092	120506	18674
建筑业总产值	万元	5795613	3865033	1369654	560926
# 装饰装修产值	万元	748835	549661	180356	18817
在外省完成的产值	万元	2221312	1707635	428733	84944
建筑业总产值按构成分					0
建筑工程产值	万元	4492468	3049450	1048983	394035
安装工程产值	万元	1138458	704169	283383	150907
其他产值	万元	164687	111415	37288	15984
竣工产值	万元	2022537	1195275	548460	278802
房屋建筑施工面积	平方米	10210404	7441449	2713688	55267
# 本年新开工面积	平方米	2846261	2197545	629284	19432
年末自有施工机械设备（净值）	万元	45008	25974	14330	4704
年末自有施工机械设备（总台数）	台	5027	3140	1443	444
年末自有施工机械设备（总功率）	千瓦	193485	100248	82734	10503
计算建筑业劳动生产率的平均人数	人	178137	109695	49656	18786
年末从业人数	人	162358	96767	47186	18405
# 工程技术人员	人	32754	22027	7891	2836
主要建筑材料消耗量					0
钢材	吨	1715669	723205	956386	36078
木材	立方米	907521	595291	293321	18909
水泥	吨	4801445	2810275	1871966	119204
平板玻璃（重量箱）	重量箱	411870	331036	67612	13222
平板玻璃（平方米）	平方米	1645256	1233641	312751	98864
铝材	吨	131065	100314	26043	4708
房屋建筑竣工面积	平方米	3598630	2186083	1345570	66977
住宅	平方米	1856201	1354631	488112	13458
商业及服务用房	平方米	638729	256712	364176	17841
办公用房	平方米	526082	435747	90095	240
科研、教育、医疗用房	平方米	89348	35570	53778	0
文化、体育、娱乐用房	平方米	37636	9250	23801	4585
厂房及建筑物	平方米	189039	82579	101500	4960
仓库	平方米	12138	970	11168	0
其他用房	平方米	249457	10624	212940	25893
房屋竣工价值	万元	758478	486790	259656	12032
住宅	万元	437648	322271	113904	1473
商业及服务用房	万元	100827	50694	44960	5174
办公用房	万元	110478	87467	22939	72
科研、教育、医疗用房	万元	22219	9258	12961	0
文化、体育、娱乐用房	万元	5586	969	4033	584
厂房及建筑屋	万元	45073	13806	30140	1127
仓库	万元	1321	204	1117	0
其他用房	万元	35327	2122	29603	3601

8-5 按县（市）区分建筑业总承包、专业承包施工企业生产情况

（2021 年）

项目	单位	福州市	鼓楼区	台江区	仓山区	晋安区	马尾区	长乐区
建筑业企业个数	个	2004	205	99	151	249	148	128
签订的合同额	万元	130942089	30238805	1198215	2359279	6618570	31283767	6042920
上年结转合同额	万元	73343049	21892931	279953	1014412	3291918	22921330	1946344
本年新签合同额	万元	57599040	8345874	918262	1344867	3326652	8362437	4096576
承包工程完成情况								
直接从建设单位承揽工程完成的产值	万元	56483032	8420938	788537	1523226	4189415	6265938	3096665
自行完成施工产值	万元	56286926	8402087	772839	1511750	4155562	6254794	3094907
分包出去工程的产值	万元	196106	18851	15697	11477	33854	11144	1758
从建设单位以外承揽工程完成的产值	万元	2113061	363087	45739	40967	178580	239486	9686
建筑业总产值	万元	58399987	8765174	818578	1552716	4334142	6494280	3104594
# 装饰装修产值	万元	1903587	396335	129446	75848	169949	327876	81330
在外省完成的产值	万元	31650320	3208112	162133	436761	1639802	2760785	1775811
建筑业总产值按构成分								
建筑工程产值	万元	53924581	7849521	560534	1242612	3810892	5647153	2973927
安装工程产值	万元	3874829	869854	232109	267742	472078	821603	125657
其他产值	万元	600576	45799	25934	42362	51171	25524	5010
竣工产值	万元	24445418	4125611	257689	566590	1198193	758249	1311210
房屋建筑施工面积	平方米	399031258	58898814	711236	3773640	10052149	88981463	31429897
# 本年新开工面积	平方米	114732119	8203291	58622	1002168	1751080	22469759	12352817
年末自有施工机械设备（净值）	万元	472382	66615	4897	13324	24978	97910	23526
年末自有施工机械设备（总台数）	台	54182	4028	332	1207	4480	910	5938
年末自有施工机械设备（总功率）	千瓦	1345220	75280	13076	37906	89215	55145	62916
计算建筑业劳动生产率的平均人数	人	1959572	243716	19838	46910	108159	200649	86330
年末从业人数	人	1938742	234623	17764	42133	107346	206960	92732
# 工程技术人员	人	164498	36670	2350	6305	10670	7181	11804
主要建筑材料消耗量		0	0	0	0	0	0	0
钢材	吨	23478271	3358027	15438	364177	1123368	981610	1888779
木材	立方米	18512783	1669192	15703	113717	529038	2293248	1184645
水泥	吨	110086951	8912024	31803	611910	3033598	18240623	6478025
平板玻璃（重量箱）	重量箱	22425241	1012732	1487	34537	517185	4684978	2938505
平板玻璃（平方米）	平方米	89816525	4353847	10024	127496	1787109	10888473	17310185
铝材	吨	1635025	149427	208	47695	64057	404110	103714
房屋建筑竣工面积	平方米	77614609	11936338	73786	1490055	1308604	3899825	3966039
住宅	平方米	61211473	8368685	13810	826405	711498	3627915	3327871
商业及服务用房	平方米	5486069	2299949	15934	106467	122836	101179	88826
办公用房	平方米	2676347	217892	3620	9353	3210	62988	160433
科研、教育、医疗用房	平方米	1758454	832827	3311	44971	326815	27726	78368
文化、体育、娱乐用房	平方米	153202	71681	4250	1140	12233	15190	0
厂房及建筑物	平方米	5588386	141194	5465	313569	116188	44521	306898
仓库	平方米	102942	3160	0	610	0	11168	3205
其他用房	平方米	637736	950	27396	187540	15824	9138	438
房屋竣工价值	万元	17052215	3155945	7938	407511	330093	560094	922250
住宅	万元	13291233	1976728	3350	251628	199426	510247	809891
商业及服务用房	万元	1404527	670913	439	51473	259	16722	9255
办公用房	万元	561517	56955	181	3570	939	11989	36671
科研、教育、医疗用房	万元	579632	360462	861	9607	85553	6780	16742
文化、体育、娱乐用房	万元	62339	46249	320	1231	2814	1909	0
厂房及建筑屋	万元	1008934	43509	260	65316	38465	9046	49202
仓库	万元	28080	946	0	41	0	1117	420
其他用房	万元	115954	184	2527	24646	2637	2284	70

8-5 续表 （2021年）

项目	单位	福清市	闽侯县	连江县	罗源县	闽清县	永泰县	平潭县
建筑业企业个数	个	103	177	133	71	158	169	213
签订的合同额	万元	9835961	4572467	5870523	1202695	16405490	12397049	2916349
上年结转合同额	万元	4957680	2118039	1164952	627656	7610920	4017861	1499054
本年新签合同额	万元	4878281	2454428	4705571	575039	8794570	8379187	1417295
承包工程完成情况								
直接从建设单位承揽工程完成的产值	万元	5277985	2764188	3873544	697153	9970359	8326576	1288508
自行完成施工产值	万元	5267868	2742702	3839405	696890	9965338	8325309	1257476
分包出去工程的产值	万元	10117	21486	34139	263	5022	1267	31033
从建设单位以外承揽工程完成的产值	万元	35027	45653	78535	577	55922	253331	766472
建筑业总产值	万元	5302895	2788356	3917940	697467	10021259	8578639	2023947
# 装饰装修产值	万元	46432	6319	214297	903	331626	87334	35891
在外省完成的产值	万元	3743330	1542047	1948691	287457	6922004	5653263	1570124
建筑业总产值按构成分								
建筑工程产值	万元	5271624	2672815	3500538	690764	9340935	8460101	1903166
安装工程产值	万元	16847	75093	326158	2609	559604	39804	65671
其他产值	万元	14424	40448	91243	4094	120720	78735	55111
竣工产值	万元	3769035	984876	1627449	298797	4777834	4014547	755338
房屋建筑施工面积	平方米	35120100	17633276	22045851	4565865	52702658	70343149	2773160
# 本年新开工面积	平方米	10822514	4990653	10806438	1448651	13937331	26622875	265920
年末自有施工机械设备（净值）	万元	72150	18378	16643	6037	67758	49239	10928
年末自有施工机械设备（总台数）	台	5313	1288	2805	803	10490	7015	9573
年末自有施工机械设备（总功率）	千瓦	226825	41789	82406	35472	353741	196914	74535
计算建筑业劳动生产率的平均人数	人	162843	93228	107194	23604	442110	316514	108477
年末从业人数	人	172065	96185	95074	21768	424392	318526	109174
# 工程技术人员	人	11308	6502	5036	3931	36776	18210	7755
主要建筑材料消耗量		0	0	0	0	0	0	0
钢材	吨	2977198	772795	1727134	241672	4658543	4910365	459165
木材	立方米	2060883	361620	1090184	78091	4361773	4291781	462908
水泥	吨	14280992	3370545	8935557	536898	24385971	17840678	3428327
平板玻璃（重量箱）	重量箱	1443309	388827	1637847	393395	4056998	5176194	139247
平板玻璃（平方米）	平方米	5797207	1443366	6713283	1037693	17537894	20724432	2085516
铝材	吨	85410	64825	210908	41259	186904	235608	40900
房屋建筑竣工面积	平方米	10762111	3876254	7133545	1559978	15630810	14759550	1217714
住宅	平方米	8378549	3338016	5984263	779774	13449013	12058644	347030
商业及服务用房	平方米	1246209	47193	493460	25258	366797	286054	285907
办公用房	平方米	100630	61212	215874	50598	748954	765805	275778
科研、教育、医疗用房	平方米	66119	61680	21332	13646	89643	181330	10686
文化、体育、娱乐用房	平方米	0	0	400	0	38912	310	9086
厂房及建筑物	平方米	912390	341585	407092	353917	910658	1446003	288906
仓库	平方米	57472	7000	0	0	0	20126	201
其他用房	平方米	742	19568	11124	336785	26833	1278	120
房屋竣工价值	万元	2118381	868223	1370323	277104	3870361	2903206	260788
住宅	万元	1609908	771165	1153327	136913	3401680	2393247	73723
商业及服务用房	万元	274069	14660	117365	7353	77939	79547	84534
办公用房	万元	30189	10404	44534	15628	150356	138677	61426
科研、教育、医疗用房	万元	16573	17643	5465	3633	15095	38384	2835
文化、体育、娱乐用房	万元	0	0	103	0	7672	33	2009
厂房及建筑屋	万元	168556	43846	46333	48394	209707	250120	36182
仓库	万元	18705	3800	0	0	0	3001	50
其他用房	万元	381	6705	3197	65183	7913	197	30

8-6 建筑业盈利总承包、专业承包施工企业数及利润总额

（2021年）

项目	单位	福州市	鼓楼区	台江区	仓山区	晋安区	马尾区	长乐区
企业个数	个	**1688**	**160**	**75**	**113**	**206**	**120**	**104**
施工总承包	个	1004	54	26	72	78	82	73
特级	个	10	4				1	1
一级	个	136	16	1	3	15	1	4
二级	个	197	14	9	11	21	22	7
三级以下	个	661	20	16	58	42	58	61
专业承包	个	684	106	49	41	128	38	31
一级	个	237	48	23	5	41	13	5
二级	个	329	36	14	27	66	16	22
三级以下	个	118	22	12	9	21	9	4
利润总额	**万元**	**1566883**	**205688**	**32458**	**31549**	**157256**	**195067**	**75368**
施工总承包	万元	1283045	143432	26925	21901	82693	172460	71129
特级	万元	274056	90267	0	0	0	100667	10865
一级	万元	606661	36170	94	10137	46018	46	38023
二级	万元	232402	11949	23987	4392	26170	5940	7698
三级以下	万元	169927	5046	2844	7372	10504	65808	14543
专业承包	万元	283837	62256	5533	9647	74564	22607	4239
一级	万元	198016	53556	3925	1115	56352	12874	718
二级	万元	66215	2873	968	6585	13507	8937	3346
三级以下	万元	19606	5828	640	1947	4704	796	175

8-6 续表 （2021 年）

项　　目	单 位	福清市	闽侯县	连江县	罗源县	闽清县	永泰县	平潭县
企业个数	个	**100**	**148**	**115**	**61**	**137**	**153**	**196**
施工总承包	个	76	114	46	25	116	137	105
特 级	个					1	3	
一 级	个	20	9	16	2	29	18	2
二 级	个	22	10	7	4	29	23	18
三级以下	个	34	95	23	19	57	93	85
专业承包	个	24	34	69	36	21	16	91
一 级	个	1	29	39	10	10	4	9
二 级	个	19	4	30	22	8	8	57
三级以下	个	4	1	0	4	3	4	25
利润总额	万元	**48351**	**67669**	**41268**	**288917**	**167631**	**99088**	**156576**
施工总承包	万元	41021	54449	7783	279694	159464	71024	151072
特 级	万元	0	0	0	14736	57522	0	0
一 级	万元	27855	48005	1657	198103	63826	7804	128923
二 级	万元	5991	4507	4222	54263	26587	40776	15921
三级以下	万元	7176	1937	1904	12593	11529	22443	6229
专业承包	万元	7329	13220	33485	9223	8167	28064	5504
一 级	万元	6999	9625	32257	2026	3973	14504	92
二 级	万元	325	3595	1134	7126	3680	9094	5044
三级以下	万元	5	0	94	70	514	4466	368

8-7 按登记注册类型分建筑业总承包、专业承包施工企业主要财务指标

（2021 年） 单位：万元

项 目	总 计	# 国有及国有控股企业	按登记注册类型分		
			内资企业	港、澳、台商投资企业	外商投资企业
年初存货	3822254	1041261	3737388	81960	2906
流动资产合计	33213397	12320897	32746416	414611	52370
应收工程款	5350623	1652503	5304032	22203	24388
存货	4202848	1448099	4115537	87223	88
固定资产原价	2416111	727555	2407120	7886	1105
房屋和构筑物	535965	312377	535249	89	627
机器设备	933474	255935	930765	2565	145
累计折旧	1159888	333789	1152817	6278	792
本年折旧	164614	47893	164210	352	53
在建工程	160002	11614	159994	8	0
无形资产	180037	143084	179654	370	13
土地使用权	137052	129141	137052	0	0
资产总计	41632057	17819707	41138143	440117	53798
流动负债合计	23344931	8595892	22985279	319730	39922
应付账款	5893064	3080941	5798031	74708	20325
非流动负债合计	1477324	1149407	1477324	0	0
负债合计	29009707	12978093	28650010	319776	39922
所有者权益合计	12622351	4841614	12488133	120341	13876
#实收资本	5265807	1020392	5204769	54038	7000
个人资本	1515978	0	1515978	0	0
营业收入	47605624	10489069	46428676	1123564	53383
主营业务收入	45639985	10293085	44463732	1122927	53325
营业成本	44175083	9691868	43037180	1090489	47414
主营业务成本	42224144	9423498	41086832	1089898	47414
税金及附加	388732	32539	383929	4618	185
主营业务税金及附加	337229	29769	333484	3560	185
其他业务利润	29496	23976	29494	3	0
销售费用	66575	5952	66332	0	242
管理费用	1189649	203195	1179507	7091	3051
研发费用	323740	215479	321239	2501	0
财务费用	222049	75130	221797	214	38
营业利润	1509085	368751	1485530	21266	2289
营业外收入	34677	5577	34644	30	2
营业外支出	38648	2715	38487	126	35
利润总额	1504254	371523	1480828	21170	2256
所得税费用	334095	63794	328260	5282	553
应付职工薪酬（本年贷方累计发生额）	11951303	2538318	11709330	235229	6743
应交增值税	1065274	175823	1045136	18624	1515
建筑业企业在境外完成的营业收入	609362	568450	609362	0	0

8-8 按行业分建筑业总承包、专业承包施工企业主要财务指标

（2021年）　　单位：万元

项目	总计	按国民经济行业分			
		房屋建筑业	土木工程建筑业	建筑安装业	建筑装饰和其他建筑业
年初存货	3822254	2937719	608850	119383	156301
流动资产合计	33213397	25191219	5382979	1266909	1372290
应收工程款	5350623	3485253	1213952	361752	289665
存货	4202848	3344540	550779	104061	203467
固定资产原价	2416111	1182403	965361	110428	157919
房屋和构筑物	535965	228139	235632	33221	38973
机器设备	933474	460403	401843	36915	34313
累计折旧	1159888	533012	490376	58378	78121
本年折旧	164614	85826	61687	6739	10363
在建工程	160002	103312	50969	1979	3742
无形资产	180037	42856	122196	7546	7438
土地使用权	137052	28532	103134	2286	3100
资产总计	41632057	31719429	6899065	1442610	1570953
流动负债合计	23344931	18087492	3609484	801639	846315
应付账款	5893064	3933516	1403221	291240	265087
非流动负债合计	1477324	1155319	274363	36924	10718
负债合计	29009707	22907659	4186410	889137	1026500
所有者权益合计	12622351	8811770	2712655	553473	544453
#实收资本	5265807	3308425	1275457	316911	365015
个人资本	1515978	1026307	328048	78763	82860
营业收入	47605624	35888609	8544735	1442701	1729579
主营业务收入	45639985	34371479	8226609	1415625	1626273
营业成本	44175083	33586367	7742779	1287961	1557976
主营业务成本	42224144	32060981	7429476	1270507	1463180
税金及附加	388732	301362	72303	5114	9953
主营业务税金及附加	337229	257526	68313	4456	6934
其他业务利润	29496	4331	8856	15987	322
销售费用	66575	36835	11397	12163	6179
管理费用	1189649	741489	296452	66494	85215
研发费用	323740	217691	67821	27148	11081
财务费用	222049	156274	43907	11537	10331
营业利润	1509085	1008708	386204	42040	72132
营业外收入	34677	23467	8806	1590	813
营业外支出	38648	25877	8624	1309	2839
利润总额	1504254	1006099	386305	42321	69529
所得税费用	334095	237171	80138	6311	10476
应付职工薪酬（本年贷方累计发生额）	11951303	9425494	1668152	449258	408398
应交增值税	1065274	780151	212852	30919	41353
建筑业企业在境外完成的营业收入	609362	38062	568699	2110	491

8-9 按企业资质等级分建筑业总承包施工企业主要财务指标

（2021 年）

单位：万元

项　　目	总　计	#特级	一级	二级	三级以下
年初存货	3379023	725434	1913216	518575	221799
流动资产合计	29297449	6389554	14164078	3413737	5330080
应收工程款	4163490	1112109	1810717	720812	519853
存货	3714716	467706	2416701	598760	231549
固定资产原价	1898116	399819	747662	387112	363523
房屋和构筑物	457393	116973	178881	56174	105365
机器设备	749195	157834	304698	180594	106069
累计折旧	939134	207780	413735	178935	138684
本年折旧	122148	18044	44716	23034	36354
在建工程	120799	2033	60753	43483	14530
无形资产	162742	48173	109391	3092	2086
土地使用权	133228	36318	94419	2012	479
资产总计	36949812	8412475	16005173	4116389	8415775
流动负债合计	21000319	5362510	11723592	2209250	1704966
应付账款	5092888	1809531	2345538	549934	387884
非流动负债合计	1387391	731692	533995	51729	69974
负债合计	26289324	6124199	12480393	2556038	5128694
所有者权益合计	10660488	2288276	3524780	1560352	3287081
#实收资本	4094264	799298	1613026	975842	706099
个人资本	1223801	87230	511661	349495	275415
营业收入	42147346	11114981	21312061	6018247	3702057
主营业务收入	40420059	11090095	20675699	5644072	3010192
营业成本	39327675	10509698	19883218	5580873	3353886
主营业务成本	37592216	10392635	19311156	5216265	2672161
税金及附加	344403	32070	207640	57648	47046
主营业务税金及附加	299684	31702	185718	50605	31659
其他业务利润	27555	3532	21827	1739	457
销售费用	43789	0	23726	12452	7611
管理费用	927645	133627	483647	154892	155480
研发费用	289694	184863	95890	6002	2939
财务费用	196357	41527	125178	18483	11169
营业利润	1240827	270428	591032	227372	151994
营业外收入	27943	5164	7442	11472	3865
营业外支出	29499	1537	7064	16244	4654
利润总额	1238108	274056	590410	222600	151042
所得税费用	303012	55563	156814	53806	36829
应付职工薪酬（本年贷方累计发生额）	10773241	3203645	5505129	1320857	743610
应交增值税	942060	167410	469923	179552	125175
建筑业企业在境外完成的营业收入	605644	159193	409257	22772	14422

8-10 按企业资质等级分建筑业专业承包施工企业主要财务指标

（2021年） 单位：万元

项目	总计	一级	二级	三级以下
年初存货	443230	283679	94200	65352
流动资产合计	3915948	2365399	898919	651631
应收工程款	1187132	817916	214233	154984
存货	488132	365554	83894	38684
固定资产原价	517995	257292	175167	85537
房屋和构筑物	78572	50183	22599	5790
机器设备	184279	82518	59283	42478
累计折旧	220754	97640	79399	43715
本年折旧	42466	17559	18385	6523
在建工程	39203	11070	25526	2608
无形资产	17294	12260	4096	938
土地使用权	3824	3368	0	456
资产总计	4682245	2795334	1084873	802038
流动负债合计	2344612	1505231	548317	291064
应付账款	800176	512240	159469	128467
非流动负债合计	89933	55522	23022	11389
负债合计	2720383	1632169	646991	441223
所有者权益合计	1961863	1163166	437882	360815
#实收资本	1171543	681168	304449	185927
个人资本	292177	196065	58409	37703
营业收入	5458278	3498807	1410163	549307
主营业务收入	5219926	3388427	1301705	529794
营业成本	4847407	3101224	1257759	488424
主营业务成本	4631928	3007497	1155743	468689
税金及附加	44329	30256	12075	1998
主营业务税金及附加	37545	26149	9676	1720
其他业务利润	1941	1726	156	59
销售费用	22786	10335	7175	5276
管理费用	262004	145344	75815	40845
研发费用	34047	30342	1008	2697
财务费用	25692	17009	4545	4138
营业利润	268258	188263	62841	17154
营业外收入	6734	4367	1705	662
营业外支出	9149	7044	1777	328
利润总额	266146	186451	62168	17528
所得税费用	31083	19873	8255	2955
应付职工薪酬（本年贷方累计发生额）	1178062	741105	325845	111111
应交增值税	123214	79427	30872	12914
建筑业企业在境外完成的营业收入	3718	18	3699	2

8-11 按县（市）区分建筑业总承包、专业承包施工企业主要财务指标

（2021 年） 单位：万元

项目	福州市	鼓楼区	台江区	仓山区	晋安区	马尾区	长乐区
年初存货	3822254	1067976	60005	519001	199664	345966	281807
流动资产合计	33213397	8723959	648931	1713064	2484481	6747088	1060524
应收工程款	5350623	1712008	114823	176721	614378	543599	105180
存货	4202848	1112113	64655	607784	286912	296978	455339
固定资产原价	2416111	478968	56214	123083	278004	357366	62140
房屋和构筑物	535965	111621	8012	26218	71753	170688	12367
机器设备	933474	233069	35123	64335	103540	82109	18369
累计折旧	1159888	285604	28239	62183	133615	103924	26827
本年折旧	164614	25775	5129	6975	21651	22059	3809
在建工程	160002	23995	1506	2895	19275	21150	5360
无形资产	180037	62358	25	58528	22936	18166	8279
土地使用权	137052	50927	0	57129	9003	15764	0
资产总计	41632057	10754878	726166	1925930	2973642	7869753	1180365
流动负债合计	23344931	6927001	454926	1341054	1917070	6385675	771078
应付账款	5893064	1724042	185150	160109	754284	1688030	109849
非流动负债合计	1477324	943508	4027	135047	81299	193303	47706
负债合计	29009707	8065269	466211	1500493	2147844	6660167	861760
所有者权益合计	12622351	2689609	259955	425437	825798	1209585	318605
#实收资本	5265807	1102533	178509	286470	582017	540587	211674
个人资本	1515978	146231	39909	73519	129940	100136	81633
营业收入	47605624	7832567	808561	1126407	3473275	5586277	2469927
主营业务收入	45639985	7763663	728092	1094457	3330912	5546212	2164478
营业成本	44175083	7364702	739924	1015958	3172003	5059407	2344031
主营业务成本	42224144	7292045	641909	984275	3038129	4958026	2039867
税金及附加	388732	25730	3771	6618	27559	19580	39328
主营业务税金及附加	337229	24123	2809	6379	25059	17992	18121
其他业务利润	29496	18195	841	1318	3714	1645	0
销售费用	66575	9092	2968	4568	8321	6397	3629
管理费用	1189649	209654	45808	48827	113657	92078	40322
研发费用	323740	87356	1623	6428	32220	124976	2916
财务费用	222049	45085	3146	22623	10328	86664	9383
营业利润	1509085	199537	28031	28574	152898	169243	71360
营业外收入	34677	2822	1806	607	3743	4483	656
营业外支出	38648	3189	546	1361	1983	2247	266
利润总额	1504254	201232	29291	27823	153658	171485	71190
所得税费用	334095	34471	7073	2911	13229	33749	11629
应付职工薪酬（本年贷方累计发生额）	11951303	2188439	166344	280517	817070	1298445	611645
应交增值税	1065274	150299	27336	15824	53912	88122	53879
建筑业企业在境外完成的营业收入	609362	183109	4515	135344	249259	15592	8561

8-11 续表 （2021 年） 单位：万元

项目	福清市	闽侯县	连江县	罗源县	闽清县	永泰县	平潭县
年初存货	261470	194248	85420	36843	442826	230595	96432
流动资产合计	1724484	1131847	805862	224704	2548173	4453607	946676
应收工程款	481008	160797	129323	80063	509211	301895	421617
存货	277793	182807	138813	50503	418119	170517	140517
固定资产原价	244109	89170	65846	46780	250191	191328	172913
房屋和构筑物	27149	18460	6269	25851	29631	19086	8861
机器设备	105236	21690	37901	9100	69469	75549	77984
累计折旧	119326	41480	39461	11827	119199	95967	92238
本年折旧	12428	5873	3312	2346	23215	17967	14076
在建工程	775	18813	21495	5503	26500	1083	11653
无形资产	1339	3472	19	3276	1549	64	26
土地使用权	950	180	0	3100	0	0	0
资产总计	1976720	1305287	905933	289362	3195007	7268093	1260922
流动负债合计	1166332	756784	408409	120515	1393960	1100018	602109
应付账款	343743	85047	142782	35373	302091	113580	248985
非流动负债合计	14039	17793	9627	163	407	10684	19722
负债合计	1211543	802321	426415	141918	1653542	4337679	734544
所有者权益合计	765177	502965	479517	147444	1541465	2930414	526378
#实收资本	353912	338202	270571	104351	532928	493983	270071
个人资本	169989	100066	144983	31447	219189	191070	87867
营业收入	4428497	2550391	3135087	496274	7600365	6342859	1755138
主营业务收入	4277978	2501795	3070465	477519	6749950	6332345	1602120
营业成本	4163175	2407265	2996016	426720	6983983	5921181	1580716
主营业务成本	4024147	2359331	2936668	418098	6156516	5910246	1464888
税金及附加	33662	23789	25081	9292	95977	58310	20036
主营业务税金及附加	30031	23056	22702	8998	82013	57875	18072
其他业务利润	440	1996	22	79	165	1072	10
销售费用	5666	7444	968	2650	7215	3904	3753
管理费用	61540	63407	44726	17047	226157	176565	49863
研发费用	12588	7249	13023	826	15224	19161	151
财务费用	6982	9444	3297	2538	6721	7350	8487
营业利润	157159	44870	67437	40950	278410	160142	110473
营业外收入	2470	838	303	285	1675	6940	8048
营业外支出	3095	516	924	129	2589	898	20906
利润总额	156535	43931	66816	41106	277479	166094	97615
所得税费用	57249	13160	14616	2307	72760	54448	16495
应付职工薪酬（本年贷方累计发生额）	1207179	550296	761723	110369	2115381	1593874	250021
应交增值税	114988	68989	54730	8299	201067	164009	63820
建筑业企业在境外完成的营业收入	0	13	566	2	1789	6307	4306

主要统计指标解释

签订合同额 指建筑业企业在报告期直接同建设单位签订的各种国内工程合同的总价款和以前年度同建设单位签订的各种国内工程合同的未完工程跨入本年度继续施工工程合同的总价款余额。

建筑业总产值 指以货币表现的建筑业企业在一定时期内生产的建筑业产品和服务的总和。建筑业总产值包括建筑工程产值、安装工程产值和其他产值三部分内容。

劳务分包企业建筑业总产值指劳务分包企业与总承包企业或专业承包企业签定劳务分包合同后，从事建筑安装工程取得的所有劳务收入。

建筑工程产值 指列入建筑工程预算内的各种工程价值，包括：

（1）各种房屋如厂房、仓库、办公室、住宅、商店、学校、医院、俱乐部、食堂、车库、招待所等房屋建筑，按照当前预算制度规定，列入房屋工程预算内的暖气、卫生、通风、照明、煤气等设备价值及其装饰油漆工程，以及列入建筑工程预算内的各种管道（如蒸汽、压缩空气、石油、给排水等管道），电力、电讯电缆导线的敷设等工程。

（2）设备基础、支柱、操作平台、梯子、烟囱、凉水塔、水池、灰塔等建筑工程、炼焦炉、裂解炉、蒸汽炉等各种窑炉的砌筑工程及金属结构工程。

（3）为施工而进行的建筑场地的布置，工程地质勘探，原有建筑物和障碍物的拆除及平整土地，施工临时用水、电、汽道路工程，以及完工后建筑场地的清理，环境绿化工作等。

（4）矿井的开凿、井巷掘进延伸、露天矿的剥离、石油、天然气钻井工程和铁路、公路、港口、桥梁等工程。

（5）水利工程，如水库、堤坝、灌渠以及河道整治等工程。

（6）防空、地下建筑等特殊工程。

（7）装饰装修工程。

安装工程产值 指设备安装工程价值，包括：

（1）生产、动力、起重、运输、传动和医疗、实验等各种需要安装设备的装配和安装与设备相连的工作台、梯子、栏杆等装设工程，附属于被安装设备的管线敷设工程、被安装设备的绝缘、防腐、保温、油漆等工作。

（2）为测定安装工作质量，对单个设备、系统设备进行单机试运和系统联动无负荷试运工作。

在设备安装产值中，不得包括被安装设备本身价值。

其他产值 建筑业总产值中除建筑工程、安装工程以外的产值。包括房屋构筑物修理产值、非标准设备制造产值、总包企业向分包企业收取的管理费以及不能明确划分的施工活动所完成的产值。

竣工产值 一般是以单位工程为对象，当该工程按照设计所规定的工程内容全部完成，达到了设计规定的交工条件，经有关部门检查验收鉴定合格的单位工程价值，即为竣工产值。

主营业务收入 指企业确认的销售商品、提供劳务等主营业务的收入。根据会计“主营业务收入”科目的期末贷方余额（结转前）填报。执行2006年《企业会计准则》或2011年《小企业会计准则》的企业，如未设置该科目，以“营业收入”代替填报。

主营业务成本 指企业经营主要业务所发生的成本总额。根据会计“主营业务成本”科目的期末借方余额（结转前）填报。执行 2006 年《企业会计准则》或 2011 年《小企业会计准则》的企业，如未设置该科目，以“营业成本”代替填报。

主营业务税金及附加 指企业经营主要业务应负担的营业税、消费税、城市维护建设税、教育费附加等。根据会计“主营业务税金及附加”科目的期末借方余额（结转前）填报。执行 2006 年《企业会计准则》或 2011 年《小企业会计准则》的企业，如未设置该科目，以“营业税金及附加”代替填报。

房屋施工面积 指报告期内施工的全部房屋建筑面积。包括本期新开工的房屋建筑面积、上期跨入本期继续施工的房屋建筑面积、上期停缓建在本期恢复施工的房屋建筑面积、本期竣工的房屋建筑面积以及本期施工后又停缓建的房屋建筑面积。多层建筑应填各层建筑面积之和。

房屋竣工面积 指报告期内房屋建筑按照设计要求已全部完工，达到住人和使用条件，经验收鉴定合格或达到竣工验收标准，可正式移交使用的各栋房屋建筑面积的总和。

竣工面积以房屋单位工程（栋）为核算对象，在整栋房屋符合竣工条件后按其全部建筑面积一次性计算，而不是按各栋施工房屋中已完成的部分或层次分割计算。

9 批发零售、住宿餐饮与旅游业

9-1 主要年份社会消费品零售总额

单位：万元

年 份	社会消费品零售总额
1952	14728
1957	28730
1962	41885
1965	40392
1970	41312
1975	55755
1978	69385
1979	81434
1980	105652
1981	107486
1982	119816
1983	132492
1984	159722
1985	203152
1986	246647
1987	284971
1988	377931
1989	440614
1990	452764
1991	506952
1992	605046
1993	762545
1994	1019877
1995	1296563
1996	1795791
1997	2235688
1998	2609755
1999	2947541
2000	3276424
2001	3572907
2002	3951171
2003	4501755
2004	5315459
2005	6000823
2006	6995883
2007	8448810
2008	10124005
2009	11732622
2010	14134846
2011	16802023
2012	19871647
2013	22807830
2014	25871765
2015	29255269
2016	31448425
2017	34740855
2018	38307977
2019	41989358
2020	42256054
2021	45494113

9–2 限额以上批发企业基本情况

（2021年） 单位：万元

项目	法人企业（个）	年末从业人员（人）	商品购进额	商品销售额	#批发额	商品年末库存
总计	**3252**	**66986**	**100089984**	**106801239**	**98664589**	**4636867**
按登记注册类型分						
内资企业	3190	64852	94990017	101335098	94002782	4452567
# 国有企业	4	1265	777872	1202344	1202344	41090
集体企业	5	21	26039	28587	27330	243
有限责任公司	189	8307	18793881	19410306	18545795	1291254
# 其他有限责任公司	147	6227	14977586	15459192	14709004	655682
股份有限公司	2	71	27022	30969	30969	239
私营企业	2989	55178	75362248	80659801	74193252	3119738
私营独资企业	5	35	16625	23940	17916	390
私营合伙企业	4	0	1897	2750	0	0
私营有限责任公司	2968	54331	75172370	80443980	73993169	3109924
私营股份有限公司	12	812	171356	189131	182167	9424
港、澳、台商投资企业	31	703	2035169	2083055	1980683	39375
#港、澳、台商独资经营企业	18	239	1894907	1933165	1844434	31621
外商投资企业	31	1431	3064798	3383086	2681125	144925
#外资企业	21	1283	2691625	3000289	2449427	136062

9-2 续表 （2021 年） 单位：万元

项　　目	法人企业（个）	年末从业人员（人）	商品购进额	商品销售额	#批发额	商品年末库　存
按国民经济行业分						
农、林、牧、渔产品批发	84	1523	1947731	1987746	1968924	543166
谷物、豆及薯类批发	23	541	866648	858345	847403	421611
种子批发	3	89	8271	13460	13460	1432
畜牧渔业饲料批发	25	317	589472	616573	615791	42290
食品、饮料及烟草制品批发	392	14144	9117722	10000848	9020775	659909
米、面制品及食用油批发	43	849	1134975	1176260	1066964	119036
糕点、糖果及糖批发	13	545	206432	219014	185735	30221
果品、蔬菜批发	46	2293	1856686	2013300	1444106	19988
肉、禽、蛋、奶及水产品批发	128	2851	2441848	2502579	2408795	249977
盐及调味品批发	16	410	99844	117968	116979	15278
营养和保健品批发	2	33	13189	18088	18088	861
酒、饮料及茶叶批发	73	1638	650162	758316	679525	75873
烟草制品批发	2	1283	739257	1160701	1152093	57516
其他食品批发	69	4242	1975330	2034622	1948491	91160
纺织、服装及家庭用品批发	548	11052	9892811	10339715	9333507	313940
纺织品、针织品及原料批发	160	1582	4671408	4727526	4620354	33133
服装批发	97	2199	1009925	1144098	1057998	53705
鞋帽批发	87	2111	1663906	1700134	1153700	11840
化妆品及卫生用品批发	26	614	184662	202046	153779	12742
厨具卫具及日用杂品批发	30	884	150995	181560	165870	9934
灯具、装饰物品批发	27	495	218567	239092	230702	6347
家用视听设备批发	15	587	460318	529182	435773	101591
其他家庭用品批发	68	1638	655664	706181	622871	19375
文化、体育用品及器材批发	96	2483	1125718	1312896	1234239	78578
文具用品批发	46	607	358261	389910	343505	12631
图书批发	7	370	29986	55293	52963	12673
首饰、工艺品及收藏品批发	1	850	9308	10654	10654	24
其他文化用品批发	9	516	63980	77836	75361	6584
医药及医疗器材批发	154	5904	2838900	3233387	3154993	279525
西药批发	28	2155	1466785	1581351	1528113	142822
中药批发	22	1210	348263	393915	388928	36285
医疗用品及器材批发	97	2394	976398	1199494	1184274	95190
矿产品、建材及化工产品批发	1348	15716	59307007	63050156	59628405	1848534
煤炭及制品批发	90	1116	9134109	10165033	10153016	317600
石油及制品批发	62	1280	4052826	5141084	2820002	107571
非金属矿及制品批发	30	262	2086284	2178029	2166682	15088
金属及金属矿批发	335	3398	23134282	23330078	23022405	770681
建材批发	587	6951	10610456	11310452	10797146	384468
化肥批发	17	338	731364	911216	909959	56696
农药批发	4	167	52016	47091	47091	19127
其他化工产品批发	223	2204	9505669	9967174	9712105	177303
机械设备、五金产品及电子产品批发	513	12572	8615587	9211093	7696513	357745
农业机械批发	4	87	36615	39757	38355	4323
汽车及零配件批发	82	1240	1527689	1586077	1038141	65092
摩托车及零配件批发	9	192	126186	128142	119806	5704
五金产品批发	70	1080	457935	504363	458570	26423
电气设备批发	55	991	362107	423907	407432	9378
计算机、软件及辅助设备批发	61	1417	750617	809307	744977	67140
通讯设备批发	40	1170	1449218	1496196	1094304	30802
广播影视设备批发	2	91	59757	59332	59332	4896
其他机械设备及电子产品批发	190	6304	3845464	4164012	3735597	143988
贸易经纪与代理	14	908	1634016	1608531	1605034	83706
贸易代理	11	601	523253	548446	544948	20062
其他贸易经纪与代理	2	302	1104083	1053092	1053092	63498
其他批发业	103	2684	5610493	6056867	5022200	471764
再生物资回收与批发	45	477	4159789	4539716	3745588	368313
其他未列明批发业	48	1712	897937	927007	756675	51232

9–3 限额以上零售企业基本情况

（2021年） 单位：万元

项　　目	法人企业（个）	年末从业人员（人）	商品购进额	商品销售额	#批发额	商品年末库　存
总　　计	**1535**	**87028**	**25074235**	**27871666**	**3336978**	**1221531**
按登记注册类型分						
内资企业	1482	71633	20182896	22452086	1825836	1058755
# 国有企业	6	61	8756	9896	0	218
集体企业	17	315	123470	134237	3726	2421
有限责任公司	79	8378	2457767	2752199	588148	205412
# 其他有限责任公司	73	8203	2447698	2739084	588148	203557
股份有限公司	3	2975	2488210	2748777	1053232	143325
私营企业	1377	59904	15104694	16806977	180729	707380
私营独资企业	70	1044	418948	457285	11348	13087
私营合伙企业	4	170	15833	21087	0	370
私营有限责任公司	1299	58039	14009529	15551987	169381	654755
私营股份有限公司	4	651	660384	776617	0	39168
港、澳、台商投资企业	26	4662	896421	950763	15496	50565
#港、澳、台商独资经营企业	20	3851	724312	759743	15496	41017
外商投资企业	27	10733	3994918	4468817	1495646	112211
#外资企业	23	4502	637124	756453	2001	41701

9-3 续表 （2021年） 单位：万元

项目	法人企业（个）	年末从业人员（人）	商品购进额	商品销售额	#批发额	商品年末库存
按国民经济行业分						
综合零售	173	18846	3405969	3874198	25528	137599
百货零售	35	2777	828402	1067258	20255	22394
超级市场零售	101	14007	2320341	2518417	1877	104309
其他综合零售	28	485	107852	124431	286	3272
食品、饮料及烟草制品专门零售	213	7744	891347	1013787	47950	49091
粮油零售	15	241	82048	87789	90	4466
糕点、面包零售	7	1228	16614	31951	0	879
肉、禽、蛋、奶及水产品零售	51	1988	333967	349360	7161	11624
营养和保健品零售	3	26	2423	2210	0	219
酒、饮料及茶叶零售	61	1282	192500	229303	11981	16411
烟草制品零售	3	232	28338	37415	0	3224
其他食品零售	56	924	122530	129855	2144	10058
纺织、服装及日用品专门零售	96	4516	1135736	1233836	30356	47372
纺织品及针织品零售	9	146	61944	67531	4602	1560
服装零售	33	1559	397252	438054	0	24160
鞋帽零售	9	262	23576	26300	0	3841
化妆品及卫生用品零售	8	1020	272870	293080	8954	9476
厨具卫具及日用杂品零售	8	168	26583	28419	0	1003
钟表、眼镜零售	4	786	18192	24518	0	1497
自行车等代步设备零售	6	73	17888	20770	0	1626
其他日用品零售	18	352	310412	328082	16723	4183
文化、体育用品及器材专门零售	65	4012	1027532	1123043	313299	121972
文具用品零售	14	303	35921	40760	0	7031
图书、报刊零售	5	2974	631961	641552	300331	84781
珠宝首饰零售	22	356	120088	138272	0	25291
工艺美术品及收藏品零售	11	95	98107	99845	0	3959
乐器零售	5	57	22412	27778	12968	167
照相器材零售	1	0	156	156	0	0
其他文化用品零售	3	120	106455	159456	0	577
医药及医疗器材专门零售	70	12556	895211	962727	103245	119670
西药零售	57	11584	841526	902479	103245	111084
中药零售	10	920	50968	56473	0	7890
医疗用品及器材零售	3	52	2717	3775	0	696
汽车、摩托车、零配件和燃料及其他动力销售	353	22243	12335184	13538204	2769936	529989
汽车新车零售	259	11160	5639112	6147297	32189	296384
汽车零配件零售	19	810	74773	81272	0	4650
摩托车及零配件零售	11	253	30672	33374	0	3008
机动车燃油零售	62	10000	6584949	7270367	2737747	225529
家用电器及电子产品专门零售	169	3418	1151119	1486511	10744	52952
家用视听设备零售	10	162	122606	147287	0	1054
日用家电零售	75	1629	539998	793773	7426	21477
计算机、软件及辅助设备零售	26	381	209017	235666	485	5944
通信设备零售	29	808	123159	136442	472	14645
其他电子产品零售	29	438	156338	173343	2361	9832
五金、家具及室内装饰材料专门零售	158	2870	1840247	1953882	8451	31510
五金零售	30	300	54378	64762	474	2841
灯具零售	16	142	258069	271758	0	1526
家具零售	34	1279	1101491	1124484	740	12309
木质装饰材料零售	12	201	76222	77368	150	1102
陶瓷、石材装饰材料零售	18	170	115132	121165	0	2976
其他室内装饰材料零售	23	300	109999	123968	623	3040
货摊、无店铺及其他零售业	238	10823	2391890	2685479	27470	131376
生活用燃料零售	13	378	139030	157556	710	592
其他未列明零售业	10	181	24988	25757	0	981

9-4 限额以上批发企业年末资产及负债情况

（2021 年） 单位：万元

项目	法人企业数（个）	流动资产合计	固定资产原价	资产合计	负债合计	所有者权益合计
总计	**3252**	**34766257**	**1270697**	**44803693**	**32858852**	**10876602**
按登记注册类型分						
内资企业	3190	31933846	1136780	41654581	30470185	10286875
# 国有企业	4	392446	63884	450391	53746	396645
集体企业	5	2618	1805	4177	1059	138
有限责任公司	189	5848699	332355	8994812	5745532	3185195
# 其他有限责任公司	147	3929906	236533	4763829	3089093	1610651
股份有限公司	2	242446	5016	393172	57573	335599
私营企业	2989	25447432	733718	31811650	24612102	6369093
私营独资企业	5	2812	1210	3055	2079	100
私营合伙企业	4	1879	72	1954	0	0
私营有限责任公司	2968	24984802	672109	29094767	23251598	5015543
私营股份有限公司	12	457939	60327	2711874	1358425	1353450
港、澳、台商投资企业	31	385743	16663	448019	280233	167339
#港、澳、台商独资经营企业	18	335785	8717	346283	257871	88413
外商投资企业	31	2446668	117254	2701093	2108435	422388
#外资企业	21	1946851	89048	2156370	1976307	178737

9-4 续表 （2021 年） 单位：万元

项　　目	法人企业数（个）	流动资产合　计	固定资产原　价	资产合计	负债合计	所有者权益合计
按国民经济行业分						
农、林、牧、渔产品批发	84	1077317	44720	1281224	953969	326021
谷物、豆及薯类批发	23	654864	21073	733705	652177	81249
种子批发	3	16388	4490	19453	6596	12856
畜牧渔业饲料批发	25	187075	12552	201784	137998	63786
食品、饮料及烟草制品批发	392	3890317	382225	6978202	4274555	2681099
米、面制品及食用油批发	43	583430	30660	843377	684560	157766
糕点、糖果及糖批发	13	137444	3349	144624	112697	31926
果品、蔬菜批发	46	162607	140725	292906	112480	166281
肉、禽、蛋、奶及水产品批发	128	1297624	50658	1517781	1262091	255029
盐及调味品批发	16	94015	18965	232659	113662	118998
营养和保健品批发	2	2968	359	3984	2325	1660
酒、饮料及茶叶批发	73	733236	39305	2958760	1512002	1446067
烟草制品批发	2	414141	70367	485091	57513	427578
其他食品批发	69	464853	27836	499021	417224	75795
纺织、服装及家庭用品批发	548	3087295	153981	3410501	2740999	570650
纺织品、针织品及原料批发	160	1455538	76586	1578760	1385445	175839
服装批发	97	342059	29181	404833	263896	120201
鞋帽批发	87	319644	15337	370122	262263	83860
化妆品及卫生用品批发	26	76123	4404	81534	66938	10416
厨具卫具及日用杂品批发	30	88925	8137	120450	75288	28382
灯具、装饰物品批发	27	51143	6067	61227	37473	23755
家用视听设备批发	15	255063	3372	261106	297810	-36705
其他家庭用品批发	68	176619	9336	189250	127473	50525
文化、体育用品及器材批发	96	438800	35283	624630	424116	194497
文具用品批发	46	138759	10871	282615	213910	63479
图书批发	7	104781	3296	125592	48354	77238
首饰、工艺品及收藏品批发	26	154334	18682	169590	129246	40344
其他文化用品批发	9	31100	2023	35424	24909	10515
医药及医疗器材批发	154	1169078	79068	1350210	943501	402467
西药批发	28	461409	27922	539502	380445	159058
中药批发	22	206799	8838	244971	152123	92442
医疗用品及器材批发	97	469040	41355	531390	381883	145671
矿产品、建材及化工产品批发	1348	19084018	402214	24313566	17930769	5685241
煤炭及制品批发	90	1810683	34901	1930497	1650455	265042
石油及制品批发	62	912363	121412	1166511	800120	169166
非金属矿及制品批发	30	649077	7134	719419	563186	164388
金属及金属矿批发	335	5872930	40118	6856850	5745544	1071682
建材批发	587	6242200	115363	7564117	5542029	1958337
化肥批发	17	567946	13164	739793	361990	374822
农药批发	4	28227	243	28502	25904	2597
其他化工产品批发	223	3000592	69879	5307878	3241541	1679208
机械设备、五金产品及电子产品批发	513	4384509	109762	4939840	4179094	680663
农业机械批发	4	11279	782	13161	9646	3515
汽车及零配件批发	82	857648	12626	880188	811571	68093
摩托车及零配件批发	9	51205	1440	58271	49961	6234
五金产品批发	70	159584	11477	175823	114806	34084
电气设备批发	55	194469	7356	212049	150375	42004
计算机、软件及辅助设备批发	61	292717	14205	335791	200137	123874
通讯设备批发	40	218676	5706	231384	167784	45851
广播影视设备批发	2	26586	284	26586	24803	1783
其他机械设备及电子产品批发	190	2572345	55885	3006587	2650011	355227
贸易经纪与代理	14	397607	11578	581389	432507	148881
贸易代理	11	243647	6477	423357	283541	139816
其他贸易经纪与代理	2	150681	4997	154753	145803	8950
其他批发业	103	1237316	51867	1324133	979343	187083
再生物资回收与批发	45	673596	8131	686119	595782	80519
其他未列明批发业	48	507508	42791	580511	332097	100525

9–5 限额以上批发企业财务状况

（2021 年） 单位：万元

项　　目	营业收入	主营业务收　入	营业成本	税金及附加	营业利润
总　　计	**95941038**	**92525901**	**91521728**	**288449**	**1617346**
按登记注册类型分					
内资企业	91094848	87988993	86839712	284361	1519397
# 国有企业	1067177	1066227	768479	135170	120971
集体企业	27168	25822	23494	519	2654
有限责任公司	17786396	17613354	17325459	27045	173813
# 其他有限责任公司	13980857	13814761	13601843	23087	114209
股份有限公司	29862	29862	27076	288	–2106
私营企业	72181155	69250639	68692245	121339	1223984
私营独资企业	22924	20998	21006	150	643
私营合伙企业	2750	0	1373	16	94
私营有限责任公司	71998949	69074813	68528758	120770	1181487
私营股份有限公司	156532	154828	141107	403	41760
港、澳、台商投资企业	1857256	1852794	1820608	1261	14301
# 港、澳、台商独资经营企业	1719983	1718675	1700767	1127	8688
外商投资企业	2988934	2684114	2861408	2826	83647
# 外资企业	2629636	2479217	2514476	2318	84317

9-5 续表 （2021 年） 单位：万元

项 目	营业收入	主营业务收入	营业成本	税金及附加	营业利润
按国民经济行业分					
农、林、牧、渔产品批发	1893731	1885156	1843514	1809	16012
谷物、豆及薯类批发	822073	820979	814605	403	12666
种子批发	17290	17287	13581	28	848
畜牧渔业饲料批发	585369	585369	566704	249	1465
食品、饮料及烟草制品批发	9284278	9137242	8504599	145405	262871
米、面制品及食用油批发	1100886	1094924	1075052	847	-8116
糕点、糖果及糖批发	199215	197979	181307	279	5350
果品、蔬菜批发	1863750	1780910	1775533	1367	15938
肉、禽、蛋、奶及水产品批发	2464793	2452886	2372869	2061	8911
盐及调味品批发	110400	106968	97263	335	2013
营养和保健品批发	16998	16998	11569	141	2762
酒、饮料及茶叶批发	657033	638994	553500	1755	92811
烟草制品批发	1028153	1027203	725207	135110	123612
其他食品批发	1843050	1820380	1712300	3512	19590
纺织、服装及家庭用品批发	9105968	8893067	8667263	10753	107272
纺织品、针织品及原料批发	4301119	4273706	4220862	2756	21151
服装批发	1074894	1019392	988550	3267	22279
鞋帽批发	1187764	1148144	1122171	659	7082
化妆品及卫生用品批发	183184	145959	162411	247	1180
厨具卫具及日用杂品批发	170931	158705	142945	466	7616
灯具、装饰物品批发	217812	217390	186167	487	10446
家用视听设备批发	473940	473552	459365	627	468
其他家庭用品批发	668491	637961	597192	1076	23232
文化、体育用品及器材批发	1194429	1170700	1034663	2390	69175
文具用品批发	352164	335538	310081	878	23934
图书批发	53884	52562	39093	232	7317
首饰、工艺品及收藏品批发	644596	643864	555080	902	33857
其他文化用品批发	73837	73779	66971	285	1056
医药及医疗器材批发	2918804	2906004	2628975	8292	59894
西药批发	1424651	1422000	1318282	3501	22205
中药批发	360188	357418	313543	854	5339
医疗用品及器材批发	1080287	1073040	952686	3775	31530
矿产品、建材及化工产品批发	56241721	54182719	54251846	59213	917883
煤炭及制品批发	9141097	9104462	8630066	9773	268194
石油及制品批发	4439716	2725659	4335210	2302	40041
非金属矿及制品批发	1949863	1939821	1903712	550	6835
金属及金属矿批发	20854492	20835686	20193506	22656	395309
建材批发	10191571	10041848	9699481	15324	169857
化肥批发	761478	759913	736090	1905	3060
农药批发	46866	46712	43155	62	387
其他化工产品批发	8856638	8728617	8710625	6641	34199
机械设备、五金产品及电子产品批发	8310354	7601987	7797522	12111	188485
农业机械批发	37221	37087	34087	26	275
汽车及零配件批发	1408266	1079222	1363164	1177	7280
摩托车及零配件批发	120789	112498	115469	110	1183
五金产品批发	474871	447427	429183	2533	11422
电气设备批发	385155	378822	346305	555	13846
计算机、软件及辅助设备批发	728603	690069	665735	999	19407
通讯设备批发	1327625	1100772	1293599	1398	7759
广播影视设备批发	49100	49100	44182	75	1350
其他机械设备及电子产品批发	3778724	3706991	3505798	5236	125963
贸易经纪与代理	1467856	1463355	1404266	1887	7002
贸易代理	538359	538345	520395	685	11257
其他贸易经纪与代理	923308	918821	878079	1195	-4371
其他批发业	5523898	5285673	5389079	46589	-11249
再生物资回收与批发	4099143	3964088	4054687	43659	-20506
其他未列明批发业	850016	746846	774261	1518	7569

9–6 限额以上零售企业年末资产及负债情况

（2021 年） 单位：万元

项目	法人企业数（个）	流动资产合计	固定资产原价	资产合计	负债合计	所有者权益合计
总计	1535	6523860	1794514	10579280	7109306	3243688
按登记注册类型分						
内资企业	1482	5624327	1262908	8336462	5439794	2670382
# 国有企业	6	774	1443	2162	275	865
集体企业	17	6495	3847	9225	4790	2805
有限责任公司	79	1164912	328687	1714014	1122239	589943
# 其他有限责任公司	73	1156722	327931	1705065	1118014	585220
股份有限公司	3	908375	430161	1894405	526209	1368195
私营企业	1377	3543770	498770	4716657	3786281	708574
私营独资企业	70	39057	11639	54875	20566	30378
私营合伙企业	4	5735	4624	7152	1230	1922
私营有限责任公司	1299	2899379	423311	3814821	3187525	413425
私营股份有限公司	4	599600	59196	839810	576961	262848
港、澳、台商投资企业	26	239920	68260	425226	228970	196257
# 港、澳、台商独资经营企业	20	163327	60982	333743	224391	109352
外商投资企业	27	659614	463347	1817592	1440542	377050
#外资企业	23	203795	109116	466201	438785	27416

9-6 续表 （2021年） 单位：万元

项　　目	法人企业数（个）	流动资产合计	固定资产原价	资产合计	负债合计	所有者权益合计
按国民经济行业分						
综合零售	173	1075728	346050	1831940	1614170	193971
百货零售	35	627062	197047	1176126	932801	235794
超级市场零售	101	412691	136373	602319	654953	-64454
其他综合零售	28	15748	5708	26442	11195	10801
食品、饮料及烟草制品专门零售	213	221238	41936	308328	169128	132806
粮油零售	15	24331	2945	30005	7772	22017
糕点、面包零售	7	3592	4810	16724	9896	6414
肉、禽、蛋、奶及水产品零售	51	51746	14461	74546	40751	32194
营养和保健品零售	3	1394	410	1557	1108	377
酒、饮料及茶叶零售	61	42828	9674	55872	36488	17987
烟草制品零售	3	6458	493	7045	2869	4175
其他食品零售	56	64660	6613	87575	46960	37920
纺织、服装及日用品专门零售	96	137585	23693	173074	139052	32332
纺织品及针织品零售	9	8143	359	8580	4213	4367
服装零售	33	68080	3485	82134	82148	-705
鞋帽零售	9	9452	429	9918	11501	-1899
化妆品及卫生用品零售	8	18321	8736	29648	17661	11797
厨具卫具及日用杂品零售	8	9585	3103	11038	10329	710
钟表、眼镜零售	4	5371	2914	8050	1087	6963
自行车等代步设备零售	6	4332	1648	5787	2552	3114
其他日用品零售	18	13284	1800	16351	9145	6834
文化、体育用品及器材专门零售	65	759632	127507	962061	574679	384480
文具用品零售	14	17162	693	22279	7139	14923
图书、报刊零售	5	663848	121610	854720	519102	335619
珠宝首饰零售	22	61190	2816	64127	32694	29433
工艺美术品及收藏品零售	11	5090	226	6158	7059	-905
乐器零售	5	4764	242	4858	3394	1128
照相器材零售	1	281	10	346	0	0
其他文化用品零售	3	5107	1058	6348	4063	2285
医药及医疗器材专门零售	70	314847	50670	495391	255352	100852
西药零售	57	295532	47770	458999	215768	104044
中药零售	10	14299	2491	30318	36749	-6431
医疗用品及器材零售	3	5015	409	6075	2836	3239
汽车、摩托车、零配件和燃料及其他动力销售	353	2601081	1063624	5013259	2802457	2190166
汽车新车零售	259	1161221	244588	1565320	1115012	430007
汽车零配件零售	19	30109	8570	35955	24939	11016
摩托车及零配件零售	11	11860	894	13234	7816	5419
机动车燃油零售	62	1397715	809463	3398570	1654608	1743628
家用电器及电子产品专门零售	169	316740	18219	428851	342587	75551
家用视听设备零售	10	9558	979	10141	2410	7034
日用家电零售	75	215458	4516	313507	271191	36906
计算机、软件及辅助设备零售	26	26323	1774	28128	17692	10436
通信设备零售	29	25035	486	26456	16350	10105
其他电子产品零售	29	40367	10463	50619	34944	11070
五金、家具及室内装饰材料专门零售	158	157379	71850	289177	194822	88159
五金零售	30	14953	1688	20310	10855	8318
灯具零售	16	3887	368	4461	1887	2263
家具零售	34	89927	63793	203888	148780	52190
木质装饰材料零售	12	12760	1061	13717	10789	2929
陶瓷、石材装饰材料零售	18	6065	723	6814	3647	3057
其他室内装饰材料零售	23	9325	1548	16233	6783	8018
货摊、无店铺及其他零售业	238	939631	50966	1077200	1017060	45374
生活用燃料零售	13	32689	22010	56754	35216	21538
其他未列明零售业	10	4231	464	4610	3278	1333

9-7　限额以上零售企业财务状况

（2021 年）　　单位：万元

项　　目	营业收入	主营业务收　入	营业成本	税金及附加	营业利润
总　　计	**25850492**	**25023561**	**23071245**	**73137**	**498139**
按登记注册类型分					
内资企业	20581532	19844343	18318064	61793	386382
# 国有企业	8272	5615	7062	77	595
集体企业	125029	114225	109912	738	993
有限责任公司	2443582	2349556	2172673	8383	62200
# 其他有限责任公司	2431567	2337565	2162860	8342	62389
股份有限公司	2744164	2643587	2517262	4648	138806
私营企业	15260485	14731360	13511155	47948	183788
私营独资企业	418836	400295	359276	2235	23934
私营合伙企业	19225	15621	16996	60	355
私营有限责任公司	14134158	13627402	12491508	42489	149973
私营股份有限公司	688266	688042	643376	3163	9527
港、澳、台商投资企业	885107	875777	767353	2910	16676
#港、澳、台商独资经营企业	715303	707423	621720	2600	12274
外商投资企业	4383854	4303442	3985827	8434	95081
# 外资企业	670344	655690	583271	2718	-8826

9-7 续表 （2021 年） 单位：万元

项　　目	营业收入	主营业务收　入	营业成本	税金及附加	营业利润
按国民经济行业分					
综合零售	3403702	3265902	3008392	11672	-38237
百货零售	872107	818122	764659	7336	957
超级市场零售	2264205	2192849	2007596	3938	-42958
其他综合零售	117526	108712	105737	324	1091
食品、饮料及烟草制品专门零售	942916	919921	796007	2347	31152
粮油零售	79529	77566	73162	228	2504
糕点、面包零售	29675	28711	16141	62	-655
肉、禽、蛋、奶及水产品零售	328675	322215	279195	481	13323
营养和保健品零售	2192	1771	1847	9	209
酒、饮料及茶叶零售	208445	201364	172307	598	8147
烟草制品零售	32644	32583	26935	55	1041
其他食品零售	121370	115326	102018	441	1825
纺织、服装及日用品专门零售	1095753	1046655	931238	1845	62271
纺织品及针织品零售	61202	61202	54136	82	2739
服装零售	390101	379988	338763	424	10287
鞋帽零售	24074	23784	21184	39	-325
化妆品及卫生用品零售	257839	257750	212173	446	22987
厨具卫具及日用杂品零售	26246	26246	20375	159	1649
钟表、眼镜零售	21931	21931	15339	45	383
自行车等代步设备零售	18818	17793	15166	96	688
其他日用品零售	289275	251694	249633	504	23504
文化、体育用品及器材专门零售	967705	943981	800528	14228	45104
文具用品零售	36434	35718	30701	119	1784
图书、报刊零售	532398	525465	438104	2275	25665
珠宝首饰零售	124490	124267	112682	1454	2962
工艺美术品及收藏品零售	88727	88658	77005	110	7720
乐器零售	26404	18131	24131	119	69
照相器材零售	91	0	51	1	15
其他文化用品零售	145571	138152	106860	10063	5382
医药及医疗器材专门零售	879161	794480	724945	2368	28096
西药零售	820717	737050	680628	2168	29867
中药零售	54842	53828	41598	195	-1877
医疗用品及器材零售	3603	3603	2720	5	106
汽车、摩托车、零配件和燃料及其他动力销售	12960051	12630769	11985474	26589	335438
汽车新车零售	5657491	5500987	5329633	13798	61723
汽车零配件零售	54230	54230	45702	200	990
摩托车及零配件零售	30101	30101	26204	26	230
机动车燃油零售	7212335	7039557	6579512	12547	271114
家用电器及电子产品专门零售	1332456	1304089	1059938	1506	27867
家用视听设备零售	131022	123520	105897	220	20964
日用家电零售	712341	698538	502595	679	26
计算机、软件及辅助设备零售	209829	209823	200888	168	2223
通信设备零售	124367	124046	107757	285	2413
其他电子产品零售	154897	148161	142802	154	2241
五金、家具及室内装饰材料专门零售	1734222	1668648	1567234	5088	42277
五金零售	56965	49974	48437	277	2477
灯具零售	241506	219296	223570	284	7370
家具零售	1013612	999516	922220	3590	17928
木质装饰材料零售	48688	48688	45590	166	601
陶瓷、石材装饰材料零售	109724	105250	95382	346	3849
其他室内装饰材料零售	111496	96635	95533	235	3391
货摊、无店铺及其他零售业	2534525	2449116	2197488	7495	-35829
生活用燃料零售	153938	153906	128607	82	306
其他未列明零售业	23133	23133	20823	23	-1150

9-8 限额以上住宿业基本情况

（2021年）

项　　目	法人企业（个）	年末从业人员（人）	床位数（个）	餐位数（位）
总　　计	**295**	**18492**	**66611**	**114245**
按住宿行业小类分				
旅游饭店	184	15077	50758	103721
一般旅馆	100	3071	14589	9884
其他住宿服务	6	241	962	540
按登记注册类型分				
内资企业	276	16697	62667	106643
# 国有企业	5	290	649	610
集体企业				
有限责任公司	28	3537	11044	12508
# 其他有限责任公司	20	2653	7592	8105
股份有限公司	1	38	178	0
私营企业	242	12832	50796	93525
私营独资企业	44	1006	4450	3426
私营合伙企业	8	465	734	3890
私营有限责任公司	190	11361	45612	86209
私营股份有限公司				
港澳台商投资企业	13	1676	3583	7278
# 港澳台独资企业	4	874	1539	3593
外商投资企业	6	119	361	324
# 外资企业	5	119	361	324

9-9 限额以上餐饮业企业基本情况

（2021 年）

项目	法人企业（个）	年末从业人员（人）	餐位数（位）	年末餐饮营业面积（平方米）
总计	437	36858	232420	692630
按餐饮行业小类分				
正餐服务	365	15519	159043	479296
快餐服务	27	16043	65468	188627
其他餐饮业	11	266	2505	3100
按登记注册类型分				
内资企业	422	20528	192921	532986
# 国有企业				
集体企业				
有限责任公司	10	420	2168	9091
# 其他有限责任公司	10	420	2168	9091
股份有限公司				
私营企业	412	20108	190753	523895
私营独资企业	105	3181	40942	104167
私营合伙企业	12	390	6990	27133
私营有限责任公司	294	16416	128946	378345
私营股份有限公司	1	121	13875	14250
港澳台商投资企业	6	5762	13130	57743
# 港澳台独资企业	5	5626	12910	56277
外商投资企业	9	10568	26369	101901
# 外资企业	8	10476	25829	101231

9–10 限额以上住宿业经营情况

（2021 年）　　单位：万元

项　　目	营业额	客房收入	餐费收入	商品销售收入	其他收入
总　　计	**769624**	**264508**	**465164**	**14900**	**25051**
按住宿行业小类分					
旅游饭店	635146	185110	414326	14119	21592
一般旅馆	124375	72714	48369	773	2520
其他住宿服务	4306	3250	921	0	135
按登记注册类型分					
内资企业	683929	241546	408546	11950	21887
# 国有企业	6816	4492	1828	0	495
集体企业					
有限责任公司	108096	50658	48178	729	8531
# 其他有限责任公司	86605	39962	40250	729	5665
股份有限公司	1182	370	0	9	804
私营企业	567836	186026	358540	11212	12058
私营独资企业	45153	30844	13161	882	266
私营合伙企业	32960	2710	30250	0	0
私营有限责任公司	489723	152472	315129	10331	11792
私营股份有限公司					
港澳台商投资企业	75444	20091	52480	146	2728
# 港澳台独资企业	35023	9604	24191	5	1223
外商投资企业	10250	2871	4139	2805	436
# 外资企业	8502	2429	3191	2805	77

9-11 限额以上餐饮业企业经营情况

（2021 年） 单位：万元

项　　目	营业额	客房收入	餐费收入	商品销售收入	其他收入
总　　计	**1596993**	**282**	**1544643**	**16421**	**35646**
按餐饮行业小类分					
正餐服务	838380	282	824747	9469	3881
快餐服务	667428	0	654091	2150	11186
其他餐饮业	4961	0	4752	209	0
按登记注册类型分					
内资企业	1337737	282	1296144	14179	27132
# 国有企业					
集体企业					
有限责任公司	21273	0	21188	23	62
# 其他有限责任公司	21273	0	21188	23	62
股份有限公司					
私营企业	1316464	282	1274956	14156	27070
私营独资企业	321531	125	318508	1859	1039
私营合伙企业	18109	0	18045	63	0
私营有限责任公司	567824	157	529403	12234	26031
私营股份有限公司	409000	0	409000	0	0
港澳台商投资企业	92104	0	85915	1925	4264
# 港澳台独资企业	89711	0	83522	1925	4264
外商投资企业	167152	0	162585	317	4250
# 外资企业	164803	0	160242	311	4250

9-12　限额以上住宿企业年末资产及负债情况

（2021 年）　　单位：万元

项　　目	法人企业数（个）	流动资产合计	固定资产原价	资产总计	负债合计	所有者权益合计
总　　计	**295**	**628721**	**921864**	**1737781**	**1080166**	**631668**
按住宿行业小类分						
旅游饭店	184	420842	768746	1337350	955838	359101
一般旅馆	100	61011	148579	181162	118012	59614
其他住宿服务	6	3093	2339	4591	1673	2918
按登记注册类型分						
内资企业	276	567469	784160	1531521	968570	555168
# 国有企业	5	4486	3076	6716	2281	3638
集体企业						
有限责任公司	28	117845	353586	446748	330452	116553
# 其他有限责任公司	20	91641	280050	357484	318675	40125
股份有限公司	1	142972	1792	210210	1685	208525
私营企业	242	302166	425707	867847	634152	226452
私营独资企业	44	10804	10032	18555	5595	9574
私营合伙企业	8	2706	7165	12682	3367	7767
私营有限责任公司	190	288655	408510	836610	625190	209111
私营股份有限公司						
港澳台商投资企业	13	56179	114066	170785	102361	68424
# 港澳台独资企业	4	51971	102188	118908	58180	60729
外商投资企业	6	5074	23638	35476	9235	8077
# 外资企业	5	3714	21551	33259	8579	8077

9-13 限额以上餐饮企业年末资产及负债情况

（2021 年）　　单位：万元

项　　目	法人企业数（个）	流动资产合　计	固定资产原　价	资产总计	负债合计	所有者权益合计
总　　计	437	268256	148710	510369	368802	132114
按餐饮行业小类分						
正餐服务	365	140886	69449	221838	131239	81149
快餐服务	27	112289	73346	261902	212538	49364
其他餐饮业	11	1413	20	2375	1300	1073
按登记注册类型分						
内资企业	422	237374	76504	336376	203594	123434
# 国有企业						
集体企业						
有限责任公司	10	5351	5108	13092	7472	2716
# 其他有限责任公司	10	5351	5108	13092	7472	2716
股份有限公司						
私营企业	412	232024	71396	323284	196122	120718
私营独资企业	105	20188	18467	42271	8794	30537
私营合伙企业	12	2035	3205	4408	906	3086
私营有限责任公司	294	127665	49541	188629	125732	59809
私营股份有限公司	1	82136	183	87978	60691	27287
港澳台商投资企业	6	16942	37842	87224	75357	11867
# 港澳台独资企业	5	15033	37186	84769	72553	12216
外商投资企业	9	13939	34363	86769	89850	-3186
# 外资企业	8	13243	33983	85614	88812	-3302

9-14 限额以上住宿企业财务状况

（2021 年） 单位：万元

项目	营业收入	主营业务收入	营业成本	税金及附加	营业利润
总计	760490	726310	436777	9476	-9696
按住宿行业小类分					
旅游饭店	631027	602981	363469	7556	-14737
一般旅馆	119799	113821	67707	1875	3316
其他住宿服务	4179	4048	1801	36	-394
按登记注册类型分					
内资企业	677707	652567	390515	8207	-8616
# 国有企业	6535	5003	1941	10	-205
集体企业					
有限责任公司	112142	108768	67251	2170	-11794
# 其他有限责任公司	90323	87760	53939	2037	-10617
股份有限公司	1139	1139	1405	5	1900
私营企业	557892	537657	319918	6022	1483
私营独资企业	42821	38837	29244	180	4765
私营合伙企业	32169	30468	15464	477	3824
私营有限责任公司	482902	468352	275210	5366	-7106
私营股份有限公司					
港澳台商投资企业	73640	72655	43774	1078	-1864
# 港澳台独资企业	34891	34345	20896	817	-1431
外商投资企业	9143	1088	2488	191	783
# 外资企业	7531	1088	1802	188	765

9–15 限额以上餐饮企业财务状况

（2021 年）　　单位：万元

项　　目	营业收入	主营业务收入	营业成本	税金及附加	营业利润
总　　计	1530496	1504222	1090542	4868	70537
按餐饮行业小类分					
正餐服务	816361	794241	548923	3461	50410
快餐服务	627040	623061	482555	1223	18669
其他餐饮业	4704	4541	2980	42	491
按登记注册类型分					
内资企业	1282985	1261916	971482	4573	68931
# 国有企业					
集体企业					
有限责任公司	21617	15098	15060	67	–101
# 其他有限责任公司	21617	15098	15060	67	–101
股份有限公司					
私营企业	1261368	1246818	956422	4505	69032
私营独资企业	313469	307555	230253	907	19969
私营合伙企业	17729	17062	11978	198	1051
私营有限责任公司	547831	539863	356336	2583	32334
私营股份有限公司	382339	382339	357855	818	15678
港澳台商投资企业	87860	87860	31287	57	–10
# 港澳台商独资企业	85602	85602	31000	57	51
外商投资企业	159651	154447	87773	238	1615
# 外资企业	157302	152097	86841	235	1630

9–16 主要年份按县（市）区分社会消费品零售总额

单位：万元

年　份	福州市	鼓楼区	台江区	仓山区	马尾区	晋安区	长乐区
2000	3276424	499023	562327	209580	129275	181478	268470
2001	3572907	568973	621464	237892	141887	195242	291998
2002	3951171	679628	674872	267776	154909	226528	315704
2003	4501755	906025	743358	375809	159515	399445	317546
2004	5315459	1209154	868275	483999	173578	596202	335073
2005	6000823	1578964	966778	568841	174765	890156	331018
2006	6995883	2029661	949828	667241	211869	1137992	336518
2007	8448810	2577687	1092313	882101	262248	1401411	369107
2008	10124005	3172348	1294055	1040368	328878	1694507	418425
2009	11732622	3747551	1434416	1205476	372061	1974605	485649
2010	14134846	4616503	1560587	1454541	453273	2470318	571158
2011	16802023	5490893	1719471	1754422	554582	2983373	697417
2012	19871647	6641188	1997086	2056319	662822	3613558	809041
2013	22807830	7587096	2195500	2350637	903216	4019413	946309
2014	25871765	8704067	2166351	2675365	1172847	4531932	1084215
2015	29255269	9600270	2290235	3049290	1495484	5368953	1270307
2016	31448425	10662483	2096404	3373989	1384376	5782772	1311936
2017	34740855	11258941	2114203	3966665	1589052	6540007	1430905
2018	38307977	11981193	2114290	4409679	1695404	8004901	1522906
2019	41989358	12805900	2370873	4889884	1892856	8945034	1600412
2020	42256054	13050714	2453216	4887906	1827604	9065109	1585609
2021	45494113	13771022	2873603	5481898	2041435	8402238	1980031

注：1.本表数据均为根据第四次全国经济普查结果修订数。
2.本表中因四舍五入全市数据与分县（市）区合计数之间的误差均未作调整。

9-16 续表　　　　单位：万元

年　份	福清市	闽侯县	连江县	罗源县	闽清县	永泰县	平　潭
2000	560299	250478	259531	75725	88432	79430	112379
2001	579150	270908	280004	81940	94755	87577	121117
2002	620462	295580	300948	88928	99849	94386	131601
2003	621205	281647	278753	87002	102868	97050	131532
2004	663258	277072	271394	93889	108904	96030	138631
2005	669541	238439	164618	99622	100410	89294	128376
2006	714925	282356	190898	111289	109662	102160	151484
2007	783663	322013	217212	125519	120759	113916	180861
2008	912714	383203	250597	142087	140586	131864	214374
2009	1023390	479626	290196	163251	160708	147210	248483
2010	1163889	660440	346009	190913	182821	167675	296717
2011	1357982	828602	423530	217106	214797	201530	358320
2012	1513203	972836	493431	241075	239272	226456	405360
2013	1715920	1285753	571621	271763	270396	255871	434335
2014	1939250	1574904	653861	306603	305941	286278	470152
2015	2149309	1773575	795929	319215	320289	305642	516771
2016	2353794	2061591	884425	338824	328267	321492	548073
2017	2622065	2472803	1038919	394217	361081	358163	593835
2018	2790744	2807859	1152765	429223	385797	383821	629394
2019	3079930	3093456	1296509	488547	439085	427725	659147
2020	3180779	2972032	1273625	513063	454980	403260	588158
2021	3801912	3183358	1780639	628232	511888	430679	607178

9-17 接待境外旅游人数

（1980-2021年） 单位：人次

年份	合计	外国人	华侨	港澳同胞	台湾同胞
1980	26881	8234	6258	12290	99
1981	27584	9032	3442	14368	742
1982	20335	8592	1767	8957	1019
1983	42131	15706	3713	20928	1784
1984	55474	20903	3207	27822	3542
1985	53693	20836	1669	28177	3011
1986	67586	27256	2754	34388	3188
1987	73789	31118	1669	36223	4779
1988	105195	27028	2537	35849	39781
1989	110016	19563	1494	24131	64828
1990	178984	27823	2549	28883	119729
1991	148135	34656	3366	29958	80155
1992	174414	46273	4547	32654	90940
1993	162741	48717	3601	29330	81093
1994	129680	52800	3030	25664	48186
1995	127669	50381	4549	25566	47173
1996	120563	50154	3804	22870	43735
1997	129148	51315	3638	22724	51471
1998	132098	45719	4846	27059	54474
1999	249601	74603	20808	53636	100554
2000	300269	100745	36705	59496	103323
2001	288763	124814		55625	108324
2002	298003	146135		56963	94905
2003	281762	144792		59067	77903
2004	310779	177842		55147	77790
2005	308883	187642		49876	71365
2006	559602	340571		81232	137799
2007	572273	344548		83812	143913
2008	630457	361155		83525	185777
2009	605973	357898		85095	162980
2010	670206	389198		94562	186446
2011	741826	428371		98526	214929
2012	832696	477274		108172	247250
2013	905000	510274		126046	268680
2014	906886	511337		126309	269240
2015	966198	556129		128927	281142
2016	1086765	626629		149789	310347
2017	1314816	811405		159888	343523
2018	1619542	929548		261154	428840
2019	1734022	1016949		287306	429767
2020	554191	317185		112381	124625
2021	88318	59891		18966	9461

9-18 按国别（地区）分接待外国者旅游人数

国别（地区）	2000年	2001年	2002年	2003年	2004年	2005年	2006年	2007年	2008年	2009年	2010年
合 计	**100745**	**124814**	**146135**	**144792**	**177842**	**187642**	**340571**	**344548**	**361155**	**357898**	**389198**
亚洲小计	47302	47854	56290	55826	64763	64552	93867	92406	99827	95158	112202
#日本	17794	19851	21251	20708	27780	29233	40267	36027	38676	35036	39878
菲律宾	3592	2715	4063	2181	2412	2291	5904	5993	5924	6509	6737
新加坡	9201	8610	9477	13816	12818	10447	13345	13655	15763	17669	18961
泰国	684	866	780	347	486	776	1028	1146	1251	1264	1302
印度尼西亚	3365	3192	3565	2226	3039	2912	7151	7022	8046	7762	9283
马来西亚	8237	5391	8343	6750	7900	6334	7641	8277	10712	9313	13791
美洲小计	42869	64934	76603	75966	91550	100414	214932	218164	224152	224080	237081
#美国	40024	59810	72198	72907	86881	96152	192426	195815	201080	201249	214064
加拿大	2203	3746	3516	2629	4322	3947	17580	18067	18583	18610	19603
欧洲小计	8770	9454	10576	10236	16949	18848	23417	24790	27150	28892	29731
#英国	1042	1684	1991	1901	2798	2456	6152	6434	6913	6789	7200
法国	650	639	890	687	1099	1055	1657	1595	1326	1444	1636
德国	2531	2633	2588	3632	6209	6718	3185	3795	5053	7965	6520
意大利	551	518	655	515	948	1293	2759	2763	2835	2654	2908
俄罗斯	1037	1266	981	878	1254	1204	794	555	686	652	839
大洋洲小计	1378	2015	2282	2357	3199	2736	5829	6161	6386	6215	6420
#澳大利亚	1172	1686	1973	2023	2866	2339	4319	4431	4630	4367	4794
新西兰	163	171	258	284	295	326	1139	946	1048	974	1100
非洲小计	426	557	384	407	1381	1092	2526	3027	3640	3553	3764

注：从2020年起没有统计到国别。

9-18 续表

单位：人次

国别（地区）	2011 年	2012 年	2013 年	2014 年	2015 年	2016 年	2017 年	2018 年	2019 年	2020 年	2021 年
合　计	**428371**	**477274**	**510274**	**511337**	**556129**	**626629**	**811405**	**929548**	**1016949**	**317185**	**59891**
亚洲小计	120640	132410	292957	293567	298557	337851	493106	495162	551851		
#日本	41020	41192	97492	97695	114777	126288	210375	157411	151160		
菲律宾	7285	4240	6210	6223	3865	4564	6324	9813	40405		
新加坡	21678	29443	47618	47717	41028	43306	45017	54941	77269		
泰国	1813	2829	5737	5749	5062	6111	5931	9864	14769		
印度尼西亚	10073	1962	24706	24757	20422	23233	23248	29463	59644		
马来西亚	14698	16536	47735	47834	45034	51998	54187	76381	12840		
美洲小计	256477	273467	96622	96823	95432	112140	124059	153382	191506		
#美国	232463	252671	73177	73329	70092	78486	88042	111160	135108		
加拿大	18304	15742	14943	14974	17926	22093	23516	25107	26646		
欧洲小计	35403	44528	80086	80253	113615	109092	110599	158309	175484		
#英国	7147	5627	16300	16334	26028	22492	19862	28241	29311		
法国	1787	2952	7933	7950	7509	6702	7703	11634	17206		
德国	8080	7987	19632	19673	22212	20069	18703	25389	24491		
意大利	3368	3973	6879	6893	13237	10504	8503	9492	8854		
俄罗斯	3289	6248	3682	3690	3113	7504	7006	14928	19796		
大洋洲小计	10699	19523	27979	28037	37449	51149	58777	83795	72160		
#澳大利亚	7984	14090	16735	16770	27233	29647	36278	51587	46026		
新西兰	2100	4685	8981	9000	8445	14429	13506	18706	15604		
非洲小计	5152	7346	12631	12657	11076	16397	24864	38900	25948		

主要统计指标解释

社会消费品零售总额 指企业（单位、个体户）通过交易直接售给个人、社会集团非生产、非经营用的实物商品金额，以及提供餐饮服务所取得的收入金额。个人包括城乡居民和入境人员，社会集团包括机关、社会团体、部队、学校、企事业单位、居委会或村委会等。

批发额 指售给国民经济各行业用于生产、经营用的商品金额。

零售额 指售给个人用于生活消费和社会集团用于公共消费的商品金额。

商品购进额 指从本企业以外的单位和个人购进（包括从国外直接进口）作为转卖或加工后转卖的商品金额（含增值税）。本指标反映批发和零售业从国内外市场上购进商品的总价。

商品销售额 指对本单位以外的单位和个人出售的商品金额（包括售给本单位消费用的商品，含增值税），在批发和零售业中，本指标反映在国内市场上销售商品以及出口商品的总价。

期末商品库存额 对于批发和零售业法人单位和个体经营户，是指报告期末取得所有权的全部商品金额（含增值税）；对于批发和零售业产业活动单位，是指报告期末实际在库且归属法人具有所有权的全部商品金额（含增值税）。这个指标反映批发和零售业的商品库存情况，以及对市场商品供应的保证程度。

营业额 指住宿和餐饮业单位在经营活动中，因提供服务或销售商品等取得的全部收入（含增值税），收入主要来源于提供客房、餐费服务、商品销售和其他服务，如商务服务。不包括多产业法人企业附营的其他行业产业活动单位的餐费收入、商品销售收入等各项收入。

客房收入 指住宿和餐饮业单位在经营活动中因提供住宿服务取得的收入（含增值税）。不包括多产业法人企业附营的其他行业产业活动单位的客房收入。

餐费收入 指本单位为顾客提供就餐服务取得的收入（含增值税）。包括：经烹饪、调制加工后出售的各种食品，如主食、炒菜、凉拌菜等的收入。不包括多产业法人企业附营的其他行业产业活动单位的餐费收入。

商品销售收入 指对本单位以外的单位和个人出售的商品金额（包括售给本单位消费用的商品，含增值税）。在住宿和餐饮业中，本指标反映住宿和餐饮业单位出售商品的销售总额（含增值税），不包括法人企业附营的其他行业产业活动单位的商品销售额。

其他收入 指提供客房、餐饮服务、商品销售以外的其他服务获得的收入（含增值税），如商品服务、健身娱乐等。

客房数 指本单位提供住宿服务的房间数，该指标按报告期内正常情况下的实有数统计。

床位数 指本单位供应旅客使用的床位数，不包括临时加床和门店内部工作人员使用的床位。该指标按报告期内正常情况下的实有数统计。

餐位数 指本单位为顾客提供就餐服务时，正常可同时容纳就餐人员的餐位数量，不包括临时加的餐位。该指标按报告期内正常情况下的实有数统计。

10 对外经济

10-1 进出口总额

（1981–2021 年）

年 份	进出口总额（万美元）	出口总额	进口总额	进出口总额（万元）	出口总额	进口总额
1981	394	394		701	701	
1982	682	682		1316	1316	
1983	888	888		1740	1740	
1984	2215	2215		6180	6180	
1985	1384	1384		4055	4055	
1986	1323	1323		4922	4922	
1987	3961	3961		14735	14735	
1988	16840	9290	7550	62645	34559	28086
1989	19906	14124	5782	93757	66524	27233
1990	32278	23360	8918	168491	121939	46552
1991	42568	30034	12534	231144	163085	68060
1992	65562	46969	18593	376982	270072	106910
1993	150893	93987	56906	873670	544185	329486
1994	211193	129448	81745	1801476	1104191	697285
1995	234961	156732	78229	1968973	1313414	655559
1996	303581	168315	135266	2519722	1397015	1122708
1997	375183	192861	182322	3105765	1596503	1509262
1998	379794	196157	183637	3143935	1623788	1520147
1999	371050	203578	167472	3071552	1685219	1386333
2000	511835	272947	238888	4232875	2257272	1975604
2001	537892	299856	238036	4448367	2479809	1968558
2002	638804	353425	285379	5282909	2922825	2360084
2003	829631	464279	365352	6861048	3839587	3021461
2004	1252722	744391	508331	10360011	6156114	4203897
2005	1368910	867200	501710	11053948	7002640	4051308
2006	1575456	1016452	559004	12414593	8009642	4404952
2007	1864105	1231004	633101	13878262	9164825	4713437
2008	2032422	1358759	673663	13890791	9286574	4604217
2009	1786004	1201245	584759	12195193	8202341	3992851
2010	2459967	1631423	828544	16291623	10804425	5487198
2011	3472476	2413056	1059420	21879724	15204425	6675299
2012	3105985	2113124	992861	19522669	13282041	6240628
2013	3142949	1933708	1209241	19162246	11789624	7372621
2014	3466317	2123845	1342472	21295896	13047784	8248112
2015	3334237	2111956	1222281	20654803	13122755	7532048
2016	3165021	2142037	1022984	20821731	14067886	6753845
2017	3442407	2183461	1258946	23360306	14823723	8536583
2018	3730366	2518856	1211510	24592630	16600742	7991889
2019	3675637	2627852	1047785	25257578	18019814	7237765
2020	3610468	2576740	1033728	25079728	17843550	7236178
2021	5143540	3407117	1736423	33241387	22015465	11225922

注：从 1996 年起为海关统计口径数据。

10–2 按主要国别（地区）分出口商品贸易额

单位：万美元

国别（地区）	2000 年	2001 年	2002 年	2003 年	2004 年	2005 年	2006 年	2007 年	2008 年	2009 年	2010 年
总　计	**272947**	**298483**	**349140**	**464279**	**744391**	**867200**	**1016452**	**1231004**	**1358759**	**1201138**	**1631423**
亚洲	107504	115788	136346	173379	270549	306633	321216	416836	456892	442614	640321
#中国香港	23882	30974	39170	53461	84719	76932	65083	63725	66605	61604	89947
中国澳门	615	356	94		592	222	344	429	240	214	373
日本	42091	48061	54609	55487	81891	94095	91517	117239	124542	106124	147136
菲律宾	1916	2640	2795		6272	10394	9859	12285	11084	11929	19092
泰国	989	1002	1454		3823	4559	5050	7956	8016	11071	15428
马来西亚	4145	1503	2472		12069	9827	19691	27655	37824	52759	60905
新加坡	5386	6658	6465		12528	16376	11306	16307	21171	21993	35637
阿拉伯联合酋长国	1884	2319	4424		11279	12941	13617	14225			23243
欧洲	56880	69740	78622	111319	166501	206784	256257	335613	373479	296145	384037
#德国	15412	22245	24621	22445	36411	29231	34993	53696	72969	53306	70346
法国	3715	2701	3866	3572	4882	11873	13750	17593	16972	15613	19179
意大利	4623	4986	5800	8447	7670	13192	15048	22585	27301	23694	30833
芬兰	332	534	594	40814	2415	4010	3262	9135	12652	4340	6660
英国	7151	7843	8589	10407	16226	20946	31156	30638	30020	29109	41880
丹麦	540	531	725		1129	2765	6236	5513	6549	4846	6027
瑞典	549	640	651		1219	1989	2835	4751	4475	4036	5864
瑞士	842	1533	1260	1524	2489	4666	7187	9677	5244	2329	2699
西班牙	3351	3381	3356	4144	4837	8341	10350	22000	14853	12932	18843
北美洲	88011	91870	111316	147468	245699	259031	331638	330818	364212	319300	374739
#加拿大	6533	7984	6723	8007	12023	15942	22236	27449	28350	22315	28949
美国	81478	83886	104594	139460	233676	243089	309401	303364	335862	296985	345777
大洋洲	4511	4255	5840	9720	19830	16907	21047	27467	26727	28148	30961
#澳大利亚	4040	3760	5101	8534	14148	14716	16012	22249	22799	21343	24923
非洲	4961	7747	8455	10525	17879	23938	33652	41177	47262	45496	70994
拉丁美洲	11080	9082	8561	11862	23933	30183	51826	79750	90187	69435	130370
俄罗斯				1443	2749	4584	4664	7440	11696	9925	17729

10-2 续表

单位：万美元

国别（地区）	2011年	2012年	2013年	2014年	2015年	2016年	2017年	2018年	2019年	2020年	2021年
总　计	**2413056**	**2113124**	**1933708**	**2123845**	**2111956**	**2142037**	**2183461**	**2518856**	**2627852**	**2576740**	**3448351**
亚洲	841802	840147	827281	916214	860327	921755	888662	1049658	1179882	1151073	1585872
#中国香港	103217	129926	141054	132695	142037	130200	107757	138425	94649	121378	91297
中国澳门	1637	425	1243	1228	659	400	812	2184	2063	1776	799
日本	156625	155158	152402	148842	131280	125266	126188	137818	138683	131619	187248
菲律宾	25127	31867	39758	36216	50455						142874
泰国	21884	21159	23019	32275	36183	52958	43729	49203	52839	59056	79520
马来西亚	73582	73930	77097	67615	43496	50880	46601	60579	104208	84853	308855
新加坡	54745	71573	55848	89148	43542	38090	43352	50457	79960	87305	74189
阿拉伯联合酋长国	47047	42615	33527	38764	38189						39087
欧洲	622708	483501	414748	453049	421711	426087	450848	520059	541644	494263	607569
#德国	126184	79560	56686	67834	70698	67370	69264	81036	77408	73792	71764
法国	33943	23010	18813	21289	19150	21101	20301	25842	30462	30750	34120
意大利	43455	31192	26871	30097	24692						26683
芬兰	8950	9006	6077	4622	3279						2375
英国	89642	62502	50758	71618	69986	67157	61964	65608	78174	74560	154505
丹麦	8210	7153	6697	9437	6773						5819
瑞典	8886	7036	7705	9058	8808						11005
瑞士	3239	4006	2614	1436	1239						1662
西班牙	33645	21893	19188	18684	19759						26993
北美洲	622898	481678	440615	481621	601666	521096	539862	619505	558718	570847	687658
#加拿大	44383	36635	31222	32932	33103	31323	35843	41234	59743	74227	130989
美国	578514	445043	409391	448685	568562	489772	504013	578259	498972	496619	556669
大洋洲	48854	44078	42088	53859	49550	49050	51340	58184	61399	65078	112884
#澳大利亚	40730	37626	34297	34739	39693	39740	42235	48846	51465	54789	97759
非洲	99549	113122	90072	96403	98565	105478	97794	121670	133656	153935	216069
拉丁美洲	177245	151955	118846	122694	124452	118571	154955	149781	152554	141543	238299
俄罗斯	25095	33274	36533	30434	23555	20213	28523	34759	26539	25969	30302

10-3 按主要国别（地区）分进口商品贸易额

单位：万美元

国别（地区）	2000年	2001年	2002年	2003年	2004年	2005年	2006年	2007年	2008年	2009年	2010年
总 计	**238889**	**238287**	**285379**	**365351**	**498331**	**501710**	**559004**	**633101**	**673663**	**583940**	**828544**
亚洲	200716	196287	240536	307189	419006	419188	472449	512025	532102	411439	559626
#中国香港	2542	2135	2218	2442	2914	1948	1753	1947	1990	2034	5927
中国澳门	24	23	19		2	3	10	14	5		
日本	38931	36952	42635	62874	81783	72427	66490	74794	91945	69773	95468
菲律宾	671	1237	599		1134	1373	1664	2071	3204	6306	10382
泰国	4379	4670	5839		4690	4088	7504	8613	11490	10885	18975
马来西亚	11737	11201	13551		16683	10787	7993	13197	17369	12952	16262
新加坡	3361	2230	2648		4015	2495	2568	3926	4312	4646	7617
阿拉伯联合酋长国	7	115	7		11	82	91	112			243
欧洲	17931	21785	22290	26693	33023	32175	38368	55937	65210	67672	109646
#德国	1628	1443	2107	6606	8499	8617	12773	22150	28017	22092	41003
法国	421	471	598	719	1039	749	821	1961	5093	4875	5848
意大利	1266	1696	2203	1626	2551	1620	1533	1790	3126	2960	5269
芬兰	597	329	282	350	5183	669	507	1448	1335	2150	2361
英国	2978	2598	1337	1940	3079	3060	2122	2421	2882	4628	6250
丹麦	72	73	81		256	264	246	498	876	331	177
瑞典	234	151	201		212	598	1093	1988	2374	1230	814
瑞士	4331	8538	8469	8534	9807	9818	10018	9283	1425	959	1644
西班牙	260	91	35	76	319	500	271	394	2057	2720	11292
北美洲	12671	12636	10836	16585	24238	19517	24173	35953	30227	37282	71197
#加拿大	412	707	274	493	476	919	608	1364	1754	2603	9747
美国	12252	11928	10562	16091	23762	18597	23565	34588	28466	34666	61425
大洋洲	1137	915	1112	2003	1877	1806	2513	2396	2832	7801	9488
#澳大利亚	497	226	454	935	734	1056	1330	1144	1167	5214	5797
非洲	832	926	958	1075	1989	2365	4028	4809	5918	13224	24147
拉丁美洲	5561	5738	9646	11804	18199	19307	17212	22279	37374	46521	54434

10-3 续表 单位：万美元

国别（地区）	2011 年	2012 年	2013 年	2014 年	2015 年	2016 年	2017 年	2018 年	2019 年	2020 年	2021 年
总　计	**1059420**	**992861**	**1209241**	**1342472**	**1222281**	**1022984**	**1258946**	**1211510**	**1047785**	**1033728**	**1738580**
亚洲	570067	557633	530142	515915	460137	507725	641956	657334	533398	519704	726267
# 中国香港	20213	26182	5472	1857	17036	3559	1166	1046	3601	3352	8178
中国澳门	53					–	–	–	–	–	0
日本	87933	87103	74505	68977	67318	100081	145103	88211	77687	62399	77970
菲律宾	9584	19312	16262	23788	13731						18469
泰国	13475	24417	27026	23091	17350	15966	22867	40837	29057	27157	17796
马来西亚	14937	10915	13933	10419	13947	14430	20178	23898	22910	96774	152109
新加坡	9180	6989	7891	8379	7243	5335	7597	6810	4588	2596	31456
阿拉伯联合酋长国	265	2075	3770	860	732						6820
欧洲	206316	196280	378682	299859	335100	215621	237824	219992	193816	134859	370491
# 德国	53748	45382	51009	53172	39802	37705	46490	49810	43351	36462	46778
法国	11057	8629	6772	5478	3550	4362	5879	3559	4282	5993	10178
意大利	6004	5815	4523	5263	5321						5030
芬兰	3061	4169	2002	3536	2477						343
英国	4745	6077	6656	7035	6548	14018	17125	9244	3762	2540	3836
丹麦	371	844	1582	947	699						1813
瑞典	2648	828	1686	2418	1507						705
瑞士	54238	65160	243581	162372	235267						231438
西班牙	10894	5194	6468	7099	4598						22875
北美洲	99504	112092	166714	223980	212364	105517	139708	77615	45986	49843	101341
# 加拿大	13385	19488	27345	47298	48145	20461	17906	6672	7745	6747	18849
美国	86113	92604	139331	176617	164220	85005	121778	70200	36090	41487	79458
大洋洲	51695	23611	24860	123859	71277	65823	75763	84367	84666	127869	253190
# 澳大利亚	47086	19709	19836	119984	69322	64301	70406	76309	78944	123911	243487
非洲	65024	32116	18121	81743	49511	39428	51598	11684	11275	11638	42076
拉丁美洲	66812	76994	90711	97083	93843	88870	112097	160518	178644	189815	245214

10–4 外商直接投资合同数

（1979–2021 年）　　单位：项

年　份	外商直接投资	合资企业	合作企业	独资企业
1979	5			
1980	5			
1981	3			
1982	2			
1983	4			
1984	64			
1985	73			
1986	29	19	10	
1987	56	46	9	1
1988	168	123	26	19
1989	214	131	16	67
1990	233	103	9	121
1991	286	99	16	171
1992	676	259	35	382
1993	1134	372	56	706
1994	722	216	31	475
1995	678	179	25	474
1996	412	107	10	295
1997	437	83	18	336
1998	481	109	13	359
1999	338	80	8	250
2000	295	80	6	209
2001	319	73	3	243
2002	386	52	41	293
2003	360	88	2	268
2004	414	90	5	319
2005	326	81	11	234
2006	327	83	2	242
2007	234	78		155
2008	155	31	1	123
2009	144	29	1	114
2010	186	44	1	140
2011	170	51	1	118
2012	148	47		100
2013	135	44	1	89
2014	126	41		85
2015	339	105		234
2016	483	104		379
2017	362	121		241
2018	524	238	1	285
2019	310	134	3	168
2020	297	104	0	190
2021	467	263	0	196

10-5 外商直接投资合同金额

（1979-2021 年） 单位：万美元、万元

年 份	外商直接投资	合资企业	合作企业	独资企业
1979	105			
1980	387			
1981	104			
1982	15			
1983	106			
1984	5603			
1985	4367			
1986	909	794	115	
1987	3052	2115	767	170
1988	11781	8489	1432	1860
1989	15156	9262	656	5238
1990	27370	7693	1452	18225
1991	29601	6632	1057	21912
1992	117538	27587	7565	82386
1993	330705	64417	13476	252812
1994	220592	56769	16279	147544
1995	322706	36978	24674	261053
1996	111121	23919	2113	85088
1997	92022	16395	9497	65831
1998	111031	32927	19577	58527
1999	93426	13434	5030	74962
2000	95479	15652	1171	78656
2001	103264	20122	1944	81198
2002	150867	10236	16854	117596
2003	161412	20650	3236	135597
2004	135003	10651	-376	122331
2005	116672	12603	6581	96779
2006	142956	22989	4497	115470
2007	132371	22323		100379
2008	148883	9619	2834	130805
2009	122969	5880	2660	112371
2010	167297	22793	151	113360
2011	176966	18091	2980	147998
2012	205643	37432	18	158848
2013	205700	31244	5	146811
2014	146368	44145		102373
2015	317473	74033		243440
2015	1954374	453508		748351
2016	1083548	267412		671762
2017	3952099	1380423		2529493
2018	2616226	996310	10000	1550887
2019	2738979	481508	26336	2182824
2020	1852028	278351		1562915
2021	3929233	1673064		2136720

注：从 2015 年起，单位为人民币口径。

10-6 按行业分外商直接投资合同数

（1987-2021 年）　　　　单位：项

年　份	农　业	制造业	建筑业	交通运输仓储及邮政通信业信息传输计算机服务和软件业	批发零售住宿餐饮业	房地产公用事业服务业
1987	6	48	1			
1988	6	153	4	2		3
1989	8	179	1			23
1990	6	190	1		2	33
1991	8	248		3		25
1992	22	481	11		3	153
1993	56	675	46		55	134
1994	37	379	39		26	75
1995	46	414	36		39	36
1996	37	209	15		50	20
1997	29	247	13		76	16
1998	23	291	6	4	78	31
1999	26	219	6		17	39
2000	14	210		1	10	35
2001	10	228	3	1	9	23
2002	13	237	9	5	13	53
2003	12	256	8	5	11	67
2004	12	307	5	9	18	63
2005	5	240		7	26	10
2006	8	234	5	4	36	42
2007	10	131	1	3	42	57
2008	8	63	4	1	33	46
2009	4	38		2	54	46
2010	9	46	1	4	82	44
2011	8	37	1	5	74	41
2012	12	32	2	1	64	36
2013	3	14	4	9	74	31
2014	6	11	1	10	56	42
2015	9	31	3	16	207	5
2016	7	22	2	33	246	3
2017	8	40	12	27	94	7
2018	24	41	10	37	113	6
2019	7	28		41	80	15
2020	23	25	12	49	82	3
2021	17	27	5	60	84	14

10-7 按行业分外商直接投资合同金额

（1987-2021年）　　单位：万美元、万元

年份	农业	制造业	建筑业	交通运输仓储及邮政通信业信息传输计算机服务和软件业	批发零售住宿餐饮业	房地产公用事业服务业
1987	197	2608	215			
1988	1103	9906	119	64		589
1989	256	11095	51			3474
1990	233	20243	22		115	6752
1991	959	21744				6623
1992	1003	50540	432		3480	58127
1993	5148	134920	2280		5592	149058
1994	2637	92714	1562		1642	105230
1995	7501	251052	2036		2857	25104
1996	2983	54310	1051		3758	15021
1997	3823	50486	6692		6854	9409
1998	6588	47296	17819	375	6211	20661
1999	8560	49682	3970		4178	22143
2000	703	52199	169	10	3004	33314
2001	4727	69326	885	1454	501	17967
2002	4400	101619	8132	3463	944	22600
2003	3294	128747	3873	208	358	24932
2004	3887	93171	-1815	8458	2959	28343
2005	8141	87428	-13	5710	3893	7045
2006	6922	113480	2695	1395	3704	14760
2007	5408	73864	-71	1128	13896	38146
2008	6157	62739	1649	56	7557	70725
2009	3522	32980	761	8400	13552	63720
2010	9022	87209	-119	4406	30304	36475
2011	7411	61022	119	2618	33497	56839
2012	19238	31366	11798	2030	45849	86017
2013	1102	44503	10749	15403	61858	40512
2014	3253	31223	8248	12936	33813	56895
2015	537	65662	-3408	15111	198485	11252
2015	3251	405658	-21877	93483	1220344	69038
2016	13339	139859	-1200	165613	440689	275
2017	58819	834113	225405	108516	284115	7795
2018	94991	225854	37558	121852	453665	165614
2019	9851	500660	1953	437527	182085	224766
2020	54719	303313	32565	439344	216566	79321
2021	22480	109376	68895	846530	899159	126342

注：从2015年起，单位为人民币口径。

10–8　按国别（地区）分外商直接投资合同数

单位：项

国别（地区）	2000 年	2001 年	2002 年	2003 年	2004 年	2005 年	2006 年	2007 年	2008 年	2009 年	2010 年
合 计	**295**	**319**	**386**	**360**	**414**	**326**	**327**	**234**	**155**	**144**	**186**
# 中国香港	119	95	140	137	158	125	142	78	63	56	72
中国澳门	7		1	3	3	4	4	1	1	2	
日　本	27	24	33	17	24	27	25	16	13	7	9
菲律宾	2	2	3	7	3	2					
泰　国		2	1	3	1			1			
马来西亚	1	2	3	2	4	2		2	2	1	5
新加坡	7	6	10	15	13	6	12	6	4	5	4
印度尼西亚	2	4	1	2	7	4	11		1	2	
德　国	1					2		2	2		
维尔京群岛	10	22	27	25	34	22	17	19	15	6	9
英　国		1			1		2	1	1		
开曼群岛	2	3	3	4	2	2	2	1		1	2
加拿大	5	7	11	12	10	11	12	6	3	3	6
美　国	24	33	35	37	43	33	19	32	11	23	10
澳大利亚	8	12	7	9	16	16	5	14	4	2	6

10-8 续表 单位：项

国别（地区）	2011 年	2012 年	2013 年	2014 年	2015 年	2016 年	2017 年	2018 年	2019 年	2020 年	2021 年
合 计	**170**	**148**	**135**	**126**	**339**	**483**	**362**	**524**	**310**	**297**	**467**
# 中国香港	74	50	48	57	89	80	150	249	112	120	161
中国澳门	1	4	1		1	2	1	8	4	4	14
日 本	9	3	5	2	17	2	9	9	5	3	1
菲律宾											
泰 国						1		1			
马来西亚	4	4	1		3	2	5	5	4	1	3
新加坡	5	5	6	5	6	8	14	7	5	4	10
印度尼西亚	1		1		2	2		3			1
德 国	2	1		1	5	1	2		1	1	1
维尔京群岛	4	7	6	1	4	1	1	3			3
英 国	1			1	6	5	1	2	1	1	2
开曼群岛				1					1		2
加拿大	5	3	2	4	4	4	3	7	4	3	9
美 国	9	7	7	6	24	19	15	19	20	5	14
澳大利亚	2	6	1	2	12	9	4	10	2	5	1

10-9 按国别（地区）分外商直接投资合同金额

单位：万美元、万元

国别（地区）	2000 年	2001 年	2002 年	2003 年	2004 年	2005 年	2006 年	2007 年	2008 年	2009 年	2010 年	2011 年
合　计	**95479**	**103264**	**150867**	**161412**	**135003**	**116672**	**142956**	**132371**	**148883**	**122969**	**167297**	**176966**
#中国香港	63312	43296	70300	75503	82905	51832	70580	58978	100517	119015	104403	118214
中国澳门	763		711	443	89	994	381	525	-479	390		9
日　本	4080	1653	18927	2591	3886	5122	12842	3216	1034	1914	2570	4101
菲律宾	98	731	473	1735	-99	151	-191	74	38	-1592	-230	-66
泰　国		190	150	2011	25				889		2	-1000
马来西亚	1045	1004	3270	207	646	412	1	2810	2601	-305	3325	217
新加坡	585	579	37	-1797	2946	2068	5076	395	5946	384	1695	4426
印度尼西亚	494	3141	1198	81	932	763	8857	-1308	2930	348	223	-1989
德　国	10	179	-7		33	86	6	-20	573			510
维尔京群岛	7666	12138	18907	12814	14590	22617	18211	26466	2876	-8122	9659	8084
英　国		-8	-95	552	-289		1291	993	-1883		-89	39
开曼群岛	96	6115	4372	286	1121	2379	1651	4059	1210	735	6197	1419
加拿大	437	159	2994	1294	1495	645	3843	729	-267	520	4792	3639
美　国	7516	7666	7889	6915	10448	7375	1932	8894	2742	1104	395	1510
澳大利亚	325	562	-1	3151	1754	2997	661	1293	-15	88	909	2807

注：从 2015 年起，单位为人民币口径。

10–9 续表　　　　　　　　　　　　　　　　单位：万美元、万元

国别（地区）	2012年	2013年	2014年	2015年	2015年	2016年	2017年	2018年	2019年	2020年	2021年
合　计	**205643**	**205700**	**146368**	**317473**	**1954374**	**1083548**	**3952099**	**2616226**	**2738979**	**1852028**	**3929232**
#中国香港	137328	82593	100040	192927	1183373	638309	3088993	2025105	1838683	1202108	2993981
中国澳门	2507			8	51	34048	40	2599	17473	8948	34891
日　本	–1856	1635	378	498	3117	500	31205	17029	8559	10885	180
菲律宾								–464			
泰　国		–2		163	1002	52		3000			
马来西亚	–1507	–1717		230	1408	1642	50598	1974	14380	1000	7765
新加坡	4546	11503	3161	–709	–4907	26364	59484	45574	65116	199208	340011
印度尼西亚	188	777		10	54	1028		750			49
德　国	793	–500	332	732	4678	1997	33091	630	109	310	790
维尔京群岛	12519	18922	–63	53954	330314	–5659	1018	52244	–695	–3402	85358
英　国		210	325	1544	9497	12366	3503	99	163	158	1734
开曼群岛	1542	2007	1221			–4909	–9281	19263	6852	–58	6813
加拿大	951	199	483	1517	9303	16348	69417	21755	6703	1799	6360
美　国	10948	–402	810	10038	62730	32050	32644	62697	37257	32801	74166
澳大利亚	816	2910	218	1541	9524	15756	14730	17273	1836	8234	1712

10-10 实际利用外商直接投资

（1979-2021 年） 单位：万美元、万元

年 份	合 计	合资企业	合作企业	独资企业
1979	78			
1980	167			
1981	61			
1982	154			
1983	679			
1984	1630			
1985	1539			
1986	1495	588	886	
1987	1462	498	794	170
1988	2355	2004	351	
1989	5035	2815	890	1330
1990	10193	6242	703	3248
1991	13813	5412	330	8071
1992	28452	7870	1175	19407
1993	63385	24762	2938	35685
1994	81838	42263	3004	46571
1995	105035	26106	5289	73640
1996	97590	27902	5330	64358
1997	97848	30830	5973	60746
1998	90348	27883	6177	56288
1999	90036	25183	6675	58178
2000	80087	8471	3565	66843
2001	100198	27953	3095	67754
2002	120246	28404	3162	76635
2003	130198	12332	3236	114630
2004	136042	19336	5407	99029
2005	160000			
2006	162100			
2007	170225			
2008	213034			
2009	229596			
2010	248193			
2011	268592			
2005（验资口径）	64017	9986	341	51383
2006（验资口径）	66069	8913	430	56726
2007（验资口径）	70011	11634	55	57859
2008（验资口径）	100150	24311	189	68177
2009（验资口径）	103227	16842		71491
2010（验资口径）	118524	23232		80795
2011（验资口径）	127745	10169	17	67927
2012（验资口径）	133877	23075	18	83210
2013（验资口径）	143063	20199	153	58901
2014（验资口径）	154651	30976		120600
2015（验资口径）	167852	22654		145198
2015（验资口径）	1073614	138844		429594
2016（验资口径）	1249015	143964		539700
2017（验资口径）	1317609	163830		716975
2018（验资口径）	553862	209794		269283
2019（验资口径）	653000	267303		340132
2020（验资口径）	700722	274646		384013
2021（验资口径）	807781	294327		513454

注：从 2015 年起，单位为人民币口径。

10-11　按国别（地区）分实际利用外商直接投资

单位：万美元、万元

国别（地区）	2000 年	2001 年	2002 年	2003 年	2004 年	2005 年	2006 年	2007 年	2008 年	2009 年	2010 年	2011 年
中国香港	39861	47263	51503	51940	57923	26819	26569	31728	43567	73079	82044	45842
中国澳门	474	500	2358	207	1213	227	52	1525	217	105	101	128
日　本	1679	6072	3258	23600	4818	3624	10020	1614	3344	2044	1657	4636
菲律宾	258	125	1169	228	1184	508	58	209	124		38	
泰　国	174	151	769	941	500	295		56	907			
马来西亚	2075	1480	2883	491	1448	630	20	353	853	20	50	1968
新加坡	1209	1638	1299	1601	2819	2070	1119	2971	2487	2486	128	3212
印度尼西亚	509	1990	796	415	946	336	424	629	361	1458	406	19
德　国		10					61		10	500		
法　国						52	3	42				
英　国	7850	1810	3558	450	267	300	400	667	179	1		
加拿大	50	221	823	695	1398	223	401	377	452	359	36	400
美　国	7031	13452	4791	6642	8220	2138	3613	2195	2160	1788	1442	986
澳大利亚	178	242	784	186	801	378	267	776	488	204	341	290
维尔京群岛	7794	11121	13351	15145	18906	12042	13579	16795	25682	12172	6765	13191
开曼群岛		61	4523	3116	1269	3630	2016	2914	992	1546	3799	2020
百慕大	1001	100	10852	2708	4885	1800			2123	490		31926

注：从 2015 年起，单位为人民币口径。

10-11 续表 单位：万美元、万元

国别（地区）	2012年	2013年	2014年	2015年	2015年	2016年	2017年	2018年	2019年	2020年	2021年
中国香港	72914	53236	92626	122368	762773	701771	710207	354579	443820	592797	639891
中国澳门		148							4976	2788	3262
日　本	3232	979	1511	672	4142	10029	10360	4054	2914	236	5484
菲 律 宾	18	289									
泰　国				153	935	60					
马来西亚	223	1414	203			70	2095	160	2952	1399	1848
新 加 坡	4346	10336	12419	2598	15942	29202	25107	46899	15088	66807	104882
印度尼西亚	284	722	156			118	283	120			
德　国	488	178	160			1042	1820	636	776		450
法　国										6231	
英　国	8						21	293	69		59
加 拿 大	411	265	116			122	27639			106	
美　国	1916	1029	1272	1148	7164	21	4005	6879	1342	14	1784
澳大利亚	161	287	186				66		28	506	
维尔京群岛	8391	8186	12247	12065	73948	119025	62531	16729	50836	915	10996
开曼群岛	2396	2062	3009	842	5174	406		19501	5806		5835
百慕大	561		786				39125				

10–12 按县（市）区分外商直接投资合同数

单位：项

县（市）区	2000年	2001年	2002年	2003年	2004年	2005年	2006年	2007年	2008年	2009年	2010年
福州市	**295**	**319**	**387**	**360**	**414**	**326**	**327**	**234**	**155**	**144**	**186**
# 鼓楼区	48	48	64	61	71	54	51	53	43	36	49
台江区	25	31	27	26	35	23	22	19	10	17	21
仓山区	27	47	48	46	47	38	42	29	18	12	19
晋安区	31	31	40	35	42	30	29	17	10	18	10
马尾区	31	34	53	49	30	27	28	19	12	5	10
长乐区	8	14	23	19	26	16	16	14	7	10	4
福清市	32	33	44	40	57	54	60	45	24	19	18
闽侯县	29	34	35	24	40	24	19	17	16	13	33
连江县	8	8	8	33	17	14	9	4	9	5	4
罗源县	6	4	13	10	12	13	9	12	4	5	3
闽清县	10	3	1	9	5	5	7	2	1		3
永泰县	5	6	2	1	3	5	2	1		2	2
平　潭	4	1	2	2	5	3		1		2	10

10-12　续表　　　　单位：项

县（市）区	2011年	2012年	2013年	2014年	2015年	2016年	2017年	2018年	2019年	2020年	2021年
福州市	**170**	**148**	**135**	**126**	**339**	**483**	**362**	**524**	**310**	**297**	**467**
# 鼓楼区	40	33	27	37	34	31	34	83	60	53	107
台江区	18	18	22	21	19	18	17	28	22	37	41
仓山区	19	16	14	11	33	16	36	85	39	25	58
晋安区	13	4	6	12	12	37	12	30	20	13	36
马尾区	16	17	16	12	189	218	121	175	59	30	32
长乐区	8	6	2	6	8	6	7	16	19	20	27
福清市	23	19	12	9	26	38	23	44	28	44	79
闽侯县	17	24	24	14	7	19	30	13	15	17	26
连江县	9	6	7	3	2	5	14	17	25	5	6
罗源县	4	2	2		1	2	9	6	4	5	4
闽清县	2	1	1		3	3	2	3	3	11	14
永泰县		2	1	1	2		1	1	6	18	10
平　潭											

10–13　按县（市）区分外商直接投资合同金额

单位：万美元、万元

县（市）区	2000 年	2001 年	2002 年	2003 年	2004 年	2005 年	2006 年	2007 年	2008 年	2009 年	2010 年	2011 年
福州市	**95479**	**103264**	**150867**	**161412**	**135003**	**116672**	**142956**	**132371**	**148883**	**122969**	**167297**	**176966**
# 鼓楼区	8907	9380	13173	12422	16356	14074	15291	15750	17168	19331	19755	22197
台江区	7078	8462	12610	11802	12375	7941	10112	15960	16337	18438	21246	22977
仓山区	7782	10156	23500	12343	15032	15050	8688	11757	31315	6609	7161	11255
晋安区	1607	12024	15341	14818	18001	16362	17701	4691	5941	7630	12310	16027
马尾区	4149	14544	31494	29026	11051	12911	22512	21037	21476	4829	22371	23740
长乐区	4618	11724	15062	15536	18191	11613	1078	7906	5697	9353	6498	8474
福清市	12056	13008	19475	53982	20225	15784	40162	17870	23790	23876	19253	23290
闽侯县	12911	10950	12154	10516	9181	6654	16288	9970	10783	18419	25530	35122
连江县	737	1709	2012	5141	5071	5301	4912	6899	7899	5439	4050	4794
罗源县	797	1139	5052	4651	4005	4504	5153	3950	5006	5048	5200	5621
闽清县	354	54	–372	823	704	463	231	74	2119	281	157	167
永泰县	203	2406	1352	4	774	286	285	780	854	1000	1199	1500
平　潭	657	12	353	110	321	761	339	1136		607	1579	

注：从 2015 年起，单位为人民币口径。

10-13 续表

单位：万美元、万元

县（市）区	2012年	2013年	2014年	2015年	2015年	2016年	2017年	2018年	2019年	2020年	2021年
福州市	**205643**	**205700**	**146368**	**317473**	**1954374**	**1083548**	**3952099**	**2616226**	**2738979**	**1852028**	**3929232**
# 鼓楼区	22260	23752	17056	16300	616197	169077	124430	248143	230756	399380	398685
台江区	23017	24257	18188	15566	124307	48797	96943	70404	332743	208590	751170
仓山区	18804	19750	4020	8798	83476	118013	1060100	470441	447090	190307	644384
晋安区	5016	5267	7904	1553	12552	46654	659431	83095	219034	107954	74941
马尾区	25046	29314	34202	99325	587192	430428	999867	1371809	366050	210166	247891
长乐区	9775	10300	11173	11400	81525	63473	162106	58557	185136	38060	248289
福清市	26877	28700	28784	28865	338834	76679	120775	137004	60464	256341	631070
闽侯县	56583	33492	22409	12028	43986	43489	32270	55428	720027	39892	70937
连江县	6029	17862	2488	2208	13639	31967	439795	54969	114960	133133	81172
罗源县	5660	5946	133	347	2224	2802	143554	28151	23436	21028	489859
闽清县	2000	4990		1128	7446	23751	13928	3600	10862	97601	12696
永泰县	1705	2070	11	2795	17165	-665	10092	7815	6000	54715	160897
平　潭											

10-14　按县（市）区分实际利用外资

单位：万美元、万元

县（市）区	2000年	2001年	2002年	2003年	2004年	2005年	2006年	2007年	2008年	2009年	2010年	2011年
福州市	**80087**	**100198**	**120246**	**130198**	**136042**	**64017**	**66069**	**70011**	**100150**	**103227**	**118524**	**127745**
# 鼓楼区	4503	5646	9240	12318	15404	8123	10133	14002	17827	18162	18180	19710
台江区	3010	3762	7078	9745	11895	4750	4723	6200	9113	9788	11163	11910
仓山区	5048	7575	18600	15926	12418	6567	9310	12586	16403	15371	15400	16180
晋安区	2509	10184	15246	17332	15850	6311	6640	4050	2732	2735	10000	10510
马尾区	15080	18753	21639	21729	21050	7087	13357	13551	13746	15706	25539	27999
长乐区	7191	10272	14799	15316	15523	3757	3815	4747	5824	7960	7965	3615
福清市	11032	13770	20009	17069	20289	12301	12630	12867	13256	13336	13810	15976
闽侯县	5727	8505	12208	13076	16015	5514	6212	9621	11291	13202	13512	15040
连江县	1351	1600	1930	3115	2445	2289	2958	3876	3912	3260	2027	3785
罗源县	1353	1420	996	2850	3532	1733	1821	2115	2459	2380	2381	2525
闽清县	570	510	201	356	604	206	63	131	155	160	222	279
永泰县	361	636	1270	75	100	207	345	577	621	625	875	1113
平　潭	576	638	465	513	304	95	450	500	556	542	650	

注：从2015年起，单位为人民币口径。

10-14 续表 单位：万美元、万元

县（市）区	2012 年	2013 年	2014 年	2015 年	2015 年	2016 年	2017 年	2018 年	2019 年	2020 年	2021 年
福州市	**133877**	**143063**	**154651**	**167852**	**1073614**	**1249015**	**1317609**	**553862**	**653000**	**700722**	**807781**
# 鼓楼区	22687	24100	25788	28018	179209	218095	260486	154517	41396	100036	116069
台江区	9700	9789	12929	14222	90967	110253	119007	7635	83394	77557	107000
仓山区	18634	5613	14000	15066	96365	113145	150326	139224	139439	133757	28225
晋安区	10655	8839	9755	10544	67441	72680	75522	39448	64439	86765	69702
马尾区	10188	15076	21539	26157	167305	202091	208552	40538	113127	66895	60664
长乐区	3768	8771	11620	13889	88837	104399	23645	19502	24261	69161	77400
福清市	19714	21210	24180	30016	191988	228893	266247	54822	56631	85654	112804
闽侯县	17902	19012	20200	13667	87417	82218	85158	22115	14614	20839	49775
连江县	6823	8575	9094	9877	63175	77921	86771	5397	91071	39878	41800
罗源县	2907	3127	3138	3391	21689	23393	24128	15467	8217	10564	12049
闽清县	401	425	450	487	3115	3257	3723	5487	3357	3134	2268
永泰县	1371	1724	1958	2116	13534	12671	14044	7854	4481	3192	9770
平 潭											

主要统计指标解释

进出口总额 海关进出口总额指实际进出我国国境的货物总金额。包括对外贸易实际进出口货物，来料加工装配进出口货物，国家间、联合国及国际组织无偿援助物资和赠送品，华侨、港澳台同胞和外籍华人捐赠品，租赁期满归承租人所有的租赁货物，进料加工进出口货物，边境地方贸易及边境地区小额贸易进出口货物（边民互市贸易除外），中外合资经营企业、中外合作经营企业、外商独资经营企业进出口货物和公用物品，到离岸价格在规定限额以上的进出口货样和广告品（无商业价值、无使用价值和免费提供出口的除外），从保税仓库提取在中国境内销售的进口货物，以及其他进出口货物。我国规定出口货物按离岸价格统计，进口货物按到岸价格统计。

利用外资 指我国各级政府、部门、企业和其他经济组织通过对外借款、吸收外商直接投资以及用其他方式筹措的境外现汇、设备、技术等。

外商投资 指国外及港澳台地区的法人和自然人在中国大陆地区以现金实物、无形资产、股权等方式进行投资。其中，外商直接投资是指外国投资者在非上市公司中的全部投资及在单个外国投资者所占股权比例不低于10%的上市公司中的投资。

11 价格指数

11-1 主要物价总指数

（1978 年=100）

年　份	城市居民消费价格指数	商品零售价格指数
1979		101.2
1980		108.2
1981		109.5
1982		113.8
1983		116.4
1984		120.6
1985		141.3
1986		154.2
1987		171.8
1988		221.6
1989		263.5
1990	102.4	262.2
1991	110.3	276.1
1992	120.2	296.3
1993	143.9	350.2
1994	181.7	435.3
1995	214.8	500.6
1996	233.3	524.1
1997	241.9	528.3
1998	242.6	521.4
1999	240.9	505.8
2000	247.9	498.7
2001	245.2	486.2
2002	245.0	475.5
2003	246.0	464.1
2004	257.2	475.2
2005	265.4	480.4
2006	267.5	479.9
2007	278.7	494.8
2008	290.7	516.6
2009	288.1	508.9
2010	297.3	523.7
2011	311.6	544.6
2012	318.5	550.6
2013	327.1	556.1
2014	333.0	559.4
2015	338.3	556.0
2016	346.8	559.9
2017	351.7	561.6
2018	357.0	570.1
2019	365.9	580.4
2020	374.7	585.0
2021	376.9	590.3

注：1.本表中商品零售价格指数 1990–2000 年为全市数据，其他年份为市区数据。

2.上述年份不全的指数均以开编年份的上一年价格为 100。

11–2 主要物价总指数

（上年=100）

年 份	城市居民消费价格指数	商品零售价格指数
1951		108.4
1952		97.2
1957		100.6
1962		101.0
1965		95.6
1970		99.2
1975		100.1
1978		100.3
1979		101.2
1980		106.9
1985		117.2
1990	102.4	99.5
1995	118.2	115.0
2000	102.9	98.6
2001	98.9	97.5
2002	99.9	97.8
2003	100.4	97.6
2004	104.6	102.4
2005	103.2	101.1
2006	100.8	99.9
2007	104.2	103.1
2008	104.3	104.4
2009	99.1	99.1
2010	103.2	102.9
2011	104.8	104.0
2012	102.2	101.1
2013	102.7	101.0
2014	101.8	100.6
2015	101.6	99.4
2016	102.5	100.7
2017	101.4	100.3
2018	101.5	101.5
2019	102.5	101.8
2020	102.4	100.8
2021	100.6	100.9

注：1.本表中 1990 年以前零售、消费总指数数据均为市区数据。
2.2001 年起商品零售价格总指数为市区数据。

11–3　居民消费价格分类指数（2021 年）

（上年=100）

项　　目	指数（城市）
居民消费价格总指数	100.6
一、食品烟酒	98.8
#食品	97.6
粮食	99.0
食用油	117.5
鲜菜	106.4
畜肉类	79.0
禽肉类	96.5
水产品	105.0
蛋类	123.3
二、衣着	100.3
三、居住	101.1
四、生活用品及服务	100.3
五、交通通信	104.0
六、教育文化娱乐	101.6
七、医疗保健	100.4
八、其他用品及服务	96.5

11-4　商品零售价格分类指数（2021年）

（上年=100）

项　　目	指数（城市）
商品零售价格指数	100.9
一、食品	98.8
二、饮料、烟酒	98.2
三、服装、鞋帽	100.3
四、纺织品	101.6
五、家用电器及音像器材	101.4
六、文化办公用品	101.7
七、日用品	100.0
八、体育娱乐用品	102.3
九、交通、通信用品	99.2
十、家具	97.5
十一、化妆品	99.2
十二、金银饰品	99.0
十三、中西药品及医疗保健用品	99.9
十四、书报杂志及电子出版物	99.9
十五、燃料	114.1
十六、建筑材料及五金电料	100.6

主要统计指标解释

居民消费价格指数　是度量一组代表性消费商品及服务项目价格水平随着时间而变动的相对数，是反映居民家庭购买并用于消费的商品及服务项目价格水平变动趋势和变动幅度的统计指标。它是分析和制定货币政策、价格政策、居民消费政策、工资政策以及进行国民经济核算的重要依据，其按年度计算的变动率通常被用来作为反映通货膨胀（紧缩）程度的指标。

工业生产者出厂价格指数　反映一定时期内全部工业产品出厂价格总水平的变动趋势和程度的相对数，包括工业企业售给本企业以外所有单位的各种产品和直接售给居民用于生活消费的产品。该指数可以观察出厂价格变动对工业总产值及增加值的影响。

住宅销售价格指数　综合反映住宅商品价格水平总体变化趋势和变化幅度的相对数。全国住宅销售价格指数由 70 个大中城市的新建住宅销售价格指数和二手住宅销售价格指数组成。新建住宅含保障性住房；新建商品住宅不含保障性住房。

12 财政金融

12-1 主要年份财政收入及支出总额

单位：万元

年 份	一般公共预算收入		一般公共预算支出	
	全 市	市 区	全 市	市 区
1952	2911	1900	1501	
1957	5654	3957	2823	
1962	9553	6071	2997	
1965	10039	6991	4233	
1970	13052	10544	6832	
1975	16454	13465	8834	
1978	24042	19395	12848	
1979	22754	18179	15139	
1980	26401	21191	14464	
1981	27007	21660	15996	
1982	27902	21258	19163	
1983	30441	21916	20214	
1984	33027	25211	23504	
1985	51403	42215	39153	
1986	59296	47000	47064	
1987	68027	52651	52766	
1988	83294	62608	67545	38900
1989	100509	73624	78579	46590
1990	109448	77937	82816	46874
1991	119982	83846	95044	53929
1992	140189	98883	116521	67717
1993	213876	154241	166165	100726
1994	209931	148598	218231	136688
1995	258210	177692	274524	173813
1996	301576	205303	351845	229028
1997	350492	240490	356722	232799
1998	425350	299683	422864	266142
1999	500927	342630	485320	298161
2000	553534	379777	540439	339490
2001	685594	486041	633398	398452
2002	704395	473016	684145	416347
2003	836582	553535	822748	486663
2004	1071070	734463	951458	563094
2005	1276777	871658	1189934	712767
2006	1525163	1036616	1423025	834788
2007	1465641	1020567	1430922	839360
2008	1688559	1132545	1781952	993916
2009	1952612	1264771	2050925	1067934
2010	2478206	1612563	2624208	1261659
2011	3200356	2023382	3633008	1664033
2012	3820151	2301127	4107344	1769500
2013	4539690	2689062	5338424	2525064
2014	5108707	2992262	5748081	2468387
2015	5604635	3378849	7259345	3260059
2016	5989113	3572049	8299274	3806942
2017	6341633	4080478	9388572	5039172
2018	6803797	4072558	9247552	4767964
2019	6680760	3915393	9497604	4634130
2020	6756083	3786911	9514035	4611924
2021	7498470	4148776	9252559	4447675

12-2 财政收入主要指标

单位：万元

项目	2010年	2011年	2012年	2013年	2014年	2015年	2016年	2017年	2018年	2019年	2020年	2021年
一般公共预算收入	**2478206**	**3200356**	**3820151**	**4539690**	**5108707**	**5604635**	**5989113**	**6341633**	**6803797**	**6680760**	**6756083**	**7498470**
增值税	251099	291191	347978	463077	570635	584399	1105992	1525483	1809165	1838682	1873846	2172190
营业税	736861	895716	1102551	1259860	1189725	1247305	565742	5044	2451			0
企业所得税	313955	404238	507810	589336	740013	821341	905241	898991	976535	943425	801768	1014886
个人所得税	154288	190076	191075	231932	260233	299815	353531	441560	465384	388228	566043	588614
资源税	2792	2496	2473	2300	8180	3213	2682	8882	11779	2612	2372	2298
城市维护建设税	94267	153560	183040	207478	218760	248228	271715	245486	287731	290964	297448	358191
房产税	81276	97719	97558	149351	150617	156979	182295	209708	232515	232426	184943	270470
印花税	45120	58747	59901	75513	78077	80880	89637	101420	110451	112159	124326	161553
城镇土地使用税	53605	55958	45605	83698	67844	65691	75329	97515	88754	64810	49697	73161
土地增值税	186659	323493	386526	549507	622072	508975	632291	933349	682507	636954	536444	518478
车船税	13766	16544	25129	30730	35171	39791	43215	46441	52234	58400	63328	65980
耕地占用税	24159	46949	59925	46409	70210	45159	25790	31638	41372	44850	31181	18930
契税	194050	238768	138792	232269	262428	308341	255090	292524	274243	299456	320130	389028
环境保护税									2252	3405	3353	2838
其他税收收入								14	0	1242	672	1129
专项收入	46526	74418	85920	98573	100945	288954	464530	503726	620811	574232	786551	700264
行政事业性收费收入	102509	127125	151573	190788	212801	142317	154695	96079	176373	110579	114953	122041
罚没收入	47170	57369	72141	67609	85194	72130	125816	134351	155340	260049	225563	191902
国有资本经营收入	55549	69730	131625	71573	124402	278060	228250	190860	175174	52648	73095	69206
国有（资源）资产有偿使用收入	69791	82562	204899	167233	264992	366196	396953	452383	488989	660001	558426	627750
捐赠收入							4381	5702	4814	881	2912	2286
政府住房基金收入							39970	24118	39981	40000	39964	45939
其他收入	4764	13697	25630	22454	46408	46861	65968	96359	104942	64757	99068	101336
政府性基金收入	**4195406**	**5314329**	**3113915**	**5095310**	**5252341**	**4020743**	**6151368**	**6740074**	**10454592**	**10090656**	**13120182**	**9595083**

12-3 财政支出主要指标

单位：万元

项　　目	2010 年	2011 年	2012 年	2013 年	2014 年	2015 年	2016 年	2017 年	2018 年	2019 年	2020 年	2021 年
一般公共预算支出	**2624208**	**3633008**	**4107344**	**5338424**	**5748081**	**7259345**	**8299274**	**9388572**	**9247552**	**9497604**	**9514035**	**9252559**
一般公共服务支出	304557	374367	453581	517438	463311	484233	575353	684847	780911	896747	841006	784609
外交支出						3500			0	0	0	0
国防支出	6673	9416	13412	19647	12050	16385	17373	10901	12972	13904	11663	11602
公共安全支出	193636	252845	275611	324067	327400	382917	471047	511113	534700	494356	504380	444990
教育支出	559878	713825	957850	1081133	1206466	1351744	1530806	1557755	1659184	1819641	1851895	1901386
科学技术支出	41759	49275	64780	86258	93278	100554	112461	196765	290765	287913	432935	394536
文化旅游体育与传媒支出	39185	59263	76458	100835	122186	146966	173803	187333	137363	197191	213570	160637
社会保障和就业支出	262489	362696	384223	439851	509560	651435	717424	796883	878383	1030572	1192794	1181502
卫生健康支出	181654	276710	310077	379715	530736	580040	620287	755334	839612	857275	940707	907120
节能环保支出	42909	62266	65834	74732	133331	123638	197500	257897	182796	264166	286670	201541
城乡社区支出	245784	362925	458111	920065	807993	1328111	1860149	2102376	1686401	1593546	1026582	1058060
农林水支出	147086	291350	298982	379070	361467	602675	621048	914002	749954	650620	618302	608915
交通运输支出	65554	279739	216383	185829	302428	360100	233497	279713	278721	204824	332292	362161
资源勘探信息等支出	69998	97377	121486	229206	177695	192130	238274	294509	315810	260444	270481	184713
商业服务业等支出	66295	89169	87113	100611	111129	110367	120723	150631	111134	111891	190412	261476
金融支出	60	2542	719	3806	7080	12460	32594	78725	10322	4134	17718	12307
援助其他地区支出				2368	5421	4827	9641	16412	4151	13042	15109	9871
自然资源海洋气象等支出	26861	33870	30263	46971	137185	76055	91264	90839	115526	100755	87925	61655
住房保障支出	51628	92261	77993	104905	231316	156744	186989	131474	269117	183932	214820	274852
粮油物资储备支出	13291	13847	16533	24250	26093	36994	33252	26697	26697	35588	30390	28186
灾害防治及应急管理支出										59446	56297	49818
其他支出	297362	204426	177484	255947	147365	475942	339260	225738	170237	243656	193654	164330
债务付息支出				61720	34591	60395	115319	116738	192130	173404	183346	186977
债务发行费用支出						1133	1210	1890	666	557	1087	1315
政府性基金支出	**3183141**	**5579487**	**3476974**	**5149274**	**4949219**	**4546590**	**5010573**	**6924753**	**10901879**	**12864575**	**14785133**	**11602983**

注：2019 年文化旅游体育与传媒支出、卫生健康支出、自然资源海洋气象等支出、灾害防治及应急管理支出因机构改革和预算管理工作需要，科目有修订，下同。

12-4 按县（市）区分财政收入主要指标

（2021 年） 单位：万元

项目	福州市	市区	市本级	鼓楼区	台江区	仓山区	晋安区	马尾区	长乐区
一般公共预算总收入	**12502591**	**6839671**	**3785722**	**613014**	**255529**	**422788**	**393019**	**355957**	**1013642**
一般公共预算收入	7498470	4148776	2229063	350091	176212	273930	266105	229543	623832
税收收入	5637746	3223049	1680688	312801	145512	234603	192527	159150	497768
增值税	2172190	1138033	489363	118855	43867	90328	68681	64910	262029
营业税	0	0	0	0	0	0	0	0	0
企业所得税	1014886	594519	311989	96045	23633	39020	38822	39331	45679
个人所得税	588614	247985	209471	0	0	0	0	1615	36899
资源税	2298	746	0	166	8	0	9	0	563
城市维护建设税	358191	239169	131987	19306	8731	14954	15423	12540	36228
房产税	270470	188572	32013	39224	29450	30455	20070	13465	23895
印花税	161553	105530	12127	20103	10601	16287	12725	16292	17395
城镇土地使用税	73161	46211	2966	4749	2697	9414	6369	6215	13801
土地增值税	518478	357509	221802	14041	26483	33849	30357	4694	26283
车船税	65980	42861	39969	0	0	0	0	32	2860
耕地占用税	18930	8504	1440	0	0	0	0	0	7064
契税	389028	251684	227012	0	0	0	0	1	24671
环境保护税	2838	935	29	79	21	292	58	55	401
其他税收收入	1129	791	520	233	21	4	13	0	0
非税收入	1860724	925727	548375	37290	30700	39327	73578	70393	126064
专项收入	700264	396777	300086	7398	3341	5880	6335	14706	59031
行政事业性收费收入	122041	77574	47322	1626	3258	4681	8958	2180	9549
罚没收入	191902	79464	57889	963	1612	2294	2507	4990	9209
国有资本经营收入	69206	65026	41346	9889	343	1157	676	8315	3300
国有资源（资产）有偿使用收入	627750	170437	47675	16904	20501	13985	17822	9402	44148
捐赠收入	2286	1893	0	0	0	0	1858	0	35
政府住房基金收入	45939	43823	42769	0	0	0	0	338	716
其他收入	101336	90733	11288	510	1645	11330	35422	30462	76
上划中央收入	5004121	2690895	1556659	262923	79317	148858	126914	126414	389810
政府性基金收入	**9595083**	**7165584**	**6550357**	**0**	**0**	**0**	**0**	**132634**	**482593**

注：马尾区统计口径包含琅岐经济区及保税区,上划中央消费税包含成品油消费税。

12-4 续表 （2021 年） 单位：万元

项目	福清市	闽侯县	连江县	罗源县	闽清县	永泰县	平潭
一般公共预算总收入	**1760073**	**1490908**	**619805**	**201706**	**339180**	**216470**	**1034778**
一般公共预算收入	1047928	951796	365767	118489	184630	131833	549251
税收收入	762352	575580	281300	97445	164921	93711	439388
增值税	301082	255851	127410	40521	123673	39981	145639
营业税	0	0	0	0	0	0	0
企业所得税	161241	96467	29609	16200	16108	26536	74206
个人所得税	97309	25679	51791	11645	3840	2561	147804
资源税	71	810	194	2	79	333	63
城市维护建设税	41011	27829	9991	3537	9585	3954	23115
房产税	29034	28781	8669	7452	2418	1728	3816
印花税	21645	10350	6048	4432	2574	2556	8418
城镇土地使用税	9633	6366	2503	1145	1347	282	5674
土地增值税	46918	63671	22453	5224	1745	3572	17386
车船税	7734	2872	3734	1270	1232	3176	3101
耕地占用税	5046	2124	2963	217	53	23	0
契税	40871	54704	15667	5039	2005	8989	10069
环境保护税	421	76	320	780	262	20	24
其他税收收入	336	0	-52	-19	0	0	73
非税收入	285576	376216	84467	21044	19709	38122	109863
专项收入	58285	168058	34315	4113	11034	15073	12609
行政事业性收费收入	15250	9106	5714	2396	2315	1870	7816
罚没收入	13723	7900	11203	3188	2564	2536	71324
国有资本经营收入	12	4166	0	2	0	0	0
国有资源（资产）有偿使用收入	191650	186336	30880	10476	3399	18245	16327
捐赠收入	40	0	0	222	0	131	0
政府住房基金收入	169	596	194	111	113	60	873
其他收入	6447	54	2161	536	284	207	914
上划中央收入	712145	539112	254038	83217	154550	84637	485527
政府性基金收入	**939312**	**747802**	**316902**	**20929**	**30675**	**141019**	**232860**

12-5 按县（市）区分财政支出主要指标

（2021 年）　　　　　　　　　　　　　　　　单位：万元

项　　目	福州市	市区	市本级	鼓楼区	台江区	仓山区	晋安区	马尾区	长乐区
一般公共预算支出	**9252559**	**4447675**	**2111337**	**300881**	**222305**	**350584**	**348157**	**280366**	**834045**
一般公共服务支出	784609	381959	133610	39826	32165	47199	30838	37170	61151
外交支出	0	0	0	0	0	0	0	0	0
国防支出	11602	5721	2330	513	615	512	524	611	616
公共安全支出	444990	255807	168326	7242	8872	7349	10530	16412	37076
教育支出	1901386	919361	360396	94617	63167	108624	73738	59044	159775
科学技术支出	394536	132992	70883	7944	3440	10306	4612	4296	31511
文化旅游体育与传媒支出	160637	100920	61068	5858	3507	4962	5168	5529	14828
社会保障和就业支出	1181502	613498	284034	62079	39725	53787	38573	38799	96501
卫生健康支出	907120	531835	299417	24683	24775	39524	46739	16948	79749
节能环保支出	201541	103867	64913	2202	2130	2666	949	1151	29856
城乡社区支出	1058060	465763	173659	29309	25103	33836	45561	37220	121075
农林水支出	608915	221307	100633	3457	1698	7291	43597	6774	57857
交通运输支出	362161	138413	111213	33	188	104	3250	3503	20122
资源勘探信息等支出	184713	79475	14815	8689	1285	8410	6564	11482	28230
商业服务业等支出	261476	88546	29705	8360	5310	5259	5367	9346	25199
金融支出	12307	959	500	0	0	0	0	370	89
援助其他地区支出	9871	6531	5866	0	0	0	0	421	244
自然资源海洋气象等支出	61655	24357	9969	617	791	1057	1406	2461	8056
住房保障支出	274852	154138	92695	208	7030	11785	21513	2775	18132
粮油物资储备支出	28186	15683	13574	0	0	0	0	609	1500
灾害防治及应急管理支出	49818	24038	13277	1784	986	1974	1933	2742	1342
其他支出	164330	93469	38928	31	0	1495	4536	15932	32547
债务付息支出	186977	88564	61387	3408	1492	4395	2730	6622	8530
债务发行费用支出	1315	472	139	21	26	49	29	149	59
政府性基金支出	**11602983**	**8900741**	**7831330**	**194315**	**17853**	**178636**	**112518**	**131031**	**435058**

注：马尾区统计口径包含琅岐经济区及保税区。

12-5 续表 （2021年） 单位：万元

项　　目	福清市	闽侯县	连江县	罗源县	闽清县	永泰县	平　潭
一般公共预算支出	**1252340**	**987130**	**767437**	**252965**	**352892**	**339029**	**853091**
一般公共服务支出	86131	85640	48127	32051	31725	35942	83034
外交支出	0	0	0	0	0	0	0
国防支出	1080	840	1472	470	291	554	1174
公共安全支出	55998	34352	26147	10770	12754	12714	36448
教育支出	306943	202165	167746	57879	66386	65916	114990
科学技术支出	10136	15993	14892	3284	1365	533	215341
文化旅游体育与传媒支出	12584	10189	7423	3257	4411	6250	15603
社会保障和就业支出	155687	83069	95773	47456	53399	60947	71673
卫生健康支出	137203	58136	58758	19204	17490	25936	58558
节能环保支出	12438	29988	18745	7233	5174	4051	20045
城乡社区支出	93347	258488	56836	9820	46822	33989	92995
农林水支出	86407	50703	73930	33017	56708	53265	33578
交通运输支出	38216	5359	102410	4405	17726	15857	39775
资源勘探信息等支出	20337	11175	47273	9096	9212	3182	4963
商业服务业等支出	101297	62053	3682	1076	1010	3499	313
金融支出	469	9809	0	306	52	130	582
援助其他地区支出	196	0	2789	249	0	106	0
自然资源海洋气象等支出	6218	9136	4405	3333	4398	2711	7097
住房保障支出	60603	15318	13495	3018	3989	1840	22451
粮油物资储备支出	4490	2575	1724	1701	482	293	1238
灾害防治及应急管理支出	4571	6013	3781	759	3420	2554	4682
其他支出	31099	26367	4209	391	8008	145	642
债务付息支出	26787	9695	13749	4171	8032	8570	27409
债务发行费用支出	103	67	71	19	38	45	500
政府性基金支出	**1058367**	**874605**	**283265**	**14318**	**75690**	**157089**	**238908**

12-6 主要年份金融机构存贷款与现金收支

（1978-2021 年）

单位：万元

年 份	存款余额	# 居民储蓄	贷款余额	现金收入	现金支出	现金投放（+）回笼（-）
1978	77601	18146	91467			
1979	87455	21716	110420			
1980	151201	29903	138097			
1981	192536	41758	162162			
1982	235293	54044	187095			
1983	265148	70007	204568			
1984	440563	92956	291742	144450	137737	-6713
1985	289820	123555	302934	383319	375659	-7660
1986	378241	166508	366741	462191	456342	-5849
1987	452925	215917	418577	646827	633915	-12912
1988	484704	235407	469953	978225	971666	-6559
1989	618937	350188	559900	1247421	1159087	-88334
1990	854105	518540	677153	1465438	1334921	-130517
1991	1133491	688703	788927	1800124	1684068	-116056
1992	1568301	906030	995055	2605957	2493969	-111988
1993	1817095	1055894	1346071	4282713	4232547	-50166
1994	2566545	1593746	1562959	6604709	6357429	-247280
1995	3971395	2319383	2360780	9698914	9474265	-224649
1996	5184852	3195935	2956459	14524717	14421509	-103208
1997	6078105	3783654	3777974	26480153	26556120	75967
1998	6875763	4355716	4196271	32797002	33003793	206791
1999	9906340	5030220	7970215	37992443	38200333	207890
2000	10338457	4844713	8830450	48839192	48872901	33709
2001	12510171	5590916	11571483	65356687	65345969	-10718
2002	13905993	7106162	11577911	52134542	52131880	-2662
2003	16964051	8762245	13672072	56542003	56509394	-32609
2004	20188730	9962729	15559772	67938302	67730873	-207428
2005	23757542	11550362	17727789	64996351	64815137	-181213
2006	28962492	13113823	21795935	70321239	70074039	-247199
2007	32901090	13753667	26404521	76664702	76248330	-416372
2008	38587590	17098954	30782212	63226947	62801264	-425683
2009	47405776	20475958	40543634	59722733	59318140	-404594
2010	59094203	23269619	49539105	62866429	62558717	-307712
2011	67069357	25422699	58354307			-406530
2012	76357112	29299210	66445336			-233064
2013	87202642	32123554	77387392			61399
2014	94132422	33910117	92877646			-18621
2015	108314943	35200244	105837116			132162
2016	120243795	38699364	120637956			321895
2017	130558969	40639581	132527287			130218
2018	137518581	43851887	148437980			238778
2019	152935811	60255752	170359469			261550
2020	172956197	69503167	192063279			711147
2021	186550309	74921750	210419380			1524075

注：1.本表为中资金融机构的人民币数据，下同。
2.2011 年起取消现金收支情况表。
3.2019 年起不再提供储蓄存款口径的数据，改用住户存款。

12–7 金融机构信贷资金来源与资金运用

单位：万元

项　　目	2015 年	2016 年	2017 年	2018 年	2019 年	2020 年	2021 年
资金来源总计	**126255365**	**140187965**	**149680481**	**161964056**	**184564406**	**207492642**	**226874221**
一、各项存款	108314943	120243795	130558969	137518581	152935811	172956197	186550309
境内存款	107099650	118924430	129136796	136031375	151156373	170907564	184288145
住户存款	36832649	40850393	43828108	50511385	60255752	69503167	74921750
非金融企业存款	40310099	45673794	46839972	45292259	46868506	53900588	56569572
广义政府存款	20876460	23700509	27226921	28687944	31456961	31007916	32481462
非银行业金融机构存款	9080442	8699735	11241795	11539788	12575154	16495893	20315361
境外存款	1215293	1319365	1422174	1487206	1779438	2048633	2262164
二、金融债券	540738	440549	461155	630834	980737	1269363	919750
三、卖出回购资产	80000	49130	20000	121404	383531	171295	
四、借款及非银行业金融机构拆入	5749		2004	89300	249000		
五、联行往来（净）	10645818	7718880	8581113	13341800	21075756	26666650	31165224
六、应付及暂收款	2471486	2287838	2260829	2277924	2445162	2835556	3336639
七、各项准备	2675884	3123257	3527434	3766747	3755379	3867728	4907653
八、所有者权益	1945779	2424481	3512659	4826811	5427831	6168647	6147609
# 实收资本	1389807	1474541	1931888	2007627	2757477	2836308	2959727
九、其他	–425032	3900037	756318	–609345	–2688802	–6442794	–6152962

注：本表机构包括中国人民银行、银行业存款类金融机构、银行业非存款类金融机构。

12-7 续表　　　　单位：万元

项　　目	2015 年	2016 年	2017 年	2018 年	2019 年	2020 年	2021 年
资金运用总计	**126255365**	**140187965**	**149680481**	**161964056**	**184564406**	**207492642**	**226874221**
一、各项贷款	105837116	120637956	132527287	148437980	170359469	192063279	210419380
境内贷款	105698304	120464413	132188626	148089349	169816688	191709353	210072076
住户贷款	37772883	43962293	49402117	55174910	65620265	77318902	85698019
非金融企业及机关团体贷款	67823498	76499635	82780497	92853318	104117521	114350549	124358058
非银行业金融机构贷款	101923	2485	6012	61120	78902	39902	16000
境外贷款	138811	173543	338661	348631	542781	353926	347304
二、债券投资	7503645	6775036	5737314	5572782	6803612	7973780	9336179
三、股权及其他投资	9700377	10317986	8690179	5178231	4622668	4841280	4640314
四、买入返售资产	826117	163594	134496	593807	374127	9897	153017
五、存放非银行业金融机构款项	50330	1790	1141	4529	3078	3320	9183
六、联行往来（净）							
七、金银占款							
八、外汇买卖	62496						
九、应收及预付款	1196036	1133458	1420595	1004685	1198003	1367839	1091019
十、投资性房地产			1240	8690	11840	11840	11589
十一、固定资产	1079249	1158144	1168230	1163353	1191609	1221407	1213539

12-8 按县（市）区分金融机构信贷资金主要指标

（2021年）　　单位：万元

项　　目	福州市	市　区	福清市	闽侯县	连江县
金融机构各项存款余额	**186550309**	**144675748**	**16848904**	**7577371**	**5619181**
境内存款	184288145	143118651	16425306	7509800	5451297
住户存款	74921750	47555775	11671627	4381538	3957403
非金融企业存款	56569572	49049089	2833060	1466535	716366
广义政府存款	32481462	26747125	1899242	1390722	777489
非银行业金融机构存款	20315361	19766661	21378	271005	40
境外存款	2262164	1557097	423598	67570	167884
金融机构各项贷款余额	**210419380**	**171083477**	**13311538**	**6994791**	**6349164**
境内贷款	210072076	170806427	13270313	6986337	6344322
住户贷款	85698019	58524856	8065611	5065324	4450410
非金融企业及机关团体贷款	124358058	112265571	5204702	1921013	1893912
非银行业金融机构贷款	16000	16000			
境外贷款	347304	277050	41225	8454	4841

注：2017年起市区含长乐。

12-8 续表 （2021 年） 单位：万元

项 目	罗源县	闽清县	永泰县	平 潭
金融机构各项存款余额	**1759297**	**2115095**	**2163384**	**5791329**
境内存款	1753132	2106846	2160779	5762332
住户存款	1185009	1661902	1366281	3142216
非金融企业存款	282129	210601	471033	1540759
广义政府存款	285995	234344	323465	823081
非银行业金融机构存款				256277
境外存款	6165	8249	2605	28996
金融机构各项贷款余额	**2303749**	**1307692**	**1907225**	**7161745**
境内贷款	2301383	1307342	1906821	7149131
住户贷款	1805939	1073343	1518556	5193979
非金融企业及机关团体贷款	495445	233999	388265	1955151
非银行业金融机构贷款				
境外贷款	2366	350	404	12614

主要统计指标解释

一般公共预算收入 属于地方财政的收入包括营业税，地方企业所得税，个人所得税，城镇土地使用税，固定资产投资方向调节税，城镇维护建设税，房产税，车船使用税，印花税，屠宰税，牧业税，耕地占用税，契税，增值税 25%部分，证券交易税（印花税）50%部分和除海洋石油资源税以外的其他资源税。

一般公共预算支出 包括地方行政管理和各项事业费，地方统筹的基本建设、技术改造支出，支援农村生产支出，城市维护和建设经费，价格补贴支出等。

存款 指机构和个人在保留资金或货币所有权条件下，以不可流通的存款凭证为依据，暂时让渡或接受资金使用权所形成的债权或债务。

贷款 指机构或个人在保留资金或货币所有权的条件，以不可流通的贷款凭证或类似凭证为依据，暂时让渡或接受资金使用权所形成的债权或债务。

13 人民生活

13-1　人民生活基本情况

项　　目	单　位	2005年	2010年	2011年	2012年	2013年	2014年	2015年	2016年	2017年	2018年	2019年	2020年	2021年
就业														
城镇居民家庭每户平均人口	人	3.11	3.08	3.11	3.15	2.90	2.97	3.07	3.18	3.16	3.18	3.21	3.2	3.22
城镇居民家庭每户平均就业人口	人	1.58	1.69	1.62	1.69	1.45	1.45	1.47	1.50	1.47	1.33	1.35	1.32	1.37
城镇居民家庭每户平均就业面	%	50.8	54.9	52.1	53.7	50.0	48.8	47.9	47.2	46.5	41.8	41.9	41.1	42.4
城镇居民家庭每一就业者平均负担人数	人	1.97	1.82	1.92	1.86	2.00	2.05	2.09	2.12	2.15	2.39	2.39	2.43	2.36
农村居民家庭每户平均常住人口	人	3.80	3.80	3.80	3.80	3.70	2.96	2.99	3.23	3.23	2.98	2.96	2.94	3.2
农村居民家庭每户整半劳动力	人	2.61	2.71	2.67	2.64	2.39	1.00	2.17	2.32	2.33	2.07	2.03	2.09	2.24
农村居民家庭每一劳动力平均负担人数	人	1.92	1.40	1.43	1.44	1.55	1.47	1.38	1.39	1.39	1.44	1.46	1.41	1.43
城镇登记失业率	%	3.35	3.14	2.36	2.37	2.42	2.42	2.44	2.43	2.40				
收入与支出														
城镇居民人均可支配收入	元	12661	22723	26050	29399	32265	32451	34982	37833	40973	44457	47920	49300	53421
城镇居民人均消费支出	元	8382	15778	17847	20040	21695	23330	24825	26392	27427	29849	32662	32019	35664
农村居民人均可支配（纯）收入	元	5197	8543	10107	11492	12910	14012	15203	16346	17865	19419	21320	22669	25201
农村居民人均消费支出	元	3503	6071	7353	8336	9311	12166	13152	14033	15283	16250	17711	17713	20911
生活质量														
居住条件														
城镇居民人均现住房建筑面积	平方米	25.74	31.22	33.18	32.36	37.03	41.36	42.54	41.68	42.28	51.56	51.53	51.45	49.98
农村居民人均现住房建筑面积	平方米	41.52	45.41	47.89	48.40	49.58	65.56	67.30	65.73	66.51	91.07	92.56	93.11	81.66
城市公用设施														
人均公园绿地面积	平方米	9.60	11.15	11.20	11.30	12.80	12.90	13.50	14.10	14.74	15.05			

注：根据国家统计局制定的城乡住户调查一体化改革方案，福州市从2014年起发布住户收支与生活状况调查新口径数据。此调查方案，在调查范围、指标口径、指标名称上与原城乡住户调查制度有所不同。其中，农民收入2013年及以前为纯收入，2014年起为可支配收入，下同。

13–2 城乡居民家庭人均收入

（1978–2021 年）

年　份	城镇居民人均可支配收入		农村居民人均可支配（纯）收入	
	数值（元）	比上年增长（%）	数值（元）	比上年增长（%）
1978	295	3.15	129	21.70
1979	304	3.05	131	1.55
1980	314	3.29	135	3.05
1981	346	10.19	187	38.52
1982	415	19.94	221	18.18
1983	450	8.43	287	29.86
1984	506	12.44	349	21.60
1985	678	33.99	423	21.20
1986	829	22.27	463	9.46
1987	888	7.12	535	15.55
1988	1079	21.51	689	28.79
1989	1332	23.45	795	15.38
1990	1537	15.39	864	8.68
1991	1639	6.64	969	12.15
1992	2273	38.67	1109	14.45
1993	2769	21.85	1387	25.07
1994	4108	48.34	1801	29.85
1995	4896	19.18	2303	27.87
1996	5545	13.25	2847	23.62
1997	6417	15.73	3223	13.21
1998	6857	6.85	3490	8.28
1999	7098	3.52	3677	5.36
2000	7944	11.92	3860	4.98
2001	8675	9.20	4020	4.15
2002	9147	5.44	4192	4.28
2003	10123	10.66	4402	5.01
2004	11436	12.98	4815	9.38
2005	12661	10.71	5197	7.93
2006	14206	12.21	5592	7.60
2007	16642	17.14	6286	12.41
2008	19009	16.00	7142	13.62
2009	20289	9.10	7669	7.38
2010	22723	11.99	8543	11.40
2011	26050	14.64	10107	18.30
2012	29399	12.85	11492	13.70
2013	32265	9.75	12910	12.34
2014	32451	9.41	14012	11.20
2015	34982	7.80	15203	8.50
2016	37833	8.20	16346	7.50
2017	40973	8.30	17865	9.30
2018	44457	8.50	19419	8.70
2019	47920	7.80	21320	9.80
2020	49300	2.90	22669	6.30
2021	53421	8.40	25201	11.20

13-3 主要年份城镇居民家庭基本情况

年份	户均家庭人口（人）	户均就业人数（人）	户均就业面（%）	平均每一就业者负担人数（人）	人均可支配收入（元）	人均消费支出（元）	人均现住房建筑面积（平方米）
1952	5.62	1.87	33.3	3.01	104	98	5.7
1957	5.37	2.22	41.3	2.42	152	141	6.1
1959	5.29	2.22	42.0	2.38	177	164	6.5
1962	4.94	2.26	45.7	2.19	168	158	6.8
1963	4.94	2.27	46.0	2.18	199	155	6.8
1964	4.93	2.28	46.2	2.16	177	167	6.9
1965	4.91	2.29	46.6	2.14	197	185	7.0
1966	4.89	2.29	46.8	2.14	203	191	7.2
1975	4.01	2.02	50.4	1.99	268	260	8.0
1978	3.90	2.02	51.8	1.93	295	288	8.2
1980	3.81	2.00	52.5	1.91	314	308	8.5
1981	3.75	2.00	53.3	1.88	346	316	8.6
1982	3.72	2.01	54.0	1.85	415	379	8.7
1983	3.68	2.00	54.3	1.84	450	402	8.7
1984	3.65	2.01	55.1	1.82	506	453	8.8
1985	3.62	2.00	55.2	1.81	678	638	8.8
1986	3.60	2.00	55.6	1.80	829	771	8.9
1987	3.56	2.02	56.7	1.76	888	845	9.0
1988	3.52	2.02	57.4	1.74	1079	1023	9.0
1989	3.50	2.01	57.4	1.74	1332	1242	9.2
1990	3.44	2.02	58.7	1.70	1537	1381	9.3
1991	3.47	2.00	57.6	1.74	1639	1522	9.3
1992	3.45	2.02	58.6	1.71	2273	1820	9.4
1993	3.39	2.00	59.0	1.70	2769	2281	11.6
1994	3.19	1.90	59.6	1.68	4108	3338	11.6
1995	3.17	1.84	58.0	1.72	4896	4021	11.6
1996	3.21	1.88	58.6	1.71	5545	4307	12.1
1997	3.21	1.88	58.6	1.71	6417	5150	12.4
1998	3.19	1.88	58.9	1.70	6857	5459	12.4
1999	3.23	1.86	57.6	1.74	7098	5364	12.5
2000	3.20	1.80	56.3	1.78	7944	6009	12.6
2001	3.23	1.82	56.3	1.77	8675	6213	14.9
2002	3.11	1.66	53.4	1.87	9147	6635	23.1
2003	3.12	1.69	54.2	1.85	10123	7347	24.8
2004	3.11	1.55	49.8	2.01	11436	8042	25.5
2005	3.11	1.58	50.8	1.97	12661	8382	25.7
2006	3.14	1.68	53.5	1.87	14206	9595	25.9
2007	3.10	1.68	54.2	1.85	16642	11790	26.8
2008	3.10	1.63	52.6	1.90	19009	13541	28.1
2009	3.14	1.66	52.9	1.89	20289	14105	30.4
2010	3.08	1.69	54.9	1.82	22723	15778	31.2
2011	3.11	1.62	52.1	1.92	26050	17847	33.2
2012	3.15	1.69	53.7	1.86	29399	20040	32.4
2013	2.90	1.45	50.0	2.00	32265	21695	37.0
2014	2.97	1.45	48.8	2.05	32451	23330	41.4
2015	3.07	1.47	47.9	2.09	34982	24825	42.5
2016	3.18	1.50	47.2	2.12	37833	26392	41.7
2017	3.16	1.47	46.5	2.15	40973	27427	42.3
2018	3.18	1.33	41.8	2.39	44457	29849	51.6
2019	3.21	1.35	41.9	2.39	47920	32662	51.5
2020	3.20	1.32	41.1	2.43	49300	32019	51.5
2021	3.22	1.37	42.4	2.36	53421	35664	50.0

13-4 城镇居民人均收支情况

单位：元

项　　目	2014 年	2015 年	2016 年	2017 年	2018 年	2019 年	2020 年	2021 年
一、可支配收入	**32451**	**34982**	**37833**	**40973**	**44457**	**47920**	**49300**	**53421**
工资性收入	20516	21956	23619	25356	28054	30288	31101	33707
经营净收入	2861	3128	3408	3654	3912	4123	4238	4581
财产净收入	4015	4355	4738	5468	5769	6436	6662	7213
转移净收入	5059	5543	6067	6495	6722	7073	7299	7920
二、消费支出	**23330**	**24825**	**26392**	**27427**	**29849**	**32662**	**32019**	**35664**
食品烟酒	7595	8081	8704	9017	9530	10253	10018	10756
衣着	1791	1812	1474	1430	1535	1634	1586	1743
居住	5944	6320	7360	8031	9129	10216	11468	12352
生活用品及服务	1504	1647	1363	1333	1398	1442	1355	1612
交通与通信	2699	2891	3022	3264	3660	3773	3125	3616
教育文化娱乐	2403	2570	2866	2806	3026	3439	2582	3282
医疗保健	848	936	1084	962	1110	1310	1129	1432
其他用品及服务	545	568	518	584	461	594	756	871

13-5 按县（市）区分城镇居民人均收支情况

（2021年）

县（市）区	人均可支配收入（元）	比上年增长（%）	人均消费支出（元）	比上年增长（%）
福州市	**53421**	**8.4**	**35664**	**11.4**
鼓楼区	62850	8.1	42390	11.1
台江区	58324	8.2	38910	11.2
仓山区	49711	8.3	33639	11.3
晋安区	54071	8.9	35974	11.9
马尾区	58990	7.9	39929	10.9
长乐区	55032	8.6	35438	11.6
福清市	54281	8.6	36407	11.6
闽侯县	50834	9.2	32153	12.2
连江县	43878	8.2	28241	11.2
罗源县	39769	8.1	25485	11.1
闽清县	38360	9.1	25148	12.1
永泰县	36935	7.7	23948	10.7
平　潭	46866	8.3	30767	11.3

13-6 农村居民家庭基本情况

（1989-2021 年）

年 份	户均常住人口（人）	户均整半劳动力（人）	平均每个劳力负担人口（人）	人均可支配（纯）收入（元）	人均消费支出（元）	人均现住房建筑面积（平方米）
1989	5.26	2.65	1.99	795	699	
1990	5.13	2.54	2.02	864	765	
1991	5.10	2.53	2.01	969	808	
1992	5.04	2.57	1.96	1109	891	
1993	4.88	2.98	1.63	1387	1141	
1994	4.83	3.02	1.59	1801	1434	21.3
1995	4.77	2.97	1.60	2303	1818	23.2
1996	4.72	3.01	1.57	2847	2063	24.6
1997	4.57	2.99	1.53	3223	2329	25.5
1998	4.51	3.02	1.49	3490	2247	26.3
1999	4.46	2.94	1.52	3677	2420	28.3
2000	4.01	2.70	1.48	3860	2921	34.3
2001	3.98	2.42	1.65	4020	2746	34.3
2002	3.90	2.61	1.49	4192	2811	38.0
2003	3.90	2.60	1.95	4402	2968	40.4
2004	3.90	2.60	1.90	4815	3217	41.8
2005	3.80	2.61	1.92	5197	3503	41.5
2006	3.81	2.67	1.53	5592	3904	45.5
2007	3.79	2.67	1.42	6286	4388	46.1
2008	3.78	2.66	1.42	7142	5080	46.9
2009	3.80	2.66	1.43	7669	5502	47.0
2010	3.80	2.71	1.40	8543	6071	45.4
2011	3.80	2.67	1.43	10107	7353	47.9
2012	3.80	2.64	1.44	11492	8336	48.4
2013	3.70	2.39	1.55	12910	9311	49.6
2014	2.96	2.02	1.47	14012	12166	65.6
2015	2.99	2.17	1.38	15203	13152	67.3
2016	3.23	2.32	1.39	16346	14033	65.7
2017	3.23	2.33	1.39	17865	15283	66.5
2018	2.98	2.07	1.44	19419	16250	91.1
2019	2.96	2.03	1.46	21320	17711	92.6
2020	2.94	2.09	1.41	22669	17713	93.1
2021	3.20	2.24	1.43	25201	20911	81.7

13–7 农村居民人均收支情况

项目	2020年		2021年	
	数值（元）	比上年增长（%）	数值（元）	比上年增长（%）
可支配收入	**22669**	**6.3**	**25201**	**11.2**
工资性收入	11992	6.5	13280	10.7
经营净收入	5525	3.9	6090	10.2
财产净收入	1197	6.8	1347	12.6
转移净收入	3955	9.2	4483	13.4
消费支出	**17713**	**0.0**	**20911**	**18.1**
食品烟酒	6524	0.0	7611	16.7
衣着	1118	3.7	1220	9.1
居住	4313	2.7	4985	15.6
生活用品及服务	1240	–7.0	1369	10.4
交通通信	1416	–8.3	1832	29.4
教育文化娱乐	1545	6.2	1970	27.5
医疗保健	1087	3.5	1406	29.3
其他用品及服务	471	–10.8	518	10.1

注：比上年增长使用同口径对比。

13-8 按县（市）区分农村居民人均收支情况

（2021 年）

县（市）区	人均可支配收入（元）	比上年增长（%）	人均消费支出（元）	比上年增长（%）
福州市	**25201**	**11.2**	**20911**	**18.1**
晋安区	25679	10.8	17595	17.7
马尾区	32375	10.4	27304	17.3
长乐区	28837	11.4	23778	18.3
福清市	29870	11.5	23996	18.4
闽侯县	24180	11.5	20505	18.4
连江县	23044	10.9	19376	17.8
罗源县	19393	11.9	16450	18.8
闽清县	19148	11.3	16468	18.2
永泰县	18620	10.8	15415	17.7
平　潭	20904	11.5	17830	18.4

主要统计指标解释

可支配收入　指调查户在调查期内获得的、可用于最终消费支出和储蓄的总和，即调查户可以用来自由支配的收入。可支配收入既包括现金收入，也包括实物收入。按照收入的来源，可支配收入包含四项，分别为：工资性收入、经营净收入、财产净收入和转移净收入。

工资性收入　指就业人员通过各种途径得到的全部劳动报酬和各种福利，包括受雇于单位或个人、从事各种自由职业、兼职和零星劳动得到的全部劳动报酬和福利。

经营净收入　指住户或住户成员从事生产经营活动所获得的净收入，是全部经营收入中扣除经营费用、生产性固定资产折旧和生产税之后得到的净收入。计算方法：

经营净收入=经营收入–经营费用–生产性固定资产折旧–生产税

财产净收入　指住户或住户成员将其所拥有的金融资产、住房等非金融资产和自然资源交由其他机构单位、住户或个人支配而获得的回报并扣除相关的费用之后得到的净收入。财产净收入包括利息净收入、红利收入、储蓄性保险净收益、转让承包土地经营权租金净收入、出租房屋净收入、出租其他资产净收入和自有住房折算净租金等。计算方法:

财产净收入=财产性收入–财产性支出

转移净收入计算方法：

转移净收入=转移性收入–转移性支出

转移性收入　指国家、单位、社会团体对住户的各种经常性转移支付和住户之间的经常性收入转移。包括政府、非行政事业单位、社会团体对居民转移的养老金或退休金、社会救济和补助、惠农补贴、政策性生活补贴、救灾款、经常性捐赠和赔偿以及报销医疗费等；住户之间的赡养收入、经常性捐赠和赔偿以及农村地区（村委会）在外（含国外）工作的本住户非常住成员寄回带回的收入等。

转移性支出　指调查户对国家、单位、住户或个人的经常性或义务性转移支付。包括缴纳的税款、各项社会保障支出、赡养支出、经常性捐赠和赔偿支出以及其他经常转移支出等。

消费支出　指住户用于满足家庭日常生活消费需要的全部支出，既包括现金消费支出，也包括实物消费支出（含自产自用、来自单位、来自政府和其他社会组织）。根据用途不同，消费支出可划分为食品烟酒、衣着、居住、生活用品及服务、交通通信、教育文化娱乐、医疗保健、其他用品及服务八大类。

恩格尔系数　指食物支出占生活消费总支出的比重。计算公式为：恩格尔系数=食物支出/生活消费总支出 x100%。恩格尔系数越大，表示生活越贫困；反之，表示生活越富裕。根据国际经验，恩格尔系数 60%以上为贫困，50%–60%为温饱， 40%–50%为小康，30%–40%为富裕，30%以下为最富裕。

14 科技、教育与文化

14-1 地方国有企事业单位专业技术人员

（1988-2021 年）　　单位：人

年 份	合 计	#工程技术人员	农业技术人员	卫生技术人员	科学研究人员	教学人员
1988	69257	13649	1935	6336	189	33106
1989	74889	14112	1799	6597	186	37403
1990	76161	13057	1760	6788	182	40065
1991	74915	11725	1536	7185	180	41862
1992	78382	12433	1496	7349	176	42855
1993	75214	11905	1376	7108	175	43574
1994	73403	11941	1241	6740	176	43046
1995	75137	12215	1377	6712	202	44256
1996	81731	12322	1682	8899	220	47899
1997	82992	12378	1987	9664	225	48041
1998	82802	11720	1504	8691	192	50619
1999	86069	11227	1624	9373	198	53388
2000	86722	10401	1560	8533	177	54970
2001	85130	10289	1821	8538	189	55040
2002	84521	9194	1645	9048	217	55646
2003	81703	8052	1588	8765	203	55440
2004	85046	8292	1890	10577	157	56632
2005	83275	7207	1854	10402	272	56481
2006	81323	6069	2010	9622	163	57264
2007	81378	6168	1743	8881	169	56276
2008	79901	5387	1656	11102	179	55714
2009	80755	5912	1515	11068	196	56593
2010	73827	5107	1406	10558	106	51872
2011	76688	5304	1312	11354	157	53229
2012	78406	5143	1327	12161	429	53475
2013	80297	5266	1359	12452	439	54758
2014	82884	6145	1503	13911	468	55508
2015	79409	6548	1483	14546	505	56327
2016	79979	6883	1459	14740	507	56390
2017	80835	7172	1509	14904	525	56725
2018	79586	7221	1462	15248	433	55222
2019	80621	7576	1307	15700	417	55621
2020	83580	9823	1325	15911	510	56011
2021	97032	12313	1508	16508	452	56614

注：本表为不含省属的市属国有企事业单位专业技术人员数；2010 年起数据不含平潭县。

14-2 按行业分地方国有企事业单位各行业技术人员

项目	单位	2004年	2005年	2006年	2007年	2008年	2009年	2010年	2011年
合计	人	**85046**	**83275**	**81323**	**81378**	**79901**	**80755**	**73827**	**76688**
农、林、牧、渔业	人	3007	2809	2650	2427	2114	2062	1911	1707
采矿业	人	3	3	18	12	10			
制造业	人	1515	1017	584	490	303	402	294	229
电力、煤气及水的生产和供应业	人	1044	1030	553	617	580	518	497	595
建筑业	人	3552	3102	2590	2239	893	1219	1038	1830
交通运输、仓储及邮政业	人	905	811	786	788	780	841	788	624
信息传输、计算机服务和软件业	人	54	39	86	57	69	41	29	21
批发和零售业	人	957	717	658	590	390	444	482	422
住宿和餐饮业	人	133	89	81	82	69	60	66	59
金融业	人	71	123	349	409	195	245	217	445
房地产业	人	622	630	544	602	214	173	200	421
租赁和商务服务业	人	201	272	279	232	113	110	127	82
科学研究、技术服务和地质勘查业	人	727	639	598	599	688	654	599	619
水利、环境和公共设施管理业	人	1054	1095	1125	1287	1225	1325	1135	1105
居民服务和其他服务业	人	257	240	213	221	197	158	90	166
教育	人	57021	57200	57785	56970	56456	56911	52385	53907
卫生、社会保障和社会福利业	人	10620	10539	9914	11037	11515	11748	10920	11823
文化、体育和娱乐业	人	1788	1528	1289	1365	1403	1483	1254	1311
公共管理和社会组织	人	1515	1392	1221	1354	2687	2361	1795	1322

注：本表2010年起数据不含平潭县。

14-2 续表

项目	单位	2012年	2013年	2014年	2015年	2016年	2017年	2018年	2019年	2020年	2021年
合计	人	**78406**	**80297**	**82884**	**90075**	**91827**	**93724**	**86531**	**87854**	**91282**	**97032**
农、林、牧、渔业	人	1557	1594	1936	1942	1978	1865	1817	1750	1716	1746
采矿业	人							0	0	0	0
制造业	人	189	193	171	160	107	86	283	263	263	71
电力、煤气及水的生产和供应业	人	624	638	703	689	712	871	803	857	876	835
建筑业	人	1787	1829	1806	1939	1786	1861	1747	1757	2125	2971
交通运输、仓储及邮政业	人	681	697	921	989	1177	1270	1496	1451	1745	5036
信息传输、计算机服务和软件业	人	79	81	55	48	59	70	93	237	199	61
批发和零售业	人	423	433	378	346	341	276	2	252	251	256
住宿和餐饮业	人	96	98	77	88	69	74	73	82	95	94
金融业	人	472	483	500	480	475	472	465	437	447	508
房地产业	人	472	483	501	586	619	656	669	693	795	840
租赁和商务服务业	人	122	125	159	158	138	93	144	141	170	188
科学研究、技术服务和地质勘查业	人	944	967	1003	1298	1331	1128	1006	1230	2548	2985
水利、环境和公共设施管理业	人	1151	1178	1444	1250	1433	1651	1634	1669	1772	1926
居民服务和其他服务业	人	108	110	50	69	99	104	95	255	176	190
教育	人	54010	55306	56132	57506	58004	59107	56306	56767	56993	57889
卫生、社会保障和社会福利业	人	12334	12630	16322	18674	19612	20362	15464	15961	16231	16389
文化、体育和娱乐业	人	2027	2075	1423	1802	1797	1654	1357	1245	1339	1936
公共管理和社会组织	人	1330	1362	1734	2051	2090	2124	3077	2807	3541	3108

14-3 各类型专利申请公告情况

（1985-2021 年） 单位：项

年份	专利申请公告量	发明	实用新型	外观设计
1985	76	39	37	
1986	76	32	43	1
1987	121	30	83	8
1988	131	31	99	1
1989	150	32	100	18
1990	142	38	94	10
1991	180	36	101	43
1992	243	35	182	26
1993	211	56	125	30
1994	300	76	175	49
1995	379	61	163	155
1996	423	66	174	183
1997	451	65	177	199
1998	682	78	271	333
1999	737	59	308	370
2000	823	95	331	397
2001	791	96	315	380
2002	946	102	423	421
2003	1294	203	464	627
2004	1241	205	464	572
2005	1354	365	432	557
2006	2468	560	857	1051
2007	3255	994	973	1288
2008	3794	1138	1291	1365
2009	4708	1530	1954	1224
2010	6134	2216	2781	1137
2011	7402	2673	3576	1153
2012	8998	3091	4097	1810
2013	9262	3258	4227	1777
2014	10844	4021	4849	1974
2015	15443	5433	7850	2160
2016	23455	9335	11453	2667
2017	25580	10038	13034	2508
2018	34558	12532	18127	3899
2019	29035	8783	16679	3573
2020	36083	10944	21602	3537

注：2007 年前的数字为专利申请公告量，2009 年以后的数字为专利申请量。

14-4 主要年份技术市场基本情况

（1991-2021 年）

年 份	合同数（项）	合同金额（万元）
1991	1212	2034.24
1992	4124	5448.40
1993	2851	9171.42
1994	1936	12387.89
1995	2021	15106.43
1996	1782	18184.87
1997	1976	23788.15
1998	2310	28656.56
1999	2625	31550.87
2000	2859	39528.03
2001	3159	43240.92
2002	3229	37707.33
2003	3158	47075.32
2004	3892	40905.92
2005	3725	43932.42
2006	2790	67424.95
2007	3457	96082.04
2008	3303	84513.00
2009	2511	111411.36
2010	2267	105183.66
2011	1967	143780.77
2012	2123	126516.02
2013	2522	153378.62
2014	1876	189881.19
2015	1483	185266.79
2016	1354	127198.95
2017	1465	267140.79
2018	2926	366200.00
2019	3528	501087.65
2020	4449	593645.14
2021	7732	712789.45

14–5 技术市场基本情况

项目	2013年		2014年		2015年		2016年	
	合同数（项）	合同金额（万元）	合同数（项）	合同金额（万元）	合同数（项）	合同金额（万元）	合同数（项）	合同金额（万元）
合计	**2522**	**153378.82**	**1876**	**189881.19**	**1483**	**185266.79**	**1354**	**127198.25**
按合同类别分								
技术开发合同	992	89627.66	875	93257.06	836	100458.50	806	91608.72
技术转让合同	115	33415.47	136	75078.85	167	72291.21	178	32408.01
技术咨询合同	1122	10784.83	692	8142.25	318	2431.13	275	2154.22
技术服务合同	293	19550.64	173	13403.03	162	10085.94	95	1028.00
按服务目标分								
环境保护、生态建设及污染防治	303	4668.82	251	4261.46	245	12638.09	204	6344.56
能源生产、分配和合理利用	34	2444.13	15	1635.74	14	3844.88	13	2876.95
卫生事业发展	91	1597.71	83	2230.72	60	2819.77	71	2341.02
教育事业发展	17	1126.51	29	1080.98	23	575.86	24	1057.40
基础设施以及城市和农村规划	198	4832.57	166	6849.13	106	4174.67	133	5064.84
社会发展和社会服务	1212	89896.59	781	75597.33	491	56764.75	453	60684.21
地球和大气层的探索与利用	1	35.30	2	78.68	3	16.30	3	177.60
民用空间探测及开发	6	52.68						
农林牧渔业发展	344	7849.24	212	4542.89	110	5610.34	97	3502.84
工商业发展	104	25125.79	202	47352.85	359	91817.23	189	32689.95
非定向研究	1	12.00	7	82.16			38	415.40
其他民用目标	209	15555.27	124	45921.25	72	7004.91	124	11829.28
国防	2	182.00	4	248.00			5	196.90

14–5 续表

项目	2017年		2018年		2019年		2020年		2021年	
	合同数（项）	合同金额（万元）	合同数（项）	合同金额（万元）	合同数（项）	合同金额（万元）	合同数（项）	合同金额（万元）	合同数（项）	合同金额（万元）
合计	**1465**	**267140.79**	**2926**	**366163.30**	**3528**	**501087.65**	**4449**	**593645.10**	**7732**	**712789.45**
按合同类别分										
技术开发合同	999	161810.81	1359	175131.80	1630	232962.53	1583	198690.1	2519	271364.8
技术转让合同	182	92312.37	213	117961.10	243	162035.34	254	322076.5	343	230444.1
技术咨询合同	173	1580.04	112	1673.64	145	2112.55	511	6132.54	760	12117.93
技术服务合同	111	11437.57	1242	71396.79	1510	103977.21	2101	66746.06	4110	198862.7
按服务目标分										
环境保护、生态建设及污染防治	97	9515.99	92	3477.88	124	3659.61	198	6683.8	381	11967.3
能源生产、分配和合理利用	36	7480.45	46	2724.52	79	3736.65	75	416.96	221	10803.44
卫生事业发展	44	5814.01	99	5701.46	81	5715.06	127	18106.51	197	9999.985
教育事业发展	43	2616.26	103	2755.94	63	5510.79	62	2475.25	122	7830.42
基础设施以及城市和农村规划	98	4704.96	62	5040.17	127	5443.29	191	8625.4	300	7796.82
社会发展和社会服务	576	80697.99	992	135926.30	1368	231542.32	1827	180527.2	3210	283576.2
地球和大气层的探索与利用	1	29.60	2	12.89	1	65.00	1	200	3	13.86
民用空间探测及开发			2	41.98	6	289.80	8	210.21	14	849.9
农林牧渔业发展	107	5510.88	751	11658.28	774	9655.58	1141	10906.5	1413	15481.99
工商业发展	212	50709.83	276	73054.86	389	58576.29	295	56021.64	483	63648.69
非定向研究	55	3883.23	100	1893.79	44	1480.71	34	884.48	120	5468.62
其他民用目标	191	82847.59	390	120306.30	462	173024.56	486	304325.6	1262	295242.5
国防	5	3330.00	11	3569.00	10	2388.00	4	517.55	6	109.73

14–6 各单位技术买卖情况

项目	2013年			2014年			2015年		
	登记合同数（份）	合同成交总金额（万元）	#技术交易额（万元）	登记合同数（份）	合同成交总金额（万元）	#技术交易额（万元）	登记合同数（份）	合同成交总金额（万元）	#技术交易额（万元）
合计	**2522**	**153378.62**	**144075.85**	**1876**	**189881.19**	**186980.95**	**1483**	**185266.79**	**177356.72**
按社会经济目标分									
环境保护、生态建设及污染防治	303	4668.82	4602.20	251	4261.46	4188.63	245	12638.09	9683.97
能源生产、分配和合理利用	34	2444.13	2410.70	15	1635.74	1635.74	14	3844.88	3844.88
卫生事业发展	91	1597.71	1458.70	83	2230.72	2220.72	60	2819.77	2819.77
教育事业发展	17	1126.51	1126.50	29	1080.98	1080.98	23	575.86	575.86
基础设施以及城市和农村规划	198	4832.57	4437.80	166	6849.13	6314.96	106	4174.67	4145.67
社会发展和社会服务	1212	89896.59	88139.00	781	75597.33	73361.43	491	56764.75	54520.64
地球和大气层的探索与利用	1	35.30	35.30	2	78.68	78.68	3	16.30	16.30
民用空间探测及开发	6	52.68	51.97						
农林牧渔业发展	344	7849.24	7831.30	212	4542.89	4505.85	110	5610.34	5514.96
工商业发展	104	25125.79	18448.00	202	47352.85	47345.55	359	91817.23	89283.78
非定向研究	1	12.00	12.00	7	82.16	82.16			
其他民用目标	209	15555.27	15340.00	124	45921.25	45918.25	72	7004.91	89283.78
国防	2	182.00	182.00	4	248.00	248.00			
按卖方类别分									
机关法人				249	16266.36	14319.48	211	18412.91	14807.73
事业法人	727	15642.25	15362.35	396	8755.96	8248.16	269	8396.93	8225.21
社团法人				4	162.10	161.40	6	333.00	276.60
企业法人	1021	129960.82	120986.48	1194	164302.83	163868.31	971	157199.05	153122.28
自然人	771	7695.54	7647.02	4	13.00	13.00	12	262.50	262.50
其他组织	3	80.00	80.00	29	380.94	370.60	14	662.40	662.40

14-6 续表 1

项　　目	2016年			2017年			2018年		
	登　记合同数（份）	合同成交总金额（万元）	#技术交易额（万元）	登　记合同数（份）	合同成交总金额（万元）	#技术交易额（万元）	登　记合同数（份）	合同成交总金额（万元）	#技术交易额（万元）
合　计	**1354**	**127198.95**	**116466.18**	**1465**	**267140.79**	**252541.92**	**2926**	**366163.32**	**358342.42**
按社会经济目标分									
环境保护、生态建设及污染防治	204	6344.56	5612.78	97	9515.99	7836.76	92	3477.88	3121.61
能源生产、分配和合理利用	13	2876.95	1738.59	36	7480.45	7306.02	46	2724.52	2667.05
卫生事业发展	71	2341.02	2332.71	44	5814.01	5648.34	99	5701.46	5701.46
教育事业发展	24	1057.40	1009.40	43	2616.26	2522.76	103	2755.94	2755.94
基础设施以及城市和农村规划	133	5064.84	5060.44	98	4704.96	3614.59	62	5040.17	5040.17
社会发展和社会服务	453	60684.21	54234.66	576	80697.99	72889.30	992	135926.3	131249.85
地球和大气层的探索与利用	3	177.60	177.60	1	29.60	29.60	2	12.89	12.89
民用空间探测及开发							2	41.98	41.98
农林牧渔业发展	97	3520.84	3512.11	107	5510.88	5122.78	751	11658.28	11278.75
工商业发展	189	32689.95	30581.03	212	50709.83	50404.06	276	73054.86	73036.26
非定向研究	38	415.40	412.80	55	3883.23	3872.43	100	1893.79	1893.79
其他民用目标	124	11829.28	11598.71	191	82847.59	81391.07	390	120306.25	117973.68
国防	5	196.90	186.35	5	3330.00	1904.21	11	3569	3569
按卖方类别分									
机关法人									
事业法人	156	5859.84	5841.72	262	13777.79	13489.28	1169	34087.92	33705.36
社团法人	1	13.00	13.00	1	36.00	36.00			
企业法人	893	118618.28	107903.63	1049	242056.31	227745.95	1697	331671.75	324233.42
自然人	304	2707.83	2707.83	153	1270.69	1270.69	60	403.65	403.65
其他组织									

14-6 续表 2

项 目	2019年			2020年			2021年		
	登记合同数（份）	合同成交总金额（万元）	#技术交易额（万元）	登记合同数（份）	合同成交总金额（万元）	#技术交易额（万元）	登记合同数（份）	合同成交总金额（万元）	#技术交易额（万元）
合 计	**3528**	**501087.65**	**479619.74**	**4449**	**593645.14**	**548997.47**	**7732**	**712789.45**	**687810.84**
按社会经济目标分									
环境保护、生态建设及污染防治	124	3659.61	3649.21	198	6683.8	6378.42	381	11967.3	10907
能源生产、分配和合理利用	79	3736.65	3708.85	75	4160.96	4098.28	221	10803.44	10281.3
卫生事业发展	81	5715.06	5612.83	127	18106.51	18059.51	197	9999.99	9683.79
教育事业发展	63	5510.79	5500.79	62	2475.25	2453.53	122	7830.42	7464.22
基础设施以及城市和农村规划	127	5443.29	5424.45	191	8625.4	6237.9	300	7796.81	7235.15
社会发展和社会服务	1368	231542.32	221714.96	1827	180527.23	155734.23	3210	283576.21	271206.45
地球和大气层的探索与利用	1	65.00	65.00	1	200	200	3	13.86	13.86
民用空间探测及开发	6	289.80	234.80	8	210.21	210.21	14	849.9	849.9
农林牧渔业发展	774	9655.58	9249.75	1141	10906.5	10511.76	1413	15481.99	14886.9
工商业发展	389	58576.29	58049.23	295	56021.64	46242.85	483	63648.68	62458.63
非定向研究	44	1480.71	1480.71	34	884.48	884.48	120	5468.62	5314.44
其他民用目标	462	173024.56	162541.16	486	304325.59	297468.74	1262	295242.5	287399.47
国防	10	2388.00	2388.00	4	517.55	517.55	6	109.73	109.73
按卖方类别分									
机关法人									
事业法人	1669	35931.64	35431.96	2750	45656.49	44461.19	4625	71800.1	69775.93
社团法人				3	57	54.18			
企业法人	1844	465069.81	444101.58	1651	545263.22	501857.47	3074	635120.36	612192.93
自然人	14	59.20	59.20	43	2611.43	2567.63	27	5379.83	5352.83
其他组织	1	27.00	27.00	2	57	57	6	489.16	489.16

14-7 主要年份各类学校数

单位：所

年 份	普通高等学校	中等专业学校	职业中学	普通中学	#高 中	小 学	幼儿园
1952	3	11		30	13	1468	80
1957	3	8		49	26	2044	513
1962	7	11	25	101	37	2597	634
1965	5	7	104	120	40	3600	700
1970	2			111	31	3265	148
1975	2	17	2	156	115	3977	523
1980	5	22	2	178	122	3441	746
1985	8	29	42	199	81	3323	695
1990	12	42	75	247	81	3280	1521
1995	12	44	68	327	82	3047	2503
2000	13	45	53	364	97	2455	2294
2001	14	46	77	374	109	2272	1809
2002	13	41	74	375	103	2250	1753
2003	31	115		377	102	2081	1681
2004	29	104		273	109	1982	1612
2005	36	95		467	124	1842	1765
2006	37	113		374	132	1729	1737
2007	35	91		377	125	1633	1694
2008	34	84		373	124	1497	1719
2009	34	71		367	124	1350	1649
2010	31	69		326	105	1173	1015
2011	31	61		316	104	1013	1136
2012	32	61		317	102	927	1183
2013	32	56		322	104	905	1204
2014	32	53		321	104	905	1203
2015	32	53		322	103	893	1196
2016	32	52		319	101	900	1186
2017	35	49		315	101	897	1206
2018	34	47		320	102	895	1217
2019	35	45		326	102	893	1243
2020	34	40		328	104	890	1247
2021	35	40		328	105	883	1253

注：2003 年起“普通高等学校”统计口径包括各类学院；“中等专业学校”改为“中等职业学校”，统计口径包括各类职业中学；2010 年起教育部门数据不含平潭县，下同。

14-8 主要年份各类学校专任教师数

单位：人

年 份	普通高等学校	中等专业学校	职业中学	普通中学	#高 中	小 学	幼儿园
1952	307	529		1002		4888	139
1957	767	347		1772		7410	876
1962	1987	527	97	3322		11794	1242
1965	1672	355	401	4008		14258	1362
1970	320			2216		15513	360
1975	1288	295	12	6265		23239	940
1980	2537	928	15	9906		23166	2115
1985	3890	1432	589	10787		23456	3563
1990	4329	2303	1301	13140	2430	22702	26829
1995	4047	2610	1862	16461	2328	26483	6370
2000	4754	2572	2114	20305	3946	29189	7047
2001	5267	2379	2186	21204	4780	28540	28540
2002	7031	2130	2081	22181	6678	29062	5719
2003	9027	5492		23228	6373	28244	5774
2004	9979	5588		24011	6909	27635	6629
2005	12698	5045		25158	7798	27031	2350
2006	12793	5271		26226	8645	27094	8078
2007	13924	4793		26638	9106	26742	8508
2008	14786	4648		26574	9197	26524	9373
2009	15763	4641		26406	9124	26093	10008
2010	17209	4603		24390	8431	24541	9356
2011	17910	4817		23897	8384	24474	10809
2012	18470	4967		23932	8408	24553	11980
2013	19248	4697		24276	8378	25394	12866
2014	19639	4690		24177	8095	26303	13260
2015	19982	4703		24091	8027	27251	13831
2016	19822	4573		24243	8016	26421	14214
2017	20191	4343		24466	8099	27990	14787
2018	20523	4354		24737	8048	29337	15279
2019	21334	4357		25216	8146	30484	15371
2020	22133	4340		27806	8268	30971	15846
2021	22106	4577		27026	8652	33578	18650

14–9　主要年份各类学校在校生数

单位：人

年　份	普通高等学校	中等专业学校	职业中学	普通中学	#高　中	小　学	幼儿园
1952	2135	6158		22825	3525	200313	6612
1957	5058	3472		44051	11038	294147	31306
1962	12158	2728	1782	125392	15341	372757	39004
1965	8256	3509	8769	79803	17142	507762	40912
1970	245			52444	7209	457894	10541
1975	4276	1925	364	159131	45872	609622	29207
1978	8157	4694	614	210678	74057	572849	41704
1979	11418	6951	382	182015	66906	602954	63736
1980	14410	7368	502	193919	44796	617674	75114
1985	22018	9360	10033	190026	37529	675345	105909
1990	28188	21551	18144	213767	27269	605452	141959
1995	34162	36973	36532	285031	30045	650417	163579
2000	65737	53916	40179	378207	60473	602680	136026
2001	88714	55579	41304	380100	74894	587371	133418
2002	97140	53717	37860	383009	85572	572809	122580
2003	129942	120403		399185	95719	538609	122889
2004	148217	122280		412417	106711	514274	123917
2005	194073	122728		417772	119653	488897	159548
2006	216288	129629		412757	130235	493134	170465
2007	233133	127565		404841	131725	480127	183520
2008	250281	129107		396730	130044	462635	200488
2009	265682	148631		379903	124938	446285	213075
2010	281680	136177		327105	111881	417019	216173
2011	292678	170184		308200	109504	432486	230612
2012	305386	195095		301951	108488	451238	246667
2013	318343	166265		298123	105037	469174	253933
2014	320844	122777		298133	101435	499302	256812
2015	320965	101619		300024	100157	522914	262638
2016	317477	92392		307509	101237	537312	269879
2017	313857	84331		321763	102304	547999	276605
2018	319943	86149		321625	103166	564595	281118
2019	340330	89490		349443	105660	589118	277908
2020	363738	96992		367626	110894	597211	287075
2021	386547	96533		383690	116752	568556	279772

14–10 主要年份各类学校招生数

单位：人

年 份	普通高等学校	中等专业学校	职业中学	普通中学	#高 中	小 学	幼儿园
1952				11958	1974	85024	80
1957				15574	3833	74435	272
1962	1037	97	1053	24051	5721	90163	232
1965	1847	1337	4289	29527	5961	116443	320
1970	245			31214	4402	116488	2446
1975	1251	1015	259	93793	23723	125394	15739
1978	3359	2332	341	93333	34344	126165	28087
1979	3612	2816	158	83450	31463	134173	41892
1980	3027	2937	147	52753	2050	118921	44667
1985	7365	4350	6091	69845	12606	113646	82804
1990	7903	6811	7313	82682	10033	105420	101440
1995	10232	13001	14568	113713	11140	108007	102065
2000	26070	15272	15206	131173	25713	85902	74072
2001	31800	13499	15303	129122	99045	85763	74637
2002	26052	16825	13121	130734	30984	85922	64644
2003	51137	43637		150026	35116	77138	63786
2004	58978	41789		141191	41197	72233	63363
2005	67095	42997		137202	44455	67978	79407
2006	69305	52167		135094	45390	76430	81277
2007	75247	46881		135487	44371	78082	87272
2008	82954	46842		134206	44058	76384	90968
2009	83444	69300		119601	39897	77747	94499
2010	87328	46045		103683	37969	76917	98420
2011	89735	90810		99076	37178	81294	95458
2012	92999	92080		100277	35515	84486	103226
2013	96502	39886		99247	33428	88700	104504
2014	90196	38029		98709	33409	95993	103152
2015	87396	37960		103275	34652	96586	119211
2016	85829	33943		107945	34509	92589	109957
2017	87175	28879		113173	34348	95048	110509
2018	95023	33987		116096	35242	108207	100361
2019	107017	35328		121916	36976	108094	105733
2020	111566	33918		131005	39417	103436	121072
2021	117040	33826		133064	40939	105527	100234

14-11 主要年份各类学校毕业生数

单位：人

年　份	普通高等学校	中等专业学校	职业中学	普通中学	#高　中	小　学	幼儿园
1952	580	1022		4698	803	15422	
1957	442	804		10694	2933	32248	172
1962	2421	1464	103	14798	4196	41178	289
1965	3325	247	288	17572	4417	50536	330
1970				16520	3780	62902	1373
1975	1033	283	54	49474	19460	80697	16121
1978	1652	103	127	86993	23935	75245	21025
1979	186	1018	191	100215	37143	68249	27621
1980	2027	2510	46	25020	21381	72388	23917
1985	3714	3224	1276	43577	9905	86842	81668
1990	8420	5342	5401	49717	10046	100434	88357
1995	9542	8984	9116	73218	10434	110461	94609
2000	10251	12849	12005	115002	13345	108329	71663
2001	14051	10911	12014	114127	14319	101556	71630
2002	15362	14788	10114	113176	18894	112876	71291
2003	26200	36328		124464	25571	111327	59769
2004	28878	35584		119166	28163	101769	63363
2005	32886	33786		121847	29575	95042	63246
2006	46596	37965		138806	33323	92877	67097
2007	55672	32156		133883	38943	92705	71514
2008	62966	31287		130122	41469	92142	72230
2009	64307	38157		121895	41439	82921	75507
2010	66861	38594		109210	37140	68594	70428
2011	75360	41317		111256	37081	63855	75253
2012	76365	50038		102303	33935	66855	83049
2013	78972	36729		100822	35837	68110	87783
2014	82108	36402		95829	35661	66673	92949
2015	81694	33909		96733	33964	70194	93012
2016	83321	39359		95994	31719	75062	93244
2017	84912	33402		94657	31652	80135	91477
2018	83241	26385		99604	33423	82604	84294
2019	80965	25351		103675	32641	86167	98945
2020	85717	21522		109999	33232	87533	98798
2021	89697	26660		113261	33922	93477	102590

14-12 每万人口拥有在校学生数

年 份	每万人口拥有在校生（人）				初中毕业生升学率（%）	小学毕业生升学率（%）	学龄儿童入学率（%）
	普通高等学校	中等专业学校	普通中学	小 学			
1952	10.11	33.11	96.44	838.92			
1957	16.69	19.54	162.80	1087.64			
1962	39.79	15.29	206.47	1219.85			
1965	27.46	14.05	245.30	1629.80			
1970	0.68	1.30	284.76	1352.97			
1975	10.46	5.86	386.28	1548.30			
1978	18.65	12.77	481.79	1353.35			
1980	25.49	18.25	431.91	1400.96			
1985	44.42	20.42	390.94	1381.47			
1990	52.66	40.26	399.34	1131.05		99.51	99.21
1995	60.76	65.76	506.93	1138.96	61.63	93.00	99.88
2000	111.56	91.50	641.87	988.61	55.20	97.41	99.97
2001	149.31	93.54	639.75	988.61	55.20	97.63	99.63
2002	162.57	89.90	640.98	958.61	60.70	97.01	99.83
2003	214.83	199.06	659.96	890.47	69.00	99.01	99.84
2004	243.22	200.65	676.77	843.92	76.00	100.50	99.85
2005	318.47	201.40	685.56	802.28	82.10	107.61	99.67
2006	347.32	208.16	662.82	791.89	83.85	98.74	91.23
2007	369.87	202.38	642.29	761.73	84.64	98.29	91.53
2008	393.55	203.01	623.84	727.47	88.75	97.84	92.28
2009	417.77	233.71	597.38	701.76	92.50	96.12	92.74
2010	470.01	227.23	545.81	695.84	92.15	95.80	92.12
2011	433.11	251.84	456.08	640.00	95.08	96.94	93.70
2012	443.88	283.57	438.89	655.87	96.10	96.87	97.37
2013	458.71	239.57	429.57	676.04	97.80	97.09	98.08
2014	457.69	175.15	425.30	712.27	97.90	97.94	98.35
2015	453.98	143.73	424.36	739.62	98.10	97.80	98.43
2016	445.27	129.58	431.29	753.59	98.10	97.83	98.53
2017	409.73	110.09	420.06	715.40	98.10	98.36	98.56
2018	439.28	118.33	441.79	775.54	98.10	97.88	98.58
2019	463.66	121.92	476.08	802.61	98.20	100.00	98.72
2020	508.43	135.57	513.86	834.78	98.50	100.00	99.36
2021	481.38	120.22	477.82	708.04	98.80	100.00	98.96

14-13　平均每一专任教师负担学生数

单位：人

年　份	普通高等学校	中等专业学校	职业中学	普通中学	#高　中	小　学	幼儿园
1952	7.59	11.98		22.40		40.98	47.57
1957	6.59	12.07		25.23		40.32	35.74
1962	5.76	7.36	18.37	17.89		30.63	31.40
1965	5.34	10.46	21.87	20.29		34.64	30.04
1970	0.77	4.71		19.91		27.89	29.28
1975	3.48	5.08	30.33	13.74		28.26	31.07
1978	4.12	9.65		20.00		25.23	19.72
1980	4.93	8.07	33.47	19.33		27.56	35.51
1985	5.58	6.97	17.03	17.18		28.03	29.72
1990	6.07	9.36	13.92	16.27	11.22	26.57	13.25
1995	8.44	14.17	15.69	17.31	12.91	24.56	39.64
2000	13.83	20.96	19.04	18.63	15.33	20.65	19.30
2001	16.84	23.36	18.89	17.93	15.67	20.56	25.36
2002	13.82	25.22	18.19	17.27	12.81	17.71	21.43
2003	14.39	21.92		17.19	15.04	19.07	21.28
2004	14.85	21.88		17.17	15.45	18.61	18.69
2005	15.28	24.33		16.61	15.34	18.09	21.71
2006	16.91	24.59		15.74	15.06	18.20	21.10
2007	16.74	26.61		15.20	14.47	17.95	21.57
2008	16.93	27.78		14.93	14.14	17.44	21.39
2009	16.85	32.03		14.39	13.69	17.10	21.29
2010	16.37	29.58		13.41	13.27	16.99	23.11
2011	16.34	35.33		12.90	13.06	17.67	21.34
2012	16.53	39.28		12.62	12.90	18.38	20.59
2013	16.53	35.40		12.28	12.50	18.48	19.74
2014	16.34	26.18		12.33	12.53	18.98	19.37
2015	16.06	21.60		12.45	12.48	19.19	19.00
2016	16.02	20.20		12.68	12.63	20.34	18.99
2017	15.54	19.42		13.15	12.63	19.58	18.71
2018	15.59	19.79		13.00	12.82	19.25	18.40
2019	15.95	20.53		13.85	12.97	19.32	18.08
2020	16.43	22.35		13.22	13.41	19.28	18.12
2021	17.49	21.09		14.20	13.49	16.93	15.00

14-14 各类文化事业机构数

（1987-2021 年）

单位：个

年 份	艺术事业		公共图书馆	博物馆	群众文化事业		
	表演团体	表演场所			艺术馆	文化馆	文化站
1987	12	7	13	1	1	13	11
1988	18	16	15	4	2	13	11
1989	18	9	15	6	2	13	11
1990	18	16	15	6	2	13	11
1991	12	7	15	6	1	13	11
1992	12	7	15	6	1	13	26
1993	12	7	15	6	1	13	7
1994	12	7	15	6	1	13	26
1995	12	7	15	6	1	13	37
1996	12	7	15	11	1	13	173
1997	12	6	14	16	1	13	188
1998	13	6	14	16	1	13	167
1999	14	6	14	17	1	13	165
2000	12	5	14	17	1	13	153
2001	12	7	15	14	1	12	181
2002	12	6	14	14	1	12	167
2003	13	6	14	14	1	12	194
2004	13	6	14	14	1	12	194
2005	13	3	14	15	1	13	191
2006	13	2	14	15	1	13	191
2007	13	2	14	15	1	13	188
2008	13	2	14	15	1	13	188
2009	13	2	14	15	1	13	188
2010	12	2	13	15	1	12	173
2011	12	2	13	15	1	12	173
2012	12	2	13	15	1	12	173
2013	12	2	13	15	1	12	173
2014	12	2	13	15	1	12	173
2015	9	1	13	16	1	12	173
2016	9	1	13	16	1	12	173
2017	10	1	13	16	1	12	173
2018	10	1	13	16	1	12	173
2019	10	1	14	16	1	12	173
2020	10	1	14	16	1	12	173
2021	10	1	14		0	13	173

注：表中 2010 年起数据不含平潭县。

14-15　规模以上工业企业科技活动情况

（2021年）

项　　目	企业数（个）	# 有R&D活动	# 有研发机构	R&D人员合计（人）	R&D经费内部支出（万元）	R&D经费外部支出（万元）
总　计	**2860**	**1128**	**273**	**49117**	**1681439**	**25923**
一、按企业规模分						
大中型企业	493	301	108	33892	1261962	15904
大型企业	110	78	40	19848	822021	9238
中型企业	383	223	68	14044	439941	6665
小型企业	2058	802	163	15048	413404	10009
微型企业	309	25	2	177	6073	11
二、按隶属关系分						
中央	26	15	3	3520	168324	5471
地方	52	23	12	3130	79046	2937
其他	2782	1090	258	42467	1434070	17515
三、按登记注册类型分						
内资企业	2382	919	212	36983	1281914	21995
国有企业	2					
集体企业	9					
股份合作企业	2	1		13	306	
联营企业	3					
国有联营企业						
集体联营企业	2					
国有与集体联营企业						
其他联营企业	1					
有限责任公司	129	54	15	5548	271839	7507
国有独资公司	18	7	2	1770	23767	3109
其他有限责任公司	111	47	13	3778	248072	4399
股份有限公司	14	12	4	4651	168069	1697
私营企业	2223	852	193	26771	841700	12791
私营独资企业	9					
私营合伙企业	4					
私营有限责任公司	2136	792	174	21677	658009	9510
私营股份有限公司	74	60	19	5094	183692	3282
其他企业						
港、澳、台商投资企业	240	109	33	7354	245406	1710
合资经营企业（港或澳、台资）	75	40	15	2848	79871	803
合作经营企业（港或澳、台资）	1					
港、澳、台商独资经营企业	151	57	14	3995	141211	900
港、澳、台商投资股份有限公司	11	10	3	472	23874	7
其他港澳台投资企业	2	2	1	39	451	
外商投资企业	238	100	28	4780	154119	2218
中外合资经营企业	59	27	5	1272	44968	231
中外合作经营企业	3	2		64	1693	70
外资企业	170	67	21	2880	87272	1917
外商投资股份有限公司	6	4	2	564	20186	
其他外商投资企业						

14-15 续表 1　　（2021 年）

项　目	企业数（个）	# 有 R&D 活动	# 有研发机构	R&D 人员合计（人）	R&D 经费内部支出（万元）	R&D 经费外部支出（万元）
四、按国民经济行业大类分						
采矿业	6					
有色金属矿采选业						
非金属矿采选业	6					
制造业	2782	1112	268	46409	1605410	21530
农副食品加工业	228	93	18	2105	90412	1931
食品制造业	69	29	8	550	11479	6
酒、饮料和精制茶制造业	40	10	4	357	14569	90
烟草制品业	1	1	1	49	1472	26
纺织业	321	78	16	3091	79143	937
纺织服装、服饰业	88	17	4	490	9201	76
皮革、毛皮、羽毛及其制品和制鞋业	152	34	7	1286	27102	138
木材加工及木、竹、藤、棕、草制品业	30	9	3	249	7197	
家具制造业	110	28	6	413	10619	14
造纸及纸制品业	54	10	2	288	6443	
印刷业和记录媒介的复制	52	14	4	230	5731	
文教、工美、体育和娱乐用品制造业	163	50	12	1384	37593	161
石油加工、煤炭及其他燃料加工业	9	2		47	4904	
化学原料及化学制品制造业	86	38	7	974	54786	30
医药制造业	30	22	6	967	27192	2766
化学纤维制造业	30	16	3	1565	90685	1
橡胶和塑料制品业	148	58	16	1426	37666	280
非金属矿物制品业	239	95	14	3329	77889	200
黑色金属冶炼和压延加工业	30	12	4	1413	129044	917
有色金属冶炼和压延加工业	20	15	8	814	66200	1612
金属制品业	128	52	14	865	22487	43
通用设备制造业	117	62	15	2314	66542	2877
专用设备制造业	100	51	13	1061	26179	264
汽车制造业	102	50	12	2206	58710	1826
铁路、船舶、航空航天和其他运输设备制造业	17	5	2	386	10428	123
电气机械和器材制造业	157	86	18	2998	95862	1683
计算机、通信和其他电子设备制造业	142	99	39	12566	472886	2402
仪器仪表制造业	69	54	9	2321	51766	2809
其他制造业	10	6		393	4509	75
废弃资源综合利用业	25	8	1	101	2455	
金属制品、机械和设备修理业	15	8	2	171	4261	244
电力、热力、燃气及水生产和供应业	72	16	5	2708	76029	4393
电力、热力生产和供应业	39	11	2	2608	73333	4134
燃气生产和供应业	13	1	1	11	556	
水的生产和供应业	20	4	2	89	2140	260

14-15 续表 2 （2021 年）

项目	专利申请数（件）	#发明专利（件）	新产品开发项目数（项）	新产品销售收入（万元）	引进境外技术经费支出（万元）	技术改造经费支出（万元）
总计	**9244**	**2967**	**5225**	**14600715**	**10121**	**576891**
一、按企业规模分						
大中型企业	5080	2114	2717	12227997	9190	543836
大型企业	3016	1443	1217	8704179	220	492150
中型企业	2064	671	1500	3523818	8970	51686
小型企业	4061	837	2462	2260840	931	33055
微型企业	103	16	46	111878		
二、按隶属关系分						
中央	1312	690	337	1169870		463356
地方	406	184	197	481658	454	14319
其他	7526	2093	4691	12949187	9667	99216
三、按登记注册类型分						
内资企业	7752	2535	4180	9832826	10116	532129
国有企业						
集体企业						
股份合作企业			1			
联营企业						
国有联营企业						
集体联营企业						
国有与集体联营企业						
其他联营企业						
有限责任公司	1770	919	726	2120498	235	469758
国有独资公司	1079	625	265	28095		
其他有限责任公司	691	294	461	2092403	235	469758
股份有限公司	351	228	175	1213453	220	2768
私营企业	5631	1388	3278	6498875	9662	59603
私营独资企业						
私营合伙企业						
私营有限责任公司	4648	919	2640	4779354	40	37297
私营股份有限公司	983	469	638	1719521	9622	22306
其他企业						
港、澳、台商投资企业	748	214	630	3758013		34286
合资经营企业（港或澳、台资）	245	94	232	1185854		23594
合作经营企业（港或澳、台资）						
港、澳、台商独资经营企业	459	105	319	2541078		7430
港、澳、台商投资股份有限公司	35	14	71	29193		3262
其他港澳台投资企业	9	1	8	1889		
外商投资企业	744	218	415	1009876	5	10476
中外合资经营企业	126	16	111	87962		1015
中外合作经营企业	6	2	9	1562		
外资企业	414	73	256	766064	5	2495
外商投资股份有限公司	198	127	39	154288		6965
其他外商投资企业						

14-15 续表 3 （2021 年）

项　　目	专利申请数（件）	# 发明专利（件）	新产品开发项目数（项）	新产品销售收入（万元）	引进境外技术经费支出（万元）	技术改造经费支出（万元）
四、按国民经济行业大类分						
采矿业						
有色金属矿采选业						
非金属矿采选业						
制造业	7981	2271	4942	14527013	10121	545587
农副食品加工业	497	134	328	513640		2828
食品制造业	123	30	81	142509		701
酒、饮料和精制茶制造业	78	12	23	16453		232
烟草制品业	3	2	5	2021		265
纺织业	372	76	296	595849		7904
纺织服装、服饰业	93	8	49	33674		
皮革、毛皮、羽毛及其制品和制鞋业	145	36	67	151710		411
木材加工及木、竹、藤、棕、草制品业	51		21	33045		1327
家具制造业	89	6	62	45249		1632
造纸及纸制品业	56	11	29	89017		395
印刷业和记录媒介的复制	55	6	22	21919		263
文教、工美、体育和娱乐用品制造业	200	30	182	129332	45	402
石油加工、煤炭及其他燃料加工业	14	5	9	22583		59
化学原料及化学制品制造业	87	20	114	639840		763
医药制造业	141	81	170	305080		6501
化学纤维制造业	228	44	117	954877		
橡胶和塑料制品业	357	113	287	313760		5648
非金属矿物制品业	514	178	256	499470		10797
黑色金属冶炼和压延加工业	68	9	87	1095479		434741
有色金属冶炼和压延加工业	203	58	100	603501		3751
金属制品业	221	32	138	155765		489
通用设备制造业	467	119	216	385069	886	3534
专用设备制造业	300	81	235	233707		666
汽车制造业	379	57	234	896178		13025
铁路、船舶、航空航天和其他运输设备制造业	71	5	40	141996	454	44
电气机械和器材制造业	934	120	471	1205464		4210
计算机、通信和其他电子设备制造业	1448	750	950	4987944	8736	37757
仪器仪表制造业	659	235	276	291419		5945
其他制造业	62		39	5925		
废弃资源综合利用业	34	4	15	3577		
金属制品、机械和设备修理业	32	9	23	10962		1298
电力、热力、燃气及水生产和供应业	1263	696	283	73702		31304
电力、热力生产和供应业	1225	673	270	26440		27417
燃气生产和供应业						144
水的生产和供应业	38	23	13	47262		3744

14-16 规模以上非工业企业科技活动情况

（2021 年）

项　　目	企业数（个）	# 有 R&D 活动	# 有研发机构	R&D 人员合计（人）	R&D 经费内部支出（万元）	R&D 经费外部支出（万元）	专利申请数（件）	#发明专利（件）
总　　计	2499	411	133	13912	370912	34392	3214	1172
一、按企业规模分								
大型企业	133	76	34	7361	215291	17069	1484	547
中型企业	394	133	48	4126	89166	6009	982	359
小型企业	1457	189	47	2199	52310	11314	690	247
微型企业	515	13	4	226	14146		58	19
二、按隶属关系分								
中央	34	15	5	1902	60852	707	577	86
地方	68	18	5	587	24052	367	168	68
其他	2397	378	123	11423	286008	33318	2469	1018
三、按登记注册类型分								
内资企业	2434	400	129	13381	348708	33582	2949	955
国有企业	17	2	1	15	868		2	2
集体企业	4	1	1	60	1706		7	2
股份合作企业	1	1		65	1583		15	15
联营企业	1							
国有联营企业	1							
集体联营企业								
国有与集体联营企业								
其他联营企业								
有限责任公司	343	82	23	4161	147894	9104	1073	249
国有独资公司	104	36	7	1493	50301	1557	346	119
其他有限责任公司	239	46	16	2668	97593	7547	727	130
股份有限公司	15	5	1	96	2375		23	15
私营企业	2053	309	103	8984	194283	24478	1829	672
私营独资企业	23							
私营合伙企业	12							
私营有限责任公司	1957	277	88	7264	141263	17693	1449	477
私营股份有限公司	61	32	15	1720	53020	6786	380	195
其他企业								
港、澳、台商投资企业	38	5	2	228	9820		161	129
合资经营企业（港或澳、台资）	17	2	1	91	752		3	3
合作经营企业（港或澳、台资）								
港、澳、台商独资经营企业	20	3	1	137	9069		158	126
港、澳、台商投资股份有限公司	1							
其他港澳台投资企业								
外商投资企业	27	6	2	303	12384	810	104	88
中外合资经营企业	11	4		101	3856		17	8
中外合作经营企业	1							
外资企业	14	2	2	202	8528	810	87	80
外商投资股份有限公司	1							
其他外商投资企业								

14-16 续表 （2021 年）

项　　目	企业数（个）	# 有 R&D 活动	# 有研发机构	R&D 人员合计（人）	R&D 经费内部支出（万元）	R&D 经费外部支出（万元）	专利申请数（件）	#发明专利（件）
四、按国民经济行业大类分								
建筑业	430	81	36	4578	109343	2970	1193	229
房屋建筑业	231	46	24	2964	68212	1702	894	139
土木工程建筑业	69	18	7	977	25827	289	201	58
建筑安装业	37	8	3	327	11131	971	35	16
建筑装饰、装修和其他建筑业	93	9	2	310	4174	9	63	16
服务业	2069	330	97	9334	261569	31422	2021	943
交通运输、仓储和邮政业	333	13	1	256	9603	1465	56	50
铁路运输业	4							
道路运输业	174	9	1	230	6964	1465	31	25
水上运输业	52	2		12	2304		25	25
航空运输业	2							
管道运输业	1							
多式联运和运输代理业	59	2		14	335			
装卸搬运和仓储业	30							
邮政业	11							
信息传输、软件和信息技术服务业	483	175	54	6233	166508	24196	1041	643
电信、广播电视和卫星传输服务	23	6		76	2388	1578	57	42
互联网和相关服务	105	34	9	932	23580	5035	107	54
软件和信息技术服务业	355	135	45	5225	140541	17583	877	547
租赁和商务服务业	648	26	5	342	7736	232	57	16
租赁业	54	4		48	1739			
商务服务业	594	22	5	294	5996	232	57	16
科学研究和技术服务业	304	102	33	2153	61269	5436	797	215
研究和试验发展	7	4	1	70	3289	2083	54	25
专业技术服务业	258	94	32	2061	57597	3345	715	185
科技推广和应用服务业	39	4		22	383	8	28	5
水利、环境和公共设施管理业	57	5	3	149	3108	5	27	2
水利管理业								
生态保护和环境治理业	13	3	3	63	2207	5	26	2
公共设施管理业	43	2		86	901		1	
土地管理业	1							
卫生和社会工作	61	5	1	183	13116		32	14
卫生	48	5	1	183	13116		32	14
社会工作	13							
文化、体育和娱乐业	183	4		18	229	88	11	3
新闻和出版业	13	1		7	90			
广播、电视、电影和录音制作业	41	1		4	71	88		
文化艺术业	15							
体育	23	1		2	40		11	3
娱乐业	91	1		5	28			

主要统计指标解释

科技活动 指在自然科学、农业科学、医药科学、工程与技术科学、人文与社会科学领域（简称科学技术领域）中，与科学知识的产生、发展、传播和应用密切相关的有组织的活动。可分为研究与试验发展（R&D）、研究与试验发展成果应用及相关的科技服务三类活动。

专业技术人员 指从事专业技术工作和专业技术管理工作的人员，即企事业单位中已经聘任专业技术职务从事专业技术工作和专业技术管理工作的人员，以及未聘任专业技术职务，现在专业技术岗位上工作的人员。包括工程技术人员，农业技术人员，卫生技术人员，科学研究人员，教学人员，经济人员，会计人员，统计人员，翻译人员，图书资料、档案、文博人员，新闻出版人员，律师，公证人员，广播电视播音人员，工艺美术人员，体育人员，艺术人员及企业政治思想工作人员，共十七个专业技术职务类别，用来反映科技人力资源情况。

科学家与工程师 指科技活动人员中具有高、中级技术职称（职务）的人员和不具有高、中级技术职称（职务）的大学本科以上学历人员。

发明（专利） 指对产品、方法或其改进所提出的新的技术方案。是国际通行的反映拥有自主知识产权技术的核心指标。

实用新型（专利） 指对产品的形状、构造或者其结合所提出的适于实用的新的技术方案。反映具有一定技术含量的技术成果情况。

外观设计（专利） 指对产品的形状、图案、色彩或者其结合所作出的富有美感并适于工业上应用的新设计。反映拥有自主知识产权的外观设计成果情况。

普通高等学校 指按照国家规定的设置标准和审批程序批准举办，通过全国普通高等院校统一招生考试，招收高中毕业生为主要培养对象，实施高等教育的全日制大学、独立设置的学院和高等专科学校、高等职业学校和其他机构。

成人高等学校 指按照国家规定的设置标准和审批程序举办的，通过全国成人高等学校统一招生考试，招收具有高中毕业或同等学力的在职从业人员为主要培养对象，利用函授、业余、脱产等多种形式对其实施高等学历教育的学校。包括广播电视大学、职工高等学校、农民高等学校、管理干部学院、教育学院、独立函授学校、其他机构等。

小学学龄儿童入学率=已入小学学习的学龄儿童数/校内外学龄儿童总数*100%

文化事业机构 指从事专业文化工作和为专业文化工作服务的独立建制的单位，不包括这些单位另外举办独立核算的其他机构和各部门的业余文化组织。

艺术表演团体 指从事戏曲、音乐、舞蹈、杂技等专业艺术表演，有独立帐户的单位，不包括半工半艺、半农半艺和民间职业剧团。

15 卫生、体育与其他

15-1　主要年份卫生事业基本情况

年　份	卫生机构（个）	# 医院、卫生院	卫生技术人员（人）	# 医　生	# 护师（士）	医疗床位（张）	# 医　院
1952	280	41	3178	1484		1820	1800
1957	456	96	6199	2289		4377	4176
1962	979	123	9187	3173		7279	5321
1965	1056	138	10370	3490		8870	6404
1970	565	135	8698	2646		6658	5339
1975	871	153	12967	4164		10745	7685
1978	887	160	13969	4325		11138	8027
1979	855	161	14603	4511		11762	8278
1980	955	200	15622	4214		11757	8711
1985	1091	207	18508	5664		13334	10427
1990	1208	198	23593	9330	6550	16267	13557
1995	1067	199	24180	10275	6959	17137	14760
2000	1633	242	23034	10639	7999	19125	16686
2001	1607	244	23224	9369	7554	19079	13390
2002	1601	243	23164	9349	7544	17675	12635
2003	1265	240	22552	9678	7342	18008	13075
2004	1371	237	23763	10298	8246	18792	13902
2005	1675	240	25203	11056	9308	19425	14667
2006	1875	225	25695	11484	9440	19497	15005
2007	1872	221	27255	11601	10192	20159	15710
2008	1988	207	29496	12619	11056	22178	17303
2009	1899	216	32356	13413	12425	23389	18579
2010	1837	202	34366	13813	13480	24035	19290
2011	1934	204	38640	15004	15693	25886	20689
2012	1950	226	42397	16140	17519	28611	22592
2013	1959	230	46466	16880	18652	31175	24926
2014	1908	230	48830	17847	19903	31632	25495
2015	2020	232	49934	18307	20913	33106	26932
2016	1995	230	51703	18841	22373	33877	27554
2017	1839	232	53412	19803	23373	34878	28887
2018	2065	243	56607	21189	25123	37455	31510
2019	2252	255	60878	23588	26839	38277	32227
2020	2539	264	65608	25459	28735	41102	34495
2021	2741	268	70622	26894	31265	42934	36546

注：1996 年起卫生机构数含个体办诊所；表中 2010 年起数据不含平潭县，下同。

15-2 每千人拥有卫生机构情况

年 份	每千人拥有卫生技术人员数（人/千人）	# 医 生	护师（士）	每千人拥有医疗床位数（张/千人）	# 医院床位数
1952	1.34	0.63		0.77	0.76
1957	2.29	0.85		1.62	1.54
1962	3.01	1.04		2.38	1.74
1965	3.16	1.06		2.70	1.95
1970	2.43	0.74		1.86	1.49
1975	3.17	1.02		2.63	1.88
1978	3.19	1.00		2.55	1.00
1979	3.29	1.02		2.65	1.86
1980	3.47	0.94		2.61	1.94
1985	3.79	1.16		2.73	2.13
1990	4.41	1.77	1.24	3.04	2.53
1995	4.30	1.83	1.24	3.05	2.63
2000	4.23	1.80	1.36	3.08	2.83
2001	4.27	1.85	1.27	3.21	2.25
2002	4.21	1.82	1.26	3.15	2.20
2003	3.75	1.56	1.36	3.01	2.19
2004	3.89	1.69	1.35	3.08	2.28
2005	3.49	1.46	1.31	3.15	2.38
2006	4.15	1.84	1.51	3.13	2.40
2007	4.03	1.71	1.50	2.98	2.32
2008	4.32	1.85	1.62	3.25	2.53
2009	4.71	1.95	1.81	3.40	2.70
2010	5.67	2.28	2.23	3.97	3.18
2011	6.35	2.46	2.58	4.25	3.40
2012	6.91	2.63	2.85	4.66	3.68
2013	6.70	2.43	2.69	4.49	3.59
2014	6.97	2.55	2.84	4.51	3.64
2015	7.07	2.59	2.96	4.69	3.81
2016	7.25	2.64	3.14	4.75	3.86
2017	7.41	2.75	3.24	4.84	4.01
2018	7.86	2.99	3.46	5.14	4.33
2019	8.29	3.21	3.66	5.21	4.39
2020	8.30	3.22	3.64	5.20	4.37
2021	8.79	3.35	3.89	5.35	4.55

注：2013 年前千人均指标按户籍人口计算，2013 年改为按常住人口计算。

15-3 按经济类型分卫生事业基本情况

项目	2015年				
	卫生机构数（个）	卫生技术人员（人）	# 医生	医疗床位（张）	# 医院
总计	**2020**	**49934**	**18307**	**33106**	**26932**
国有单位	424	34053	11730	26439	24037
集体单位	205	6131	1891	4162	305
私营	1347	8966	3924	2137	2135
其他	44	784	762	368	455

项目	2016年				
	卫生机构数（个）	卫生技术人员（人）	# 医生	医疗床位（张）	# 医院
总计	**1995**	**51703**	**18841**	**33877**	**27554**
国有单位	361	35085	11984	26623	24132
集体单位	188	6383	2367	4225	395
私营	1415	9381	4071	2319	2317
其他	31	854	419	710	710

项目	2017年				
	卫生机构数（个）	卫生技术人员（人）	# 医生	医疗床位（张）	# 医院
总计	**1839**	**53412**	**19803**	**34878**	**28887**
国有单位	263	36349	12820	26990	24738
集体单位	184	6051	1999	4054	390
私营	1321	9554	4184	2977	2977
其他	71	1458	800	857	782

项目	2018年				
	卫生机构数（个）	卫生技术人员（人）	# 医生	医疗床位（张）	# 医院
总计	**2065**	**56607**	**21189**	**37455**	**31510**
国有单位	282	37753	13172	28890	26460
集体单位	191	6088	2076	3904	390
私营	1494	11058	5226	3683	3641
其他	98	1708	715	978	1019

项目	2019年				
	卫生机构数（个）	卫生技术人员（人）	# 医生	医疗床位（张）	# 医院
总计	**2252**	**60878**	**23588**	**38277**	**32227**
国有单位	277	39336	14087	29145	26685
集体单位	207	6881	2652	4012	440
私营	1641	12069	5612	4013	4013
其他	127	2592	1237	1107	1089

项目	2020年				
	卫生机构数（个）	卫生技术人员（人）	# 医生	医疗床位（张）	# 医院
总计	**2539**	**65608**	**25459**	**41102**	**34495**
国有单位	285	42442	15151	31022	28361
集体单位	261	7948	2459	4708	440
私营	1947	14250	6576	5208	5208
其他	46	968	1273	164	486

项目	2021年				
	卫生机构数（个）	卫生技术人员（人）	# 医生	医疗床位（张）	# 医院
总计	**2741**	70622	26894	42934	36546
国有单位	275	43832	15295	31105	28977
集体单位	209	7923	2926	4793	533
私营	2006	14941	6890	4984	4984
其他	251	3926	1783	2052	2052

15-4 各类卫生事业机构医疗床位数

单位：张

项　　目	1995年	2000年	2005年	2006年	2007年	2008年	2009年	2010年	2011年
总　计	**17137**	**19125**	**19425**	**19497**	**20159**	**22178**	**23389**	**24035**	**25886**
# 医院、卫生院	12360	13598	17461	17714	18595	20335	21746	22434	24175
疗养院、所	1020	1133	712	390	230	270	100	100	194
门诊部、所	127	6	10	28	35	10	30	20	20
社区卫生服务中心			160	205	155	268	336	278	168
专科疾病防治所、站	423	273	305	345	150	290	198	198	168
妇幼保健所、站	27	166	759	800	979	995	979	990	1161
其他卫生事业机构	650	721	18	15	15	10		15	
医学科研机构	100	100							
高等医药院校	30	40							

项　　目	2012年	2013年	2014年	2015年	2016年	2017年	2018年	2019年	2020年	2021年
总　计	**28611**	**31175**	**31632**	**33106**	**33877**	**34878**	**37455**	**38277**	**41102**	**42934**
# 医院、卫生院	26696	29146	29563	30946	31637	32843	35276	36075	38727	40787
疗养院、所	284	299	299	299	299		1	0		
门诊部、所				2	2	27	0	0		
社区卫生服务中心	163	199	189	189	169	166	236	226	214	241
专科疾病防治所、站	195	207	257	258	258	322	283	263	253	268
妇幼保健所、站	1273	1324	1324	1412	1512	1520	1659	1713	1908	1638
其他卫生事业机构										
医学科研机构										
高等医药院校										

注：1997年起“门诊部、所”数不包括“门诊所”数，仅包括“门诊部”数，下同。

15–5 各类卫生事业机构数

单位：个

项　　目	1995 年	2000 年	2005 年	2006 年	2007 年	2008 年	2009 年	2010 年	2011 年
总　计	**1067**	**1633**	**1675**	**1875**	**1872**	**1988**	**1899**	**1837**	**1934**
医院、卫生院	199	242	240	225	221	207	216	202	204
疗养院、所	5	5	5	3	2	1	1	1	2
社区卫生服务中心			11	22	22	34	38	45	46
门诊部、所	32	32	51	52	49	75	80	98	130
急救中心（站）			2	2	2	2	3	1	1
专科防治所、站	11	11	11	10	9	10	10	9	8
疾病预防控制中心	17	16	15	15	15	15	15	14	15
卫生监督所			6	9	10	10	10	9	9
妇幼保健所、站	11	14	16	16	16	16	16	14	14
药品检验所、站	6	6							
其他卫生事业机构	10	15	3	1	4	2	7	5	7
医学科研机构	5	5	3	3	3	3	3	3	3
高等医药院校	2	2							
医学在职培训机构	11	12	2	1	3	1	1	1	1
诊所	740	1273	902	1079	1079	1259	1201	1105	1175
社区卫生服务站			136	147	147	137	129	136	127
其他			272	290	290	216	169	194	192

注：1997 年起“门诊部、所”数不包括“门诊所”数，仅包括“门诊部”数，下同。

15-5 续表

单位：个

项目	2012年	2013年	2014年	2015年	2016年	2017年	2018年	2019年	2020年	2021年
总计	**1950**	**1959**	**1908**	**2020**	**1995**	**1839**	**2065**	**2252**	**2539**	**2741**
医院、卫生院	226	230	230	232	230	232	243	255	264	268
疗养院、所	2	2	2	2	2		1	0		
社区卫生服务中心	47	49	49	49	49	49	50	50	49	50
门诊部、所	129	131	129	128	143	170	259	301	373	471
急救中心（站）	1	1	1	1	1	1	1	2	2	2
专科防治所、站	8	7	7	7	7	9	7	7	6	6
疾病预防控制中心	15	15	15	15	15	15	15	15	15	15
卫生监督所	9	9	9	9	9	9	9	9	9	9
妇幼保健所、站	14	14	14	14	14	14	14	14	14	14
药品检验所、站										
其他卫生事业机构	7	8	8	159	71					
医学科研机构	3	4	4	4	4	4	4	4	4	3
高等医药院校										
医学在职培训机构	1	1	1	1	1	4	1		0	1
诊所	1178	1172	1135	1107	1145	1199	1312	1446	1636	1521
社区卫生服务站	127	124	120	115	123	128	140	132	143	189
其他	183	192	184	177	181	5	9	17	24	192

15-6 各类卫生事业机构卫生技术人员数

单位：人

项　　目	1995年	2000年	2005年	2006年	2007年	2008年	2009年	2010年	2011年
总　计	**24180**	**23034**	**25203**	**25695**	**27255**	**29496**	**32356**	**34366**	**38640**
医院、卫生院	16291	18024	17962	17930	19111	20302	22755	24678	27224
疗养院、所	389	361	200	50	49	48	15	23	37
门诊部、所	2983	652	714	738	845	1059	1093	1351	1945
社区卫生服务中心			187	516	611	939	1039	1160	1258
专科防治所、站	249	256	237	308	256	311	344	344	296
卫生疾病预防控制中心	1054	979	823	759	700	795	795	752	821
卫生监督所			156	192	210	188	184	172	258
妇幼保健所、站	256	383	966	990	1037	1162	1109	1183	1731
药品检验所、站	118	48							
其他卫生事业机构	353	408	107	74	109	127	188	68	89
医学科研机构	412	375	101	57	52	51	50	49	46
医学在职培训机构	679	451	2	2	9	2	2	1	1
中等医药院校	196	190							
诊所	1200	907	2330	2578	2632	3087	3423	2999	3341
其他			1418	1501	1634	1425	1359	1586	1593

15-6 续表

单位：人

项　　目	2012年	2013年	2014年	2015年	2016年	2017年	2018年	2019年	2020年	2021年
总　计	**42397**	**46466**	**48830**	**49934**	**51703**	**53412**	**56607**	**60878**	**65608**	**70622**
医院、卫生院	29750	32809	34389	35687	37235	39420	41387	43626	46236	43604
疗养院、所	81	81	74	74	42		1	0	0	
门诊部、所	2077	2193	2118	2038	2105	2461	3958	4580	5375	6581
社区卫生服务中心	1283	1529	1497	1562	1689	1756	1879	1970	2146	2269
专科防治所、站	303	303	314	313	326	364	333	330	333	375
卫生疾病预防控制中心	818	838	818	825	795	787	786	776	906	1086
卫生监督所	269	232	214	210	189	143	199	200	197	197
妇幼保健所、站	1911	1992	2048	2255	2497	2616	2620	2664	2798	2734
药品检验所、站										
其他卫生事业机构	107	123	111	688	138					
医学科研机构	44	120	101	68	59	38	40	39	31	20
医学在职培训机构	1	1	1	1	1	1	1			3
中等医药院校										
诊所	4083	4360	4287	4077	4143	3951	3977	4211	4823	4271
其他	1670	1885	2858	2136	2484	1875	1426	2482	2763	9482

15-7 各类卫生事业机构医生数

单位：人

项目	1995年	2000年	2005年	2006年	2007年	2008年	2009年	2010年	2011年
总计	**10275**	**10639**	**11056**	**11484**	**11601**	**12619**	**13413**	**13813**	**15004**
医院、卫生院	6479	7276	7329	7385	7569	7914	8558	8967	9502
疗养院、所	138	134	56	16	10	13	3	12	14
门诊部、所	1435	360	385	384	423	532	567	704	991
社区卫生服务中心			94	236	280	390	424	480	476
专科防治所、站	112	115	117	136	113	145	150	147	129
急救中心站			6	6	6	8	7	7	7
卫生疾病预防控制中心	683	621	482	397	403	411	468	446	467
卫生监督所			94	117	0	80			
妇幼保健所、站	134	181	366	452	430	501	493	515	602
药品检验所、站	5	2							
其他卫生事业机构	33	82	25	11	19	28	44	12	16
医学科研机构	176	164	30	27	27	29	28	27	24
高等医药院校	391	263							
医学在职培训机构			1	1	5	1	1		
诊所	372	549	1307	1565	1565	1833	1990	1753	2001
其他			764	751	751	734	680	743	775

15-7 续表 单位：人

项目	2012年	2013年	2014年	2015年	2016年	2017年	2018年	2019年	2020年	2021年
总计	**16140**	**16880**	**17847**	**18307**	**18841**	**19803**	**21189**	**23588**	**25459**	**26894**
医院、卫生院	10039	10959	11530	11862	12349	13357	14091	15083	15949	16682
疗养院、所	26	26	25	25	16		1	0	0	
门诊部、所	1041	1104	1102	1054	1095	1254	2106	2421	2840	3479
社区卫生服务中心	476	523	533	582	604	637	680	736	764	795
专科防治所、站	128	125	134	135	139	150	137	143	142	165
急救中心站	7	7	7	7	9	9	9	12	11	11
卫生疾病预防控制中心	439	432	437	465	447	450	448	446	494	524
卫生监督所										
妇幼保健所、站	669	681	699	765	826	938	943	987	1039	974
药品检验所、站										
其他卫生事业机构	15	14	16	273	83					
医学科研机构	23	71	54	45	39	28	25	25	20	14
高等医药院校										
医学在职培训机构										
诊所	2389	2049	1958	2179	2185	1906	2106	2305	2655	2391
其他	888	889	1352	915	1049	1074	643	1430	1545	1859

15-8 各类医院数

单位：个

项　　目	1995 年	2000 年	2005 年	2006 年	2007 年	2008 年	2009 年	2010 年	2011 年
医　院	**60**	**71**	**84**	**78**	**77**	**73**	**82**	**82**	**85**
综合医院	15	16	46	43	44	38	41	43	43
中医医院	10	10	14	12	12	12	13	12	14
中西医结合医院	4	5	1	1	1	1	1	1	1
传染病院	1	1	1	1	1	1	1	1	1
精神病院	2	2	2	3	3	4	4	4	4
结核病院	1	1	1	1	1	1	1	1	1
口腔医院	1	1	1	1	1	1	1	1	1
眼科医院			2	2	2	2	1	1	1
儿童医院	1	1	1	1	1	1	1	1	1
骨科医院			1	1	1	1	1		
美容医院	1	1	2	2	2	2	2	2	2
肿瘤医院	1	1	2	1	1	1	1	1	1
其他专科医院	1	1	5	5	7	8	14	14	15
其他医院	6	6	5	4					
卫生院	**152**	**171**	**156**	**147**	**144**	**134**	**134**	**120**	**119**

15-8 续表 单位：个

项　　目	2012年	2013年	2014年	2015年	2016年	2017年	2018年	2019年	2020年	2021年
医　院	**103**	**107**	**107**	**109**	**107**	**109**	**120**	**132**	**139**	**144**
综合医院	55	57	57	58	57	55	63	65	67	70
中医医院	15	16	16	16	16	16	16	16	17	16
中西医结合医院	1	1	1	2	2	2	3	3	2	2
传染病院	1	1	1	1	1	1	1	1	1	1
精神病院	6	6	6	5	5	5	7	8	10	12
结核病院	1	1	1	1	1	1	1	1	1	1
口腔医院	1	1	1	2	2	4	5	6	6	6
眼科医院	2	3	3	3	3	2	4	6	8	9
儿童医院	1	1	1	1	1	1	1	1	2	2
骨科医院	1	1	1	1	1	2	3	3	4	4
美容医院	2	3	3	3	3	4	3	4	4	4
肿瘤医院	1	1	1	1	1	4	1	1	1	1
其他专科医院	16	15	15	15	14	12	12	17	16	9
其他医院										
卫生院	**123**	**123**	**123**	**123**	**123**	**123**	**123**	**123**	**123**	**124**

15-9 各类医院卫生技术人员数

单位：人

项 目	1995 年	2000 年	2005 年	2006 年	2007 年	2008 年	2009 年	2010 年	2011 年
医 院	**12762**	**13511**	**14522**	**14825**	**15958**	**16828**	**19049**	**20760**	**23088**
综合医院	4501	4913	9591	9785	10723	10871	12583	13880	14577
中医医院	780	814	1754	1722	1843	2161	2309	2498	3282
中西医结合医院	3065	3172	625	806	814	979	982	1153	1236
传染病院	288	221	238	244	245	246	252	272	277
精神病院	620	440	410	426	433	500	522	509	594
结核病院	313	306	291	281	295	303	302	308	332
口腔医院	418	444	110	113	112	123	129	140	151
眼科医院			127	134	166	207	210	212	254
儿童医院	151	137	155	152	154	156	171	193	226
骨科医院			8	17	14	12	19		0
美容医院			44	49	54	62	64	78	82
肿瘤医院	532	667	798	797	825	868	909	900	1242
其他专科医院	576	608	117	125	280	340	597	617	835
其他医院	883	939	254	174					
卫生院	**4424**	**4493**	**3440**	**3105**	**3153**	**3474**	**3706**	**3918**	**4136**

15-9 续表

单位：人

项目	2012年	2013年	2014年	2015年	2016年	2017年	2018年	2019年	2020年	2021年
医院	**25159**	**27900**	**29595**	**30879**	**32235**	**34281**	**36324**	**38346**	**40610**	**43604**
综合医院	15616	17432	18295	19047	20027	21226	22141	23405	24000	25290
中医医院	3749	4330	4615	4839	5002	5134	5485	5638	5845	6154
中西医结合医院	1350	1452	1779	1782	1833	1938	2027	2007	2032	2087
传染病院	407	454	476	487	521	541	555	591	588	645
精神病院	656	708	696	710	756	813	984	1137	1355	1585
结核病院	337	350	348	346	337	350	531	511	505	546
口腔医院	149	164	330	364	389	456	566	667	704	721
眼科医院	230	342	322	337	337	319	482	649	708	709
儿童医院	263	264	264	274	295	365	390	401	1216	1659
骨科医院	20	21	25	25	30	152	293	132	374	421
美容医院	65	90	96	112	108	174	140	166	218	275
肿瘤医院	1395	1467	1525	1650	1671	1636	1628	1717	1820	1911
其他专科医院	922	826	824	906	929	1177	1102	1325	1245	568
其他医院										
卫生院	**4591**	**4909**	**4794**	**4808**	**5000**	**5139**	**5063**	**5280**	**5626**	**5880**

15-10 各类医院医生数

单位：人

项目	1995年	2000年	2005年	2006年	2007年	2008年	2009年	2010年	2011年
医院	**4621**	**5226**	**5738**	**5948**	**6158**	**6460**	**7088**	**7494**	**8068**
综合医院	1744	1850	3782	3907	4014	4202	4675	4931	5016
中医医院	273	351	793	775	869	892	949	1013	1203
中西医结合医院	978	1229	279	367	343	348	311	377	475
传染病院	58	61	61	71	78	78	86	93	91
精神病院	110	102	104	108	119	131	137	146	153
结核病院	95	93	91	84	98	111	110	115	134
口腔医院	150	176	67	73	78	84	82	90	112
眼科医院			60	52	70	74	57	59	89
儿童医院	87	49	67	64	67	69	81	84	107
骨科医院			3	6	5	5	6		0
美容医院			19	24	19	28	24	27	29
肿瘤医院	224	214	246	282	291	309	340	337	361
其他专科医院	252	244	69	73	107	129	230	222	298
其他医院	393	420	97	62					
卫生院	**1813**	**2032**	**1591**	**1437**	**1411**	**1454**	**1470**	**1473**	**1434**

15-10 续表 单位：人

项　　目	2012年	2013年	2014年	2015年	2016年	2017年	2018年	2019年	2020年	2021年
医　院	**8449**	**9369**	**9772**	**10290**	**10732**	**11708**	**12407**	**13323**	**14112**	**14805**
综合医院	5133	5674	5857	6224	6564	7167	7423	8027	8409	8697
中医医院	1364	1638	1741	1822	1828	1945	2113	2207	2295	2314
中西医结合医院	442	532	594	581	608	634	654	716	710	748
传染病院	107	120	147	149	143	179	187	213	210	223
精神病院	183	183	179	188	190	201	259	272	318	343
结核病院	132	135	133	127	123	122	164	144	142	161
口腔医院	115	124	161	172	186	213	255	312	325	336
眼科医院	86	127	124	131	129	122	172	197	247	232
儿童医院	89	91	91	95	105	159	170	195	356	502
骨科医院		7	11	11	12	52	94	95	115	130
美容医院	33	42	45	46	47	76	62	83	83	119
肿瘤医院	381	401	410	441	469	471	476	494	485	514
其他专科医院	384	295	279	303	328	367	378	368	417	171
其他医院										
卫生院	**1590**	**1590**	**1558**	**1572**	**1617**	**1649**	**1684**	**1760**	**1837**	**1877**

15-11 各类医院护士数

单位：人

项　　目	1995 年	2000 年	2005 年	2006 年	2007 年	2008 年	2009 年	2010 年	2011 年
医　院	**4707**	**5610**	**6201**	**6247**	**6928**	**7288**	**8495**	**9424**	**10673**
综合医院	1852	2164	4175	4139	4741	4774	5782	6500	7011
中医医院	199	243	633	630	661	800	889	978	1258
中西医结合医院	1002	1341	232	308	341	435	475	564	635
传染病院	100	109	127	122	116	116	116	126	131
精神病院	293	279	256	261	257	295	289	297	351
结核病院	170	162	163	144	143	149	149	151	155
口腔医院	159	167	29	29	28	28	28	28	26
眼科医院			33	53	63	65	87	87	101
儿童医院	56	58	62	60	58	57	59	67	79
骨科医院			3	4	4	6	6		
美容医院			21	20	18	25	27	31	31
肿瘤医院	200	313	357	367	391	406	369	371	564
其他专科医院	210	236	35	34	107	132	219	224	331
其他医院	305	321	75	76					
卫生院	**921**	**1083**	**1058**	**939**	**994**	**1106**	**1159**	**1254**	**1387**

15-11 续表 单位：人

项 目	2012年	2013年	2014年	2015年	2016年	2017年	2018年	2019年	2020年	2021年
医 院	**11844**	**13076**	**14034**	**14847**	**15902**	**16837**	**17913**	**18913**	**19818**	**21733**
综合医院	7603	8456	8950	9430	10236	10634	11206	11840	11955	12860
中医医院	1450	1709	1850	1925	2014	2124	2265	2339	2417	2594
中西医结合医院	697	694	889	925	975	1032	1042	1031	1002	1064
传染病院	217	232	252	254	258	265	266	278	279	325
精神病院	366	393	397	410	448	502	585	682	848	999
结核病院	156	159	159	162	160	158	260	253	245	269
口腔医院	27	27	120	158	164	202	271	313	343	342
眼科医院	132	190	177	182	174	162	243	297	316	332
儿童医院	125	126	126	130	140	141	148	142	606	789
骨科医院	8	11	11	11	12	72	163	169	201	211
美容医院	28	40	41	51	46	82	70	74	126	143
肿瘤医院	626	657	657	751	825	840	848	896	879	1021
其他专科医院	409	382	405	458	450	623	546	599	601	299
其他医院										
卫生院	**1586**	**1685**	**1680**	**1737**	**1864**	**1935**	**1921**	**2025**	**2161**	**2282**

15–12 各类医院医疗床位数

单位：张

项　　目	1995 年	2000 年	2005 年	2006 年	2007 年	2008 年	2009 年	2010 年	2011 年
医　院	**11713**	**13573**	**14667**	**15005**	**15710**	**17303**	**18579**	**19290**	**20689**
综合医院	4094	4533	9189	9287	10046	10631	11570	11701	12286
中医医院	570	810	1571	1521	1597	1872	2102	2242	2392
中西医结合医院	2239	2658	622	848	753	753	941	1200	1359
传染病院	300	300	300	300	300	450	350	446	516
精神病院	930	880	890	1090	1090	1366	1190	1290	1290
结核病院	500	500	355	355	355	555	597	564	566
口腔医院	300	289	30	30	30	30	30	30	30
眼科医院			70	100	90	99	90	90	90
儿童医院	100	100	100	100	100	200	200	218	245
骨科医院			20	20	20	20	20		0
美容医院			40	40	27	40	27	27	32
肿瘤医院	627	722	1030	1058	1088	1099	1069	1088	1300
其他专科医院	489	435	139	144	214	188	393	394	583
其他医院	1061	1083	311	112					
卫生院	**2884**	**3088**	**2794**	**2709**	**2885**	**3032**	**3167**	**3144**	**3486**

15-12 续表 单位：张

项目	2012年	2013年	2014年	2015年	2016年	2017年	2018年	2019年	2020年	2021年
医 院	**22592**	**24926**	**25495**	**26932**	**27554**	**28887**	**31510**	**32227**	**34495**	**36546**
综合医院	13529	14965	15165	16178	16270	16678	17922	18165	18849	19456
中医医院	2592	3140	3215	3451	3466	3568	3983	4237	4526	4560
中西医结合医院	1568	1568	1748	1716	1716	1713	1753	1743	1669	1669
传染病院	516	556	556	584	570	534	549	552	550	638
精神病院	1490	1576	1608	1705	1875	2210	2930	2859	3780	4302
结核病院	566	566	570	570	570	570	570	570	594	594
口腔医院	30	30	45	45	45	85	100	110	110	110
眼科医院	189	279	279	279	279	279	364	479	538	596
儿童医院	245	261	261	257	308	380	456	509	558	1004
骨科医院	20	20	20	20	20	126	250	250	365	365
美容医院	32	60	60	60	60	80	60	80	80	80
肿瘤医院	1149	1300	1400	1400	1400	1536	1581	1668	1668	1664
其他专科医院	666	605	568	667	975	1128	992	1005	1208	622
其他医院										
卫生院	**4104**	**4220**	**4068**	**4014**	**4083**	**3956**	**3766**	**3848**	**4232**	**4241**

15-13 县及县以上医院工作基本情况

年 份	诊疗人数（人次）	#门（急）诊	入院人数（人）	出院人数（人）	病死率（%）	病床周转数（次）
1990	5625373	5576648	174436	174079	1.40	19.1
1993	5053064	4733380	132788	131257	0.80	18.6
1994	4675285	4336221	134944	134493	0.70	18.3
1995	4492111	4212624	124230	124017	0.70	17.1
1996	4838732	4508640	115656	115516	1.00	15.0
1997	4921130	4506292	111251	111370	0.57	14.4
1998	4960208	4580265	109636	109460	0.62	14.5
1999	4995665	4639718	116629	116048	0.65	13.0
2000	5542899	5123333	131586	132433	0.64	16.7
2001	5118519	4651382	134047	134328	0.61	17.4
2002	5441286	5051767	141038	140998	0.60	18.2
2003	5842174	5567886	157800	158143	0.47	21.5
2004	10729268	10467794	275582	275558	0.53	21.3
2005	11933688	11581875	294901	300831	0.53	23.6
2006	11863906	11704586	339960	341670	0.48	23.7
2007	13071508	12966732	393348	389684	0.43	26.1
2008	14018644	13845141	425068	454620	0.38	25.2
2009	15711417	15565915	488820	487759	0.32	26.3
2010	17411149	17282069	563722	562486	0.25	28.9
2011	19596512	19501695	637965	635741	0.22	30.8
2012	22297764	22083839	747587	746702	0.16	33.5
2013	23707151	23396453	780387	778388	0.15	32.2
2014	25049655	24792488	807117	805076	0.15	31.6
2015	24316429	24134919	824644	823293	0.13	30.2
2016	24333447	24167877	850444	848621	0.17	30.4
2017	24047991	23905118	903944	901735	0.11	31.7
2018	21607684	21404634	772888	771755	0.14	33.7
2019	25064126	24882656	1014984	1009437	0.18	37.4
2020	20761804	20516903	955080	955495	0.13	29.2
2021	21957270	21870105	931520	931226	0.12	32.9

15–14　各类医院工作基本情况

（2021 年）

项　　　目	诊疗人数（人次）	#门（急）诊	入院人数（人）	出院人数 （人）	病床周转数（次）
医　院	**23997193**	**23861574**	**1071562**	**1069906**	**30.5**
综合医院	14175745	14067478	651177	649964	34.3
中医医院	4793308	4790403	127077	126943	29.3
中西医结合医院	1238078	1217481	54953	55093	33.0
传染病院	366664	366664	20025	19948	31.3
精神病院	370636	370337	20117	19752	5.0
结核病院	310064	310064	9712	10080	17.0
口腔医院	494698	494698	207	207	2.2
眼科医院	530416	529846	33270	33304	60.7
儿童医院	810164	810164	31037	30966	35.8
骨科医院	54347	53846	6805	6766	18.5
美容医院	95530	95530	1326	1326	16.2
肿瘤医院	326837	326837	91968	91900	55.1
其他专科医院	138609	136129	13442	13358	22.4
其他医院					
卫生院	**6670452**	**5214895**	**52669**	**52724**	**12.8**

15-15 体育设施情况

单位：个

年 份	体育场	体育馆	运动场	足球场	游泳池	有固定看台灯光球场
1995	185		6	1	36	10
2000	365	1	11	1	44	23
2005	403	1	16	1	79	14
2006	416	1	15	1	85	25
2007	418	1	17	1	88	27
2008	418	1	17	2	49	28
2009	418	1	18	2	86	28
2010	418	1	18	2	86	28
2011	418	3	18	2	86	28
2012	418	3	18	2	86	28
2013	419	17	365	58	166	135
2014	49	17	365	58	166	135
2015	50	20	356	70	167	135
2016	50	21	356	81	168	135
2017	50	21	356	85	182	135
2018	44	18	684	594	261	4774
2019	44	20	707	672	347	5214
2020	45	19	702	691	355	4560
2021	43	19	725	823	378	5466

注：1.2014 年的体育场是指标准体育场，不含操场等不规范场地。

2.2018 年以后指标及数据来自全国体育场地统计调查，全市范围，不含平潭，含教育系统。

3.2018 年数据根据统计结果有进行修正。

15-16 县级以上运动会

年 份	次数（次）	参加人数（万人）
1995	21	8
2000	36	11
2005	22	10
2006	36	25
2007	270	60
2008	315	75
2009	13	9
2010	8	10
2011	5	8
2012	3	6
2013	4	7
2014	12	15
2015	14	18
2016	16	20
2017	18	22
2018	20	22
2019	20	20
2020	13	10
2021	14	10

注：表中2010年起数据不含平潭县，下同。

15-17 获国际和全国比赛冠军数

（1990-2021 年）

年 份	全国冠军世界冠军		全国冠军	
	项数（项）	人数（人次）	项数（项）	人数（人次）
1990	7	14	7	8
1991	1	2	1	2
1992	1	2		
1993	5	6		
1994	3	4		
1995	3	4	4	8
1996	1	1		
1997	1	1	5	7
1998	4	4	6	14
1999	6	8	4	6
2000	6	15	4	15
2001	2	2	2	7
2002	12	12	36	36
2003	5	4	23	23
2004			2	2
2005			8	8
2006	3	1	11	13
2007	3	3	13	12
2008	1	1	10	11
2009			4	8
2010	5	3	19	14
2011	10	5	23	28
2012	10	8	46	23
2013	4	8	10	26
2014			4	4
2015	2	2	41	41
2016	5	6	16	16
2017	7	7	32	32
2018	6	5	15	11
2019	25	25	71	81
2020	0	0	30	28
2021	2	2	23	24

15-18 律师 公证 调解工作基本情况

项 目	单 位	2013 年	2014 年	2015 年	2016 年	2017 年	2018 年	2019 年	2020 年	2021 年
一、律师工作										
律师事务所	个	118	130	139	195	216	230	270	293	332
取得法律职业资格	人	752	789	725	759	1029		1161	1040	1241
#专职律师	人	980	1128	1250	2651	2912	3194	3673	3875	4155
兼职律师	人	63	63	81	203	200	199	202	204	208
当年办理诉讼代理总数	件	12084	13061	15221	30314	45941	44747	60253	67184	89437
#经济诉讼代理	件									
民事诉讼代理	件	8298	9439	11326	24525	37454	36519	48004	55201	70070
刑事诉讼辩护及代理	件	3360	3138	3396	4356	6074	5797	9070	8630	15025
行政诉讼代理	件	426	484	499	1433	2413	2431	3179	3353	4342
聘请常年法律顾问单位	个	1372	1403	1765		4495	5838	6347	6708	7387
非诉讼法律事务	件	1814	3461	3903	4213	5464	8490	15819	14876	14195
代写法律事务文书	件	34172	32186	35081	3438	47889	21374	18558	17549	14825
二、公证工作										
公证处	个	14	14	14	14	14	16	16	16	16
公证人员	人	240	245	257	248	272	325	341	334	336
#公证员	人	88	89	94	95	101	102	100	103	101
办理公证书	件	215468	216430	224785	245607	238795	235423	230089	104614	130489
国内公证	件	55582	54261	55813	67894	79286	83526	68223	45812	58153
涉港澳台公证	件	12169	12577	11995	11976	10730	10099	10532	3993	4202
涉外公证	件	147717	149592	156977	165737	148779	141798	151334	54809	68134
三、调解工作										
专职司法助理员	人	358	372	405	392	387	399	391	402	404
人民调解委员会	个	2947	4787	3068	3068	3129	3155	3149	2965	2933
调解人员	人	15511	12529	13062	13071	13571	13646	11514	8325	8536
调解民事纠纷	件	17157	15272	14958	15088	14762	15038	14805	21620	28155

15–19　国内公证文书办理情况

单位：件

项　　目	2013 年	2014 年	2015 年	2016 年	2017 年	2018 年	2019 年	2020 年	2021 年
合　计	**55582**	**54261**	**55813**	**67894**	**79286**	**130379**	**134057**	**44523**	**58153**
合同（协议）	2528	2118	2687	1749	1164	275	875	660	1147
继 承	7807	7844	6959	5184	5264	8818	9720	7314	10958
单方法律行为	23774	10973	5960	13383	9133			17791	26666
现场监督	67	28	75	42	39	108	237	171	223
保全证据	469	400	293	221	268	2079	2538	2643	6905
公司章程	1	2	24	3	14	5	3	1	0
组织资格	3	123	11	7				42	0
财产权	25							58	60
身 份		1	8	5	7			62	8
收养关系	10	9	36		10			1	0
婚姻状况	17	48	76	59	61			35	82
亲属关系	580	526	758	652	741			590	658
有无违法犯罪记录	2	8	51	16	27	24454	20250	7	7
其他有法律意义事实	1507	2477	596	280	2710			45	51
证书（执照）	134	161	121	173	3890	11694	24344	466	743
签名（印鉴）	3597	14781	20257	29748	11694	10609	8386	527	1
文本相符	7514	8309	11415	11524	36327	53952	66478	7248	8229
赋予执行效力	390	82	31	28	3	220	74	181	205
执行证书				1		0	14	5	9
抵押登记	1					0	0	0	0
提　存	1				1	0	7	11	47
保　管						0	0	14	0
其　他	7155	6371	6455	4819	7933	18165	1131	6649	2154

15-20 工业企业污染治理情况

项　　目	单　位	2019 年	2020 年
工业污染排放和处理利用情况			
废水排放总量	万吨	57181.84	36059.21
工业源废水排放量	万吨	6254.67	5217.89
工业废水处理量	万吨	16944.27	26210.9
工业废气排放量	亿立方米	4361.67	4449.9
一般工业固体废物产生量	万吨	751.19	839.47
一般工业固体废物综合利用量	万吨	721.65	104.03
一般工业固体废物处置量	万吨	31.24	733.3
危险废物产生量	万吨		
危险废物综合利用量	万吨		
危险废物处置量	万吨		

主要统计指标解释

卫生机构 包括医疗机构、疾病预防控制中心（防疫站）、采供血机构、卫生监督及监测（检验）机构、医学科研和在职培训机构、健康教育所等。医疗机构包括医院、社区卫生服务中心（站）、疗养院、卫生院、门诊部、诊所（卫生所、医务室）妇幼保健院（所、站）、专科疾病防治院（所、站）急救中心（站）和临床检验中心。

医院 包括综合医院、中医医院、中西结合医院、民族医院、各类专科医院和护理院。

卫生技术人员 指卫生机构中医生、护理人员、药剂人员、检验人员等卫生技术人员。

等级运动员人数 指经考核正式批准授予等级运动员称号的人数。运动员等级分为国际级运动健将、运动健将、一级运动员、二级运动员、三级运动员、少年级运动员。

等级裁判员人数 指经考核正式批准授予等级裁判员称号的人数。裁判员等级分为国际裁判、国家级裁判、一级裁判、二级裁判、三级裁判。

律师 指依法取得律师执业证书，担任法律顾问，民事（刑事、行政）案件代理人、刑事案件辩护人，办理非诉讼业务，解答法律询问，代写法律事务文书等，为社会提供法律服务的人员。

公证人员 指在公证处工作的人员总称，包括公证处主任、副主任、公证员、公证员助理（助理公证员）和其他从事辅助性工作的人员。

公证文书 指公证处根据当事人申请，依照事实和法律，按照法定程序制作的，具有法律效力的司法证明文书。根据公证书用途和使用地，公证书分为国内公证书、国内经济公证书、涉外民事公证书和涉外经济公证书四类。

调解员 指在人民调解委员会担负调解民间纠纷的工作人员，包括调解委员会的委员和调解小组的调解员。

调解民间纠纷 指调解委员会依照法律规定，根据自愿原则，用说服教育的方法调解民间发生的有关民事权利和义务的争执，促成当事双方达到协议和谅解，解决纠纷。包括婚姻家庭纠纷，财产权益纠纷等，不包括法院受理调解的民事案件数。

16 城市比较

16-1 全省及九个设区市主要经济指标

（2021年）

项目	单位	全省		福州市		厦门市		莆田市	
		绝对数	比上年增长（%）	绝对数	比上年增长（%）	绝对数	比上年增长（%）	绝对数	比上年增长（%）
年末常住总人口	万人	4187.0	0.6	842.0	1.2	528.0	1.9	322.0	0.3
城镇化率	%	69.7	1.0	73.0	0.5	90.1	0.7	63.5	0.8
地区生产总值	亿元	48810.36	8.0	11324.48	8.4	7033.89	8.1	2882.96	6.4
第一产业	亿元	2897.74	4.9	637.03	6.0	29.06	5.3	136.63	3.7
第二产业	亿元	22866.32	7.5	4289.80	7.3	2882.89	6.7	1506.48	5.7
第三产业	亿元	23046.30	8.8	6397.66	9.3	4121.94	9.0	1239.85	7.4
农林牧渔业总产值	亿元	5200.97	5.1	1122.21	5.6	62.01	5.1	256.80	3.2
固定资产投资	亿元	–	6.0	–	7.1	–	11.3	–	1.9
一般公共预算总收入	亿元	5743.84	11.3	1250.26	12.8	1530.21	13.2	247.56	7.0
一般公共预算收入	亿元	3383.38	9.9	749.85	11.0	880.96	12.4	153.78	4.5
社会消费品零售总额	亿元	20373.11	9.4	4549.41	7.7	2584.07	12.7	1745.75	8.3
实际利用外资（验资口径）	亿元	369.15	6.1	80.78	15.3	186.36	12.2	10.97	14.1
出口总额	亿元	10816.5	27.7	2200.6	23.2	4307.3	20.6	309.3	35.3
城镇居民人均可支配收入	元	51140	8.4	53421	8.4	67197	9.6	44101	7.5
农村居民人均可支配收入	元	23229	11.2	25201	11.2	29894	12.3	22892	9.9
城镇非私营单位在岗职工平均工资	元	101516	11.5	108133	12.1	119483	10.1	82453	9.5

注：地区生产总值为快报数，下同。

16-1 续表 1 （2021 年）

项目	单位	三明市		泉州市		漳州市	
		绝对数	比上年增长（%）	绝对数	比上年增长（%）	绝对数	比上年增长（%）
年末常住总人口	万人	248.0	-0.4	885.0	0.7	507.0	0.2
城镇化率	%	63.7	0.5	69.7	1.2	62.9	1.5
地区生产总值	亿元	2953.47	5.8	11304.17	8.1	5025.40	7.7
第一产业	亿元	325.09	5.8	232.77	3.3	530.28	5.4
第二产业	亿元	1503.35	4.0	6436.24	7.3	2461.44	7.0
第三产业	亿元	1125.03	8.0	4635.16	9.4	2033.68	9.0
农林牧渔业总产值	亿元	550.14	5.5	422.73	3.9	992.57	5.7
固定资产投资	亿元	–	9.0	–	3.6	–	8.2
一般公共预算总收入	亿元	179.88	5.7	940.90	15.7	384.50	9.7
一般公共预算收入	亿元	113.51	2.1	504.54	11.1	246.18	12.6
社会消费品零售总额	亿元	851.87	9.0	5819.72	11.3	1804.57	6.3
实际利用外资（验资口径）	亿元	2.41	70.2	51.64	11.3	22.85	-44.5
出口总额	亿元	116.5	9.4	2035.6	35.4	690.8	28.4
城镇居民人均可支配收入	元	42315	7.8	55011	7.9	43309	8.2
农村居民人均可支配收入	元	21617	10.7	25911	10.4	23582	11.7
城镇非私营单位在岗职工平均工资	元	99287	9.7	85651	12.2	99202	11.4

16-1 续表 2

（2021 年）

项目	单位	南平市		龙岩市		宁德市	
		绝对数	比上年增长（%）	绝对数	比上年增长（%）	绝对数	比上年增长（%）
年末常住总人口	万人	267.0	–0.4	273.0	0.0	315.0	0.0
城镇化率	%	60.0	0.4	63.6	0.7	62.2	1.2
地区生产总值	亿元	2117.58	6.5	3081.78	7.7	3151.08	13.3
第一产业	亿元	346.36	5.8	303.28	4.8	359.81	3.5
第二产业	亿元	754.55	3.8	1321.87	8.1	1746.16	19.4
第三产业	亿元	1016.67	8.7	1456.63	8.0	1045.12	8.1
农林牧渔业总产值	亿元	615.59	5.6	533.30	5.3	645.61	4.2
固定资产投资	亿元	–	0.1	–	8.5	–	6.2
一般公共预算总收入	亿元	156.56	7.1	353.89	7.3	265.80	13.8
一般公共预算收入	亿元	102.30	4.2	169.46	6.8	158.05	14.7
社会消费品零售总额	亿元	761.00	8.3	1376.53	9.3	880.17	6.6
实际利用外资（验资口径）	亿元	2.65	6.9	3.05	12.0	1.85	24.9
出口总额	亿元	146.8	27.7	317.5	38.9	600.5	79.0
城镇居民人均可支配收入	元	39353	7.8	43785	8.9	40615	9.4
农村居民人均可支配收入	元	20431	10.1	22716	12.7	21282	11.7
城镇非私营单位在岗职工平均工资	元	89750	8.8	96265	16.0	97890	6.1

16-2　全国 26 个省会城市主要经济指标

（2021 年）

地　　区	地区生产总值		第一产业增加值		第二产业增加值		第三产业增加值	
	绝对数（亿元）	比上年增长（%）	绝对数（亿元）	比上年增长（%）	绝对数（亿元）	比上年增长（%）	绝对数（亿元）	比上年增长（%）
福　州	11324.48	8.4	637.03	6.0	4289.80	7.3	6397.66	9.3
广　州	28231.97	8.1	306.41	5.5	7722.67	8.5	20202.89	8.0
成　都	19916.98	8.6	582.79	4.8	6114.34	8.2	13219.85	9.0
南　京	16355.32	7.5	303.94	0.8	5902.65	7.6	10148.73	7.6
哈尔滨	5351.70	5.5	628.20	6.6	1239.20	3.2	3484.30	6.1
沈　阳	7249.68	7.0	326.34	4.2	2570.32	7.8	4353.02	6.7
长　春	7103.12	6.2	523.74	5.5	2960.47	3.9	3618.90	8.1
济　南	11432.20	7.2	408.80	7.1	3964.10	3.6	7059.40	9.2
武　汉	17716.76	12.2	444.21	8.7	6208.34	12.1	11064.21	12.3
西　安	10688.28	4.1	308.82	6.1	3585.20	0.9	6794.26	5.7
杭　州	18109.00	8.5	333.00	1.8	5489.00	8.6	12287.00	8.7
石家庄	6490.30	6.6	504.80	6.1	2107.10	3.5	3878.40	8.2
太　原	5121.61	9.2	44.80	7.7	2113.09	10.2	2963.72	8.6
合　肥	11412.80	9.2	351.05	5.1	4171.21	10.6	6890.54	8.6
南　昌	6650.53	8.7	238.31	7.8	3218.10	8.3	3194.11	9.1
郑　州	12691.02	4.7	181.69	2.5	5039.29	3.4	7470.04	5.6
长　沙	13270.70	7.5	425.56	9.1	5251.30	5.2	7593.85	8.9
南　宁	5120.94	6.1	606.76	7.9	1198.76	4.3	3315.42	6.3
贵　阳	4711.04	6.6	193.44	7.8	1681.34	5.4	2836.25	7.3
昆　明	7222.50	3.7	333.12	6.9	2287.71	-0.3	4601.67	5.4
兰　州	3231.29	6.1	62.52	7.4	1113.91	5.6	2054.86	6.4
西　宁	1548.79	8.1	58.93	4.6	518.22	10.8	971.64	7.0
银　川	2262.95	6.3	83.83	6.1	1028.32	6.0	1150.81	6.5
海　口	2057.06	11.3	85.43	4.7	346.75	8.0	1624.88	12.3
乌鲁木齐	3691.57	6.1	28.10	2.5	1039.76	1.2	2623.71	8.0
呼和浩特	3121.43	6.5	137.14	3.8	1052.57	7.9	1931.71	6.0

16-2 续表 1　　（2021 年）

地　　区	社会消费品零售总额		固定资产投资额	出口总额
	绝对数（亿元）	比上年增长（%）	比上年增长（%）	绝对数（亿元）
福　州	4549.41	7.7	7.1	2200.60
广　州	10122.56	9.8	11.7	6312.17
成　都	9251.80	14.0	10.0	4841.20
南　京	7899.41	9.7	6.2	3989.89
哈尔滨	2380.30	7.0	4.2	171.33
沈　阳	3985.10	9.6	4.1	484.90
长　春	--	10.8	11.6	165.93
济　南	5126.10	14.7	11.5	1174.10
武　汉	6795.04	10.5	12.9	1929.00
西　安	4963.42	0.8	-11.6	2361.92
杭　州	6744.00	11.4	9.0	4647.00
石家庄	2501.20	5.0	-5.6	857.10
太　原	1873.90	13.2	7.9	1153.14
合　肥	5111.68	13.2	3.5	2029.17
南　昌	2878.74	17.4	11.1	897.68
郑　州	5389.21	6.2	-6.2	3552.80
长　沙	5111.57	14.4	8.2	1977.46
南　宁	2364.17	8.4	3.1	581.95
贵　阳	2546.69	12.9	-7.1	393.27
昆　明	3386.40	10.3	-7.8	935.05
兰　州	1757.74	7.1	7.7	36.80
西　宁	621.09	8.3	6.8	9.29
银　川	788.69	2.3	-3.6	109.47
海　口	1056.98	26.5	8.4	110.54
乌鲁木齐	1171.86	12.3	1.4	259.80
呼和浩特	1104.74	7.0	12.3	80.60

16-2 续表 2 （2021 年）

地区	一般公共预算收入		城镇居民人均可支配收入		农村居民人均可支配收入	
	绝对数（亿元）	比上年增长（%）	绝对数（元）	比上年增长（%）	绝对数（元）	比上年增长（%）
福州	749.85	11.0	53421	8.4	25201	11.2
广州	1883.18	9.4	74416	8.9	34533	10.4
成都	1697.90	11.7	52633	8.3	29126	10.2
南京	1729.52	5.6	73593	8.9	32701	10.4
哈尔滨	365.80	7.7	42745	7.4	21512	9.6
沈阳	773.02	5.0	50566	6.6	21662	10.5
长春	617.09	5.9	43281	8.2	--	--
济南	1007.60	11.2	57449	7.7	22580	10.5
武汉	1578.65	28.3	55297	9.8	27209	13.1
西安	855.96	18.2	46931	7.4	17389	10.4
杭州	2387.00	14.0	74700	8.8	42692	10.3
石家庄	681.40	7.8	43024	6.9	18676	10.2
太原	423.44	11.9	41377	8.0	21551	9.6
合肥	844.22	10.7	53208	10.2	26856	10.6
南昌	484.84	10.0	50447	7.8	22913	9.5
郑州	1223.60	0.3	45246	5.5	26790	8.1
长沙	1188.31	8.0	62145	7.2	38195	9.9
南宁	391.77	5.2	41394	7.4	17808	10.4
贵阳	426.68	7.2	43876	8.9	20565	10.1
昆明	689.12	5.9	52523	9.4	19507	10.1
兰州	276.71	12.0	43244	7.7	16191	10.5
西宁	153.90	15.3	39251	6.2	14948	10.8
银川	171.19	8.9	42412	7.6	18170	10.6
海口	208.32	12.0	43605	8.9	19267	10.7
乌鲁木齐	377.93	-3.8	46142	7.9	24878	9.0
呼和浩特	228.92	5.4	53026	6.5	22435	9.5

16-3 福州与15个副省级城市主要经济指标

（2021年）

地区	地区生产总值		固定资产投资额	社会消费品零售总额		出口总额
	绝对数（亿元）	比上年增长（%）	比上年增长（%）	绝对数（亿元）	比上年增长（%）	绝对数（亿元）
福　州	11324.48	8.4	7.1	4549.41	7.7	2200.6
广　州	28231.97	8.1	11.7	10122.56	9.8	6312.2
成　都	19916.98	8.6	10.0	9251.80	14.0	4841.2
南　京	16355.32	7.5	6.2	7899.41	9.7	3989.9
哈尔滨	5351.70	5.5	4.2	2380.30	7.0	171.3
沈　阳	7249.68	7.0	4.1	3985.10	9.6	484.9
长　春	7103.12	6.2	11.6	--	10.8	165.9
济　南	11432.20	7.2	11.5	5126.10	14.7	1174.1
武　汉	17716.76	12.2	12.9	6795.04	10.5	1929.0
西　安	10688.28	4.1	-11.6	4963.42	0.8	2361.9
杭　州	18109.00	8.5	9.0	6744.00	11.4	4647.0
大　连	7825.90	8.2	1.2	1909.70	4.5	1931.7
青　岛	14136.46	8.3	4.1	5975.40	14.8	4921.3
宁　波	14594.90	8.2	11.0	4649.10	9.7	7624.3
深　圳	30664.85	6.7	3.7	9498.12	9.6	19263.4
厦　门	7033.89	8.1	11.3	2584.07	12.7	4307.3

16–3 续表 （2021 年）

地　　区	一般公共预算收入		城镇居民人均可支配收入		农村居民人均可支配收入	
	绝对数（亿元）	比上年增长（%）	绝对数（元）	比上年增长（%）	绝对数（元）	比上年增长（%）
福　州	749.85	11.0	53421	8.4	25201	11.2
广　州	1883.18	9.4	74416	8.9	34533	10.4
成　都	1697.90	11.7	52633	8.3	29126	10.2
南　京	1729.52	5.6	73593	8.9	32701	10.4
哈尔滨	365.80	7.7	42745	7.4	21512	9.6
沈　阳	773.02	5.0	50566	6.6	21662	10.5
长　春	617.09	5.9	43281	8.2	--	--
济　南	1007.60	11.2	57449	7.7	22580	10.5
武　汉	1578.65	28.3	55297	9.8	27209	13.1
西　安	855.96	18.2	46931	7.4	17389	10.4
杭　州	2387.00	14.0	74700	8.8	42692	10.3
大　连	737.6	5.0	50531	6.7	23763	10.2
青　岛	1368.29	9.1	60239	7.8	26125	10.4
宁　波	1723.10	14.1	73869	8.6	42946	9.7
深　圳	4257.76	10.4	70847	9.2	--	--
厦　门	880.96	12.4	67197	9.6	29894	12.3

17 附　录

2021年福州市国民经济和社会发展统计公报

福州市统计局
国家统计局福州调查队
（2022年3月25日）

一、综　　合

初步核算，全年实现地区生产总值11324.48亿元，比上年增长8.4%。其中，第一产业增加值637.03亿元，增长6.0%；第二产业增加值4289.80亿元，增长7.3%；第三产业增加值6397.66亿元，增长9.3%。第一产业增加值占地区生产总值的比重为5.6%，第二产业增加值比重为37.9%，第三产业增加值比重为56.5%。全年人均地区生产总值135298元，比上年增长7.2%。

图1　2017-2021年地区生产总值（GDP）及其增长速度

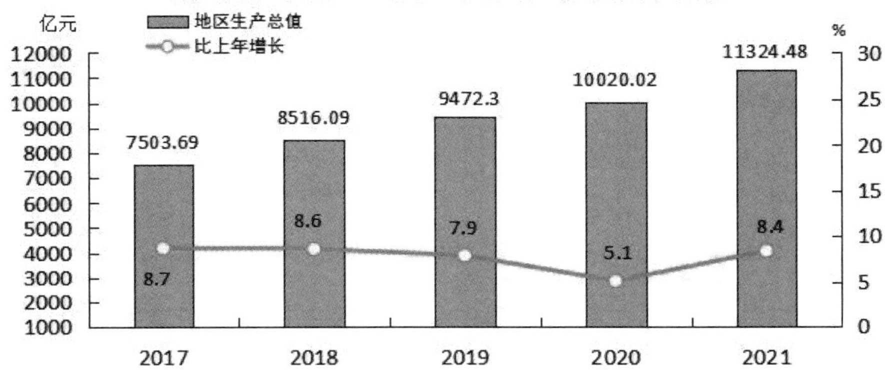

图2　2017-2021年三次产业增加值占地区生产总值比重

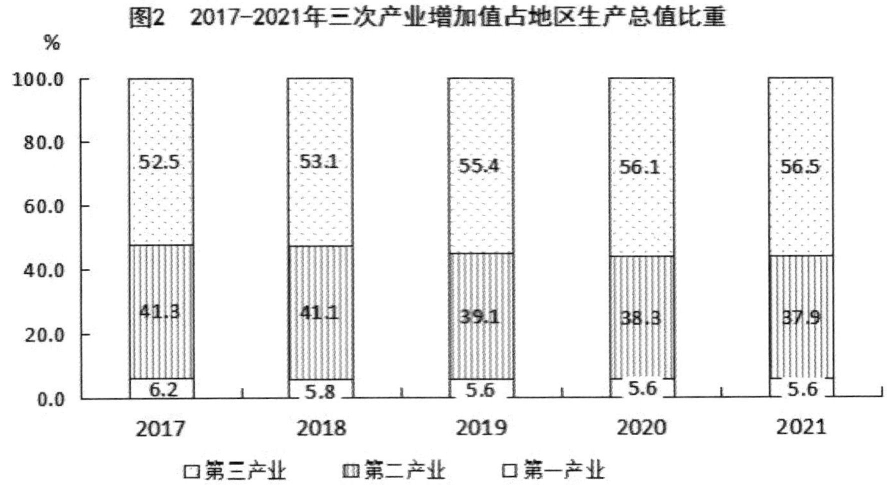

年末常住人口842万人，比上年末增加10万人。其中，城镇常住人口614.66万人，占总人口比重（常住人口城镇化率）为73%，比上年末提高0.5个百分点。全年出生人口6.3万人，出生率为8.82‰；死亡人口3.5万人，死亡率为4.88‰；自然增长率为3.94‰。年末户籍人口数为723.36万人，比上年末增加7.95万人。

全年城镇新增就业14.77万人。就业困难人员实现再就业5075人，失业人员再就业40485人，年末城镇登记失业率为3.16%，比上年末提高0.16个百分点。

全年居民消费价格比上年上涨0.6%。

表 1　2021 年市区居民消费价格比上年涨跌幅度

指　标	全 市（%）
市区居民消费价格总水平	0.6
食品烟酒	-1.2
衣着	0.3
居住	1.1
生活用品及服务	0.3
交通和通信	4.0
教育文化和娱乐	1.6
医疗保健	0.4
其他用品和服务	-3.5

图3　2021年市区居民消费价格月度涨跌幅度

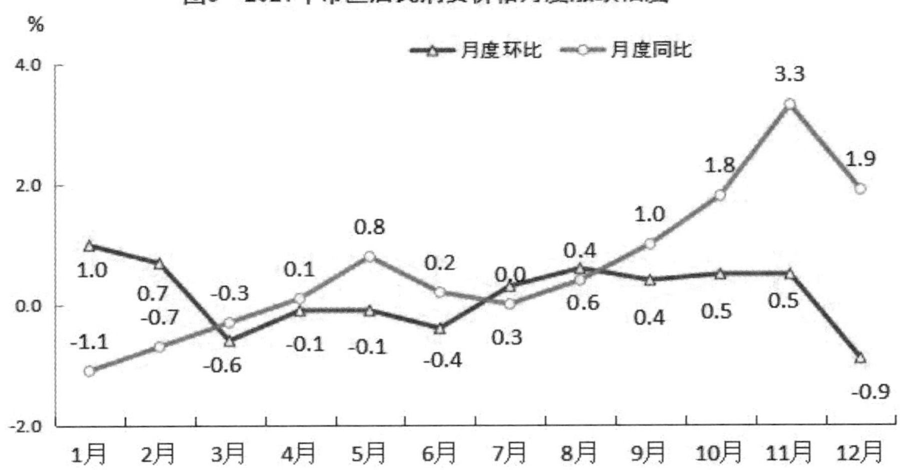

二、农　　业

全年农林牧渔业总产值 1122.21 亿元，比上年增长 5.6%。粮食种植面积 8.63 万公顷，比上年增加 0.007 万公顷。粮食产量 48.98 万吨，比上年增加 0.44 万吨，增长 0.9%。其中，稻谷产量 23.99 万吨，增加 0.17 万吨，增长 0.7%。

图4　2017-2021年粮食产量及其增长速度

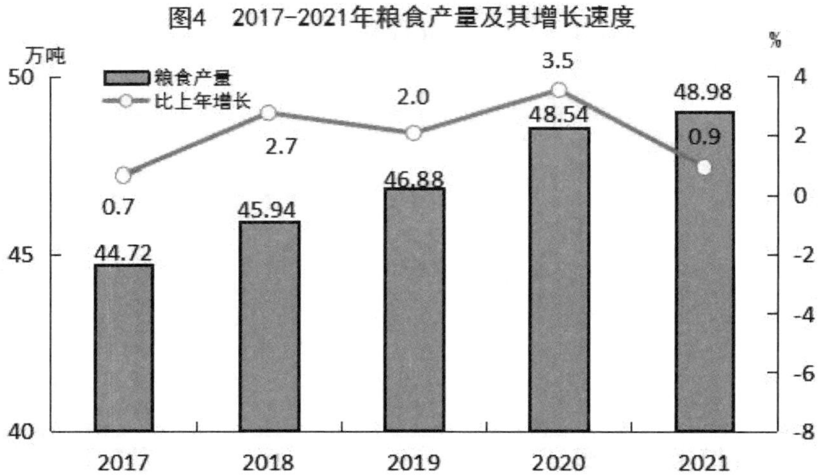

表 2　2021 年主要农产品产量

产品名称	产量（万吨）	比上年增长（%）
粮食	48.98	0.9
春收	5.67	-0.1
夏收	6.04	0.6
秋收	37.27	1.1
油料	5.61	4.0
其中：花生	5.31	3.4
油菜籽	0.30	17.1
甘蔗	3.97	6.3
茶叶	4.67	4.4
水果	93.60	4.1
蔬菜	447.70	4.4
食用菌	26.76	4.0

全年肉蛋奶总产量 34.12 万吨，比上年增长 15.8%。肉类总产量 21.01 万吨，增长 23.7%。其中，猪肉产量 16.35 万吨，增长 33.2%。禽蛋产量 12.34 万吨，增长 4.0%。牛奶产量 0.74 万吨，增长 21.9%。年末生猪存栏 119.96 万头，比上年末增长 11.4%；全年生猪出栏 209.64 万头，比上年增长 36.4%。

全年水产品总产量 297.18 万吨，比上年增长 4.5%。其中，淡水产品产量 27.16 万吨，增长 3.3%；近海捕捞 39.92 万吨，与上年同期持平；远洋捕捞 46.92 万吨，增长 14.8%；海水养殖 183.18 万吨，增长 3.3%。

三、工业和建筑业

全年全部工业增加值 2758.62 亿元，比上年增长 9.2%。规模以上工业增加值增长 9.5%。其中，轻工业增长 3.4%，重工业增长 15.8%；采矿业增长 0.3%，制造业增长 8.8%，电力、热力、燃气及水生产和供应业增长 16.6%。工业产品销售率 96.3%。

图5　2017-2021年全部工业增加值及其增长速度

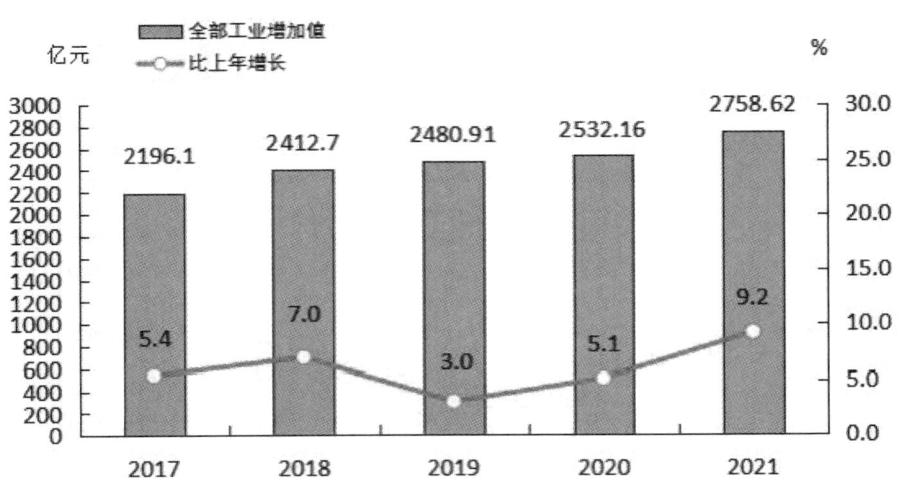

全年规模以上工业的 35 个行业大类中有 27 个增加值实现正增长。其中，汽车制造业增长 23.1%，电气机械和器材制造业增长 1.1%，计算机、通信和其他电子设备制造业增长 28.4%，电力、热力生产和供应业增长 16.9%。工业战略性新兴产业增加值增长 15.4%，占规模以上工业增加值的比重为 27.9%。高技术制造业增加值增长 20.4%，占规模以上工业增加值的比重为 12.4%。装备制造业增加值增长 13.6%，占规模以上工业增加值的比重为 22.4%。

表 3 2021 年规模以上工业企业主要工业产品产量

产品名称	单位	产量	比上年增长（%）
纱	万吨	381.46	–2.5
布	亿米	4.24	2.0
化学纤维	万吨	658.11	13.4
彩色电视机	万台	0.91	–61.6
其中：液晶电视机	万台	0.91	–61.6
发电量	亿千瓦时	956.61	18.4
其中：火电	亿千瓦时	441.08	12.3
水电	亿千瓦时	50.44	–11.5
核电	亿千瓦时	424.25	30.6
风电	亿千瓦时	40.84	22.6
粗 钢	万吨	1166.36	2.1
钢 材	万吨	1451.10	1.2
水 泥	万吨	639.57	2.6
纯 碱（碳酸钠）	万吨	24.10	–5.5
烧 碱（折 100%）	万吨	12.86	27.5
农用氮、磷、钾化学肥料（折纯）	万吨	46.13	–15.3
发电机组（发电设备）	万千瓦	16.17	–40.0
汽 车	万辆	5.45	17.0
其中：基本型乘用车（轿车）	万辆	0.15	5.3
运动型多用途乘用车（SUV）	万辆	0.58	–29.6
新能源汽车	万辆	0.00	–97.2
集成电路	亿块	0.69	–0.4
移动通信手持机（手机）	万台	0.46	–34.0

全年规模以上工业企业实现利润 653.49 亿元，比上年增长 35.6%。全年规模以上工业企业每百元营业收入中的成本为 87.50 元，比上年减少 0.70 元；营业收入利润率为 5.69%，提高 0.85 个百分点。年末规模以上工业企业资产负债率为 53.3%，比上年末下降 0.2 个百分点。

全年全社会建筑业实现增加值 1548.49 亿元，比上年增长 4.1%。具有资质等级的总承包和专业承包建筑业企业完成建筑业总产值 5840.00 亿元，增长 12.9%。

图6 2017-2021年建筑业增加值及其增长速度

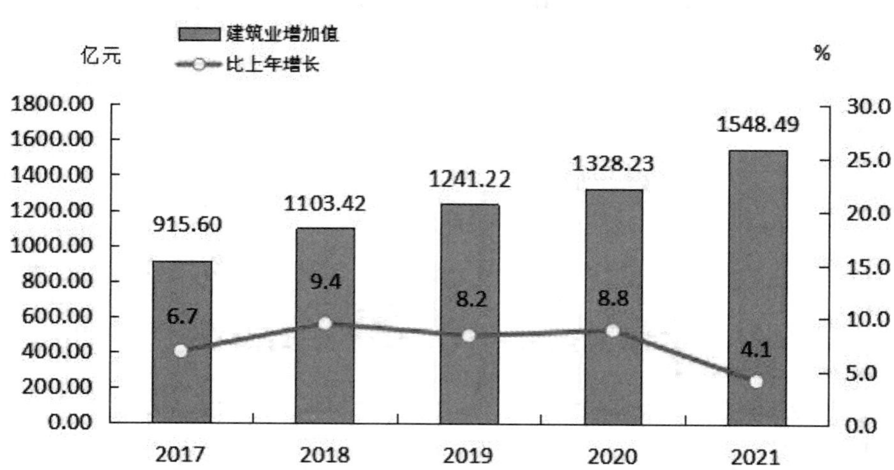

四、服务业

全年批发和零售业增加值 1312.25 亿元，比上年增长 13.1%；交通运输、仓储和邮政业增加值 433.21 亿元，增长 16.0%；住宿和餐饮业增加值 153.97 亿元，增长 12.2%；金融业增加值 1189.90 亿元，增长 4.2%；房地产业增加值 755.54 亿元，增长 9.6%。规模以上服务业企业营业收入比上年增长 28.9%。

图7 2017-2021年服务业增加值及其增长速度

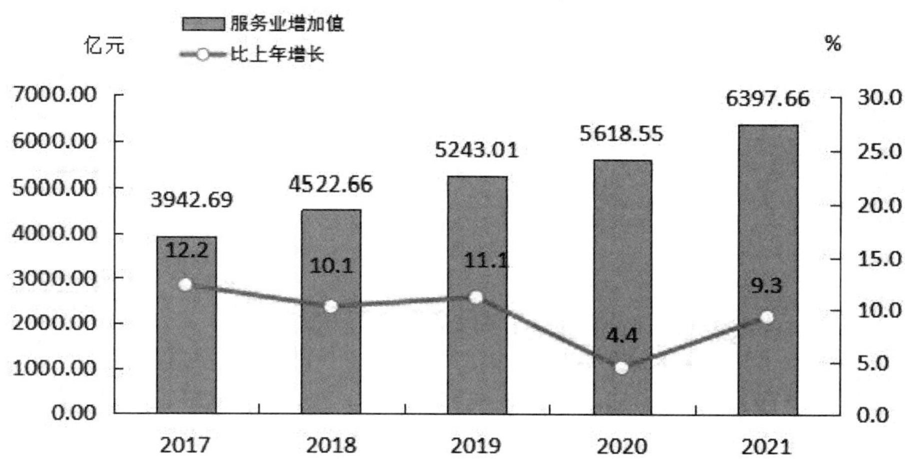

年末公路里程（不含平潭）11570 公里，下降 0.4%。其中高速公路总里程 764 公里，增长 1.1%；年末铁路总里程 542.33 公里（干线 476.24 公里、支线 66.09 公里），其中高速铁路总里程 409.64 公里。

表 4 2021 年各种运输方式完成运输量情况

指 标	单 位	绝对数	比上年增长（%）
公路			
货物发送量	万吨	20693.9	25.9
旅客发送量	万人次	3633	-29.5
水路			
货物发送量	万吨	11149.85	4.7
旅客发送量	万人次	37.47	-39.0
铁路			
货物发送量	万吨	755	12.0
旅客发送量	万人次	1955.51	12.3
民航			
货邮吞吐量	万吨	15.27	27.3
旅客吞吐量	万人次	903.72	2.0

全年沿海港口完成货物吞吐量 21066.35 万吨，比上年增长 5.6%。其中，外贸货物吞吐量 5748.11 万吨，增长 5.0%。集装箱吞吐量 329.23 万标箱，下降 2.6%。

全年完成邮政业务总量（按 2020 年不变单价测算）78.22 亿元，增长 26.4%；电信业务总量（按 2020 年不变单价测算）125.10 亿元，增长 20.5%。邮政业务收入 84.91 亿元，增长 25.5%；电信业务收入 120.38 亿元，增长 5.7%。邮政业全年完成邮政函件业务 1012.99 万件，快递业务量 5.44 亿件。年末全市电话用户总数 1142.66 万户，其中：固定电话用户 154.2 万户；移动电话用户 988.46 万户，其中 5G 电话用户 206.57 万户，全市年末互联网宽带接入用户（不含手机上网用户）401.62 万户，增加 30.13 万户。

五、国内贸易

全年社会消费品零售总额 4549.41 亿元，比上年增长 7.7%。在限额以上零售额中，按销售单位所在地统计，城镇消费品零售额 2975.05 亿元，增长 9.2%；乡村消费品零售额 222.97 亿元，增长 1.4%；按消费形态统计，商品零售额 2966.55 亿元，增长 7.5%；餐饮收入 231.47 亿元，增长 24.8%。

图8 2017-2021年社会消费品零售总额及其增长速度

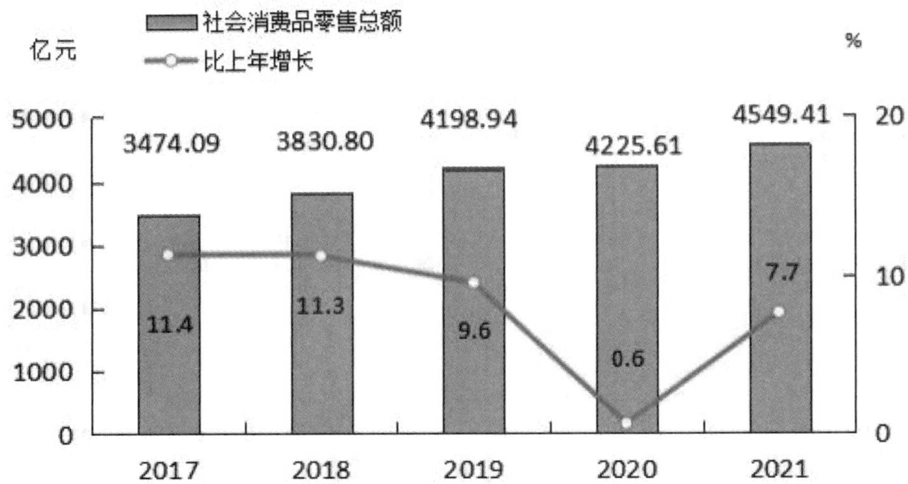

限额以上单位商品零售额中，服装鞋帽针纺织品类比上年增长 20.6%，石油及制品类增长 35.9%，中西药品类增长 14.3%，化妆品类增长 8.4%，粮油食品类增长 19.2%，文化办公用品类增长 29.7%，日用品类增长 13.4%，家用电器和音像器材类增长 7.8%，家具类增长 17.3%，金银珠宝类增长 1.9%，汽车类下降 2.9%。

全年限额以上通过公共网络实现的商品零售额 391.23 亿元，比上年增长 52.0%。

六、固定资产投资

全年固定资产投资 5330.27 亿元，比上年增长 5.9%。第一产业投资 65.78 亿元,增长 20.6%；第二产业投资 1476.94 亿元，增长 12.9%，其中，工业投资 1470.35 亿元，增长 12.4%；第三产业投资 3787.55 亿元，增长 3.2%。基础设施投资 1348.96 亿元，增长 3.8%。民间投资 3340.89 亿元，增长 6.5%。高技术产业投资 296.83 亿元，增长 20.5%。全年到位资金 4855.23 亿元，比上年增长 3.6%。

表 5　2021 年分行业固定资产投资情况

行　业	绝对数（亿元）	比上年增长（%）
农、林、牧、渔业	68.18	18.6
采矿业	9.90	167.4
制造业	1162.34	14.3
电力、热力、燃气及水生产和供应业	298.11	4.0
建筑业	7.4	86.5
批发和零售业	31.48	-15.4
交通运输、仓储和邮政业	384.76	21.2
住宿和餐饮业	33.66	-22.0

表 5 续表

信息传输、软件和信息技术服务业	61.85	-21.3
金融业	10.01	12.8
房地产业	2309.93	6.4
租赁和商务服务业	18.35	19.2
科学研究和技术服务业	17.83	124.7
水利、环境和公共设施管理业	656.01	-1.0
居民服务、修理和其他服务业	3.07	-20.3
教育	78.51	-36.0
卫生和社会工作	77.56	-14.8
文化、体育和娱乐业	75.24	-8.4
公共管理、社会保障和社会组织	26.06	12.2

全年房地产开发企业投资 2248.81 亿元，比上年增长 8.6%。其中，住宅投资 1637.84 亿元，增长 9.6%。新开工建设保障性安居工程住房 7598 套（户）。

表 6 2021 年房地产开发和销售主要指标及其增长速度

指　标	单位	绝对数	比上年增长（%）
投资完成额	亿元	2248.81	8.6
其中：住宅	亿元	1637.84	9.6
其中：90 平方米及以下	亿元	649.12	-2.5
房屋施工面积	万平方米	8427.23	-2.7
其中：住宅	万平方米	5329.72	-2.1
房屋新开工面积	万平方米	1512.73	-22.1
其中：住宅	万平方米	1037.46	-15.5
房屋竣工面积	万平方米	899.62	-17.6
其中：住宅	万平方米	557.08	-15.4
商品房销售面积	万平方米	2138.49	13.3
其中：住宅	万平方米	1686.26	11.0
本年实际到位资金	亿元	2584.04	5.4
其中：国内贷款	亿元	456.12	36.1
个人按揭贷款	亿元	265.12	4.4
本年土地购置面积	万平方米	32.56	-61.2
土地购置费	亿元	935.36	-5.8

七、对外经济

全年进出口总额 3321.5 亿元，比上年增长 32.6%。其中，出口额 2200.6 亿元，增长 23.2%；进口额 1121.0 亿元，增长 55.9%。进出口顺差 1079.6 亿元。

图9 2017-2021年货物进出口总额

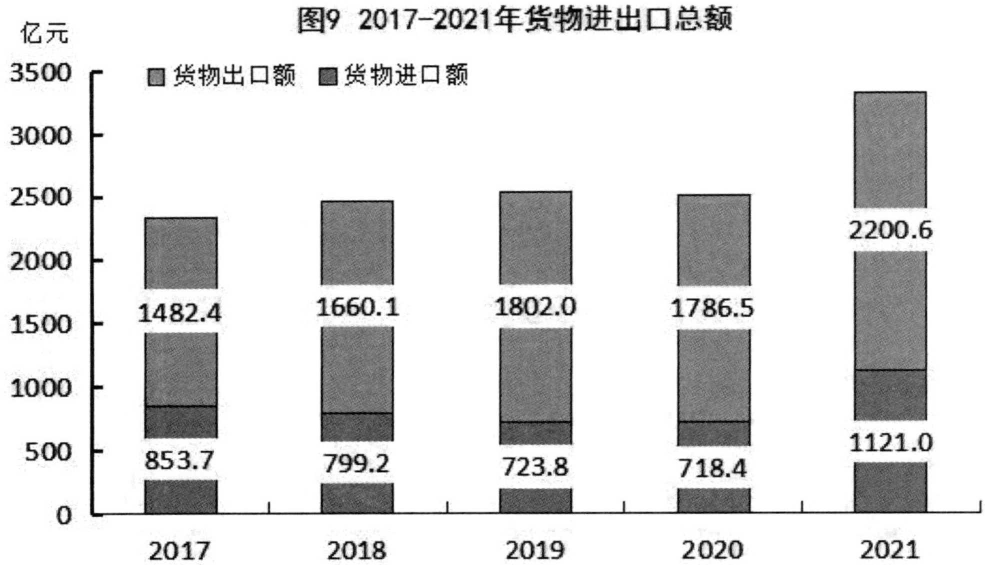

表 7 2021 年对主要国家和地区进出口情况

国家和地区	出口额（亿元）	比上年增长（%）	进口额（亿元）	比上年增长（%）
美国	359.8	4.7	51.5	79.8
欧盟	265	0.2	73.7	15.1
东盟	504	38.7	242.4	49.2
日本	121	33.1	50.5	16.8
香港地区	59	–29.9	5.3	129
台湾地区	87.8	45.5	68.4	36.2
韩国	64.2	63.2	35.6	–10.3
俄罗斯联邦	15.6	8.8	7.2	9.7

实际利用外商直接投资 12.3 亿美元，新批合同外资金额 60.6 亿美元。新批合同外资项目 467 项，比上年增加 170 项。新批境外投资项目 36 项，新批境外协议投资总额 5.2 亿美元，其中，中方协议投资额 4.7 亿美元。本年新批台资项目 221 项，增长 66.2%。

全年对外承包工程完成营业额 14.64 亿美元，增长 25.4%。对外承包工程期末在外人员 1359 人，下降 5.9%。对外劳务合作完成营业额 4.11 亿美元，增长 4.1%；对外劳务合作期末在外人员 28442 人，增长 1.3%。

八、财政金融

全年一般公共预算总收入 1250.26 亿元，比上年增长 12.8%，其中，地方一般公共预算收入 749.85 亿元，增长 11.0%。一般公共预算支出 925.73 亿元，增长 2.7%。税收收入 563.77 亿元，增长 16.1%。

图10 2017-2021年一般公共预算总收入及其增长速度

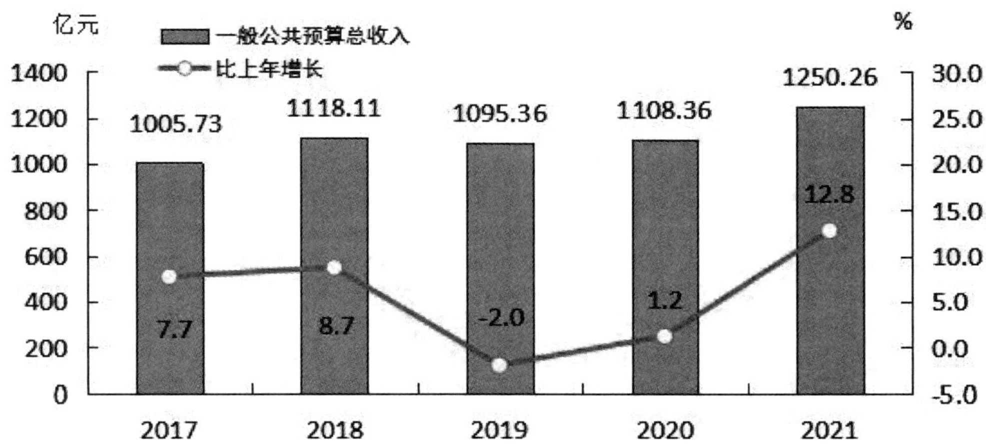

年末金融机构本外币各项存款余额19117.34亿元，比上年末增长7.8%；金融机构本外币各项贷款余额21484.13亿元，比上年末增长9.3%。

表8 2021年末全部金融机构本外币存贷款情况

指　　标	年末数（万元）	比上年末增长（%）
各项存款	191173435	7.8
其中：住户存款	76128120	7.6
非金融企业存款	59399265	5.1
其中：人民币存款	187452094	7.8
各项贷款	214841341	9.3
其中：短期贷款	48270035	7.9
中长期贷款	158556444	9.3
其中：人民币贷款	211856950	9.7

年末境内上市公司49家，比上年增加2家，总市值9661.41亿元，下降0.2%。全市股票、基金交易额116856.6亿元，全年期货交易额52720.23亿元。年末股民资金开户数500.11万户，新增39.01万户；年末期货公司3家，期货营业部32个；证券公司2家，营业部138个；外资金融机构（不包含保险和证券机构）在福州设立的分行10个。

全年保险公司保费收入379.89亿元，比上年增长3.4%。其中，财产险保费收入96.44亿元，人身险保费收入283.45亿元。全年赔付支出139.74亿元，比上年增长24.1%。其中，财产险65.73亿元，人身险74.01亿元。

九、居民收入消费和社会保障

全年居民人均可支配收入44249元，比上年增长9.3%。按常住地分，农村居民人均可支配收25201元，增长11.2%；城镇居民人均可支配收入53421元，增长8.4%。全年居民人均生活消费支出30869元，比上年增长13.2%。按常住地分，农村居民人均生活消费支出20911元，增长18.1%；城镇居民人均生活消费支出35664元，增长11.4%。

图11 2017-2021年居民人均可支配收入

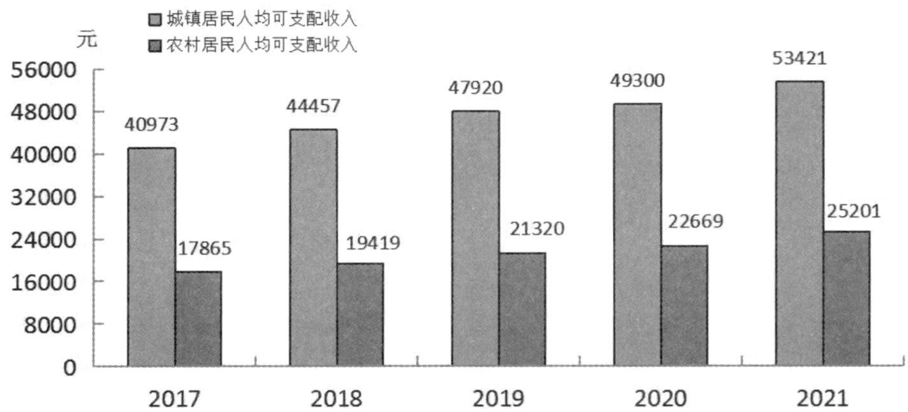

年末社会基本养老保险参保人数472.64万人，比上年增加29.21万人。参保城镇企业职工219.72万人，城乡居民养老保险人员232.22万人，被征地农民养老保障人员55.28万人，机关事业单位养老保险人员20.7万人。

年末基本医疗保险参保人数687.45万人，其中职工基本医疗保险参保人数214.18万人，城乡居民基本医疗保险参保人数473.27万人。年末生育保险参保人数156.17万人，增加3.96万人。全市失业保险参保人数150.8万人，增加9.77万人。年末工伤保险参保人数189.46万人，增加8.06万人。

年末领取失业保险金人数37859人，比上年末增加2006人；纳入城市最低生活保障的居民8402人，比上年末增加781人；纳入农村最低生活保障的居民54888人，比上年末增加5416人。全年保障特困人员供养对象6592人。

年末全市建立社区卫生服务中心（站）189个。各类养老床位数50490张，每千名老人拥有养老床位38.4张。

十、科学技术和教育

拥有国家重点实验室3个、省创新实验室1个、省级重点实验室115个、国家级工程技术研究中心4个、省级工程技术研究中心152个、省级新型研发机构73家。新认定省级企业技术中心10家、市级企业技术中心24家。专利授权29994件，其中，发明专利授权4168件。截至年末，有效发明专利20571件，比上年末增长19.9%，每万人口发明专利拥有量24.81件。

全年研究生教育招生14730人，在校研究生40962人。普通高等教育招生117040人，在校生428523人。中等职业教育招生35394人，在校生99989人。全市普通高中招生41186人，在校生117303人。初中招生92931人，在校生269035人。普通小学招生106975人，在校生610362人。特殊教育在校生1945人。学前教育在园幼儿281609人。市级示范园92所，省级达标中学74所。初中毕业升学率98.5%。

十一、文化旅游、卫生健康和体育

年末全市文化系统共有艺术表演团体9个，公共图书馆14个，文化馆12个，群艺馆1个，剧场、剧院数1个，市属博物馆、纪念馆26个。各类艺术表演团体演出1168场，公共图书馆藏书量1307.81万册，市属博物馆、纪念馆收藏文物2.49万件，图书流动点1054个，乡镇综合文化站130个，农家书屋2165个。

年末共有影院71个，新增5个。广播电台8座，广播节目11套，电视节目11套。年末有线电视用户144.42万户，入户率49.4%。年末行政村有线电视联网率92.3%，广播综合人口覆盖率、电视综合人口覆盖率均为100%。

全年接待境内外游客（含一日游）8958.87万人次，比上年增长15.3%。其中，接待境外游客8.83万人次，下降84.2%；国内游客8950.03万人次，增长16.1%。旅游总收入719.48亿元，比上年增长0.6%，旅游外汇收入0.92亿美元，下降84.7%。年末星级酒店36家，星级酒店客房7923间，A级景区61个。

年末全市共有各级各类医疗卫生机构 4852 个，其中医院 144 个，乡镇卫生院 124 个，村卫生室 2112 个。年末卫生机构床位 42934 张。年末卫生技术人员 70589 人，其中，执业医生、执业（助理）医师 26882 人，注册护士 31261 人，乡镇卫生院卫技人员 5880 人，村卫生室卫技人员 882 人。每千人拥有卫生机构床位 5.35 张，每千人拥有医院床位 4.55 张，每千人拥有卫生技术人员 8.79 人，每千人拥有医生 3.35 人。

全年我市运动员在国家级及以上级别各类比赛中共获得 41 金 24 银 19 铜，其中东京奥运会取得金牌 2 枚、银牌 1 枚，全运会取得金牌 9 枚、银牌 4 枚、铜牌 5 枚。年末全市共有体育场馆数 25198 个，总面积 1868.28 万平方米，全民健身路径 6805 条。

十二、资源、环境和应急管理

全年人工更新造林总面积 4683.47 公顷，新增 1300.6 公顷。全市森林覆盖率 58.41%。商品材产量 37.55 万立方米，同比增长 27.8%。年末公园数 116 座，公园绿地面积 5471.7 公顷。年末建成区新增绿地面积 1264.77 公顷，建成区绿地率 40%。全市新增公园绿地面积 198.48 公顷，人均公园绿地面积 14.03 平方米。

全市主要河流整体水质为优。闽江（福州段）干流水质功能区达标率、敖江（福州段）干流水质功能区达标率、龙江流域水质功能区达标率、5 个市级饮用水水源地水质达标率、县（市）级以上饮用水水源地水质达标率均为 100%。

区域环境噪声 56.7 分贝，区域交通噪声 67.1 分贝，城区环境空气达标天数 365 天，城区环境空气达标率 100%，空气质量综合指数 2.59。年末省级以上自然保护区 4 个，其中国家级自然保护区 2 个。

全市污水处理率 97%，城镇、农村生活垃圾无害化处理率均为 100.0%。

发生各类生产安全事故 127 起、死亡 73 人，按可比口径，分别比上年下降 3.8%、5.2%。

注：1.本公报未包括连江县的马祖列岛。

2.本公报所列数据为初步统计数，部分合计数或相对数由于单位取舍不同而产生的计算误差，均不做机械调整。

3.本公报福州市地区生产总值、各产业增加值按现价计算，增长速度按可比价格计算。

资料来源：

本公报中城镇新增就业、登记失业率、社会保障数据来自市人社局；医疗保险、生育保险数据来自市医疗保险局；财政数据来自市财政局；新建公路里程、公路运输、水运数据来自市交通运输局；港口货物吞吐量数据来自福州港口发展中心；铁路数据来自福州市轨道交通发展中心；民航数据来自元翔（福州）国际航空港有限公司；户籍人口来自市公安局；保障性住房数据来自市住房保障和房产管理局；城市道路长度、城市污水处理来自市城乡建设局；公园绿地面积数据来自市园林中心；人工造林、森林覆盖率数据来自市林业局；货物进出口、外商直接投资、对外直接投资、对外劳务合作等数据来自市商务局；邮政业务数据来自市邮政管理局；互联网业务收入、电话用户、电信业务总量等数据来自市通信发展管理办公室；旅游数据来自市文化和旅游局；货币金融数据来自人行福州中心支行；上市公司数据来自市金融监督管理局；保险业数据来自福建银保监局；企业技术中心数据来自市工信局；高新技术企业数据来自市科技局；专利申请量数据来自市市场监管局；教育数据来自市教育局；广播、电视、报纸、期刊、图书、艺术表演团体、公共图书馆、文化馆数据来自市文化和旅游局；博物馆数据来自市文物局；电影数据来自市委宣传部；体育数据来自市体育局；卫生数据来自市卫健委；低保数据来自市民政局；环境监测数据来自市生态环境局；安全生产数据来自市应急管理局；其他数据来自福州市统计局和国家统计局福州调查队。

《福州统计年鉴2022》光盘（CD-ROM）介绍

《福州统计年鉴2022》（光盘）是一部信息高度密集的统计资料书的电子版。全书系统收录了2021年福州市及所辖各县（市）、区、各部门经济和社会发展等方面的统计数据，以及历史重要年份福州市国民经济主要指标的统计数据。

全书内容分为17个篇目：（一）综合；（二）国民经济核算；（三）人口；（四）就业与职工工资；（五）农林牧渔业；（六）工业与交通；（七）房地产开发投资；（八）建筑业；（九）批发零售、住宿餐饮与旅游业；（十）对外经济；（十一）价格指数；（十二）财政金融；（十三）人民生活；（十四）科技、教育与文化；（十五）卫生、体育与其他；（十六）城市比较；（十七）附录。在城市比较部分，收集了福建省各 设区市、全国省会城市及副省级城市主要经济指标对比资料，各篇末均附有《主要统计指标解释》。

系统要求：

中文 Windows 2000/XP/Win7；建议使用 IE 浏览器

使用方法：

1.将《福州统计年鉴2022》光盘插入光驱，光盘自动运行进入主页，如不能自动启动，请进入光盘所在的驱动器，点击 Start.exe，即可启动。

2.光盘启动后，会自动运行 FLASH，然后进入主页面，点击“浏览光盘”即可以进入光盘正文。

3.光盘分为两帧，左边目录，右边正文。目录分为两级，点击目录可以进入正文，显示于光盘的右边。

4.正文分 WEB 页和 EXCEL 两种格式的文档，点击左边目录上图标可以进行转换。

5.点击主页面的“退出动画”即可退出光盘。